公共关系：理论与实务

（修订本）

胡学亮 著

知识产权出版社
全国百佳图书出版单位

图书在版编目（CIP）数据

公共关系：理论与实务/胡学亮著．—修订本．—北京：知识产权出版社，2017.4
ISBN 978-7-5130-4633-6

Ⅰ.①公… Ⅱ.①胡… Ⅲ.①公共关系 Ⅳ.①C912.11

中国版本图书馆 CIP 数据核字（2016）第 300012 号

内容提要

本书是一部简明而系统的公共关系学论著，主要内容包括公共关系基本理论、公共关系简史、公共关系工作程序、典型对象性公共关系、公共关系专题活动等。本书具有以下三个鲜明特点：一是材料新颖，有所创新，不仅吸收了最近几年公关界学术研究成果，也对公共关系最新实践进行了深入的分析；二是内容系统，层次清晰，既有对公共关系学基本理论的简要阐述，也有公共关系策略与实务的基本介绍；三是突出方法，有利实战，不仅对公关工作主要程序进行了重点论述，还把公关策划与案例结合起来，通过大量经典案例对公关活动加以分析说明，对开展公关实践颇具参考价值。

责任编辑：刘晓庆　　　　　　　　　　　　　责任出版：孙婷婷

公共关系：理论与实务
GONGGONG GUANXI：LILUN YU SHIWU
胡学亮　著

出版发行：知识产权出版社 有限责任公司	网　　址：http://www.ipph.cn
电　　话：010-82004826	http://www.laichushu.com
社　　址：北京市海淀区西外太平庄 55 号	邮　　编：100081
责编电话：010-82000860 转 8073	责编邮箱：396961849@qq.com
发行电话：010-82000860 转 8101/8029	发行传真：010-82000893/82003279
印　　刷：北京中献拓方科技发展有限公司	经　　销：各大网上书店、新华书店及相关专业书店
开　　本：720mm×960mm　1/16	印　　张：23
版　　次：2017 年 4 月第 1 版	印　　次：2017 年 4 月第 1 次印刷
字　　数：330 千字	定　　价：66.00 元

ISBN 978-7-5130-4633-6

出版权专有　侵权必究

如有印装质量问题，本社负责调换。

修订版前言

《公共关系：理论与实务》一书自 2013 年出版以来，得到不少读者的赞许，同时也有一些读者对本书的内容设计与架构提出了若干中肯的建议。这使我受益匪浅。此外，考虑到已过去了四年，学术界关于公共关系学研究的一些最新进展也需要在本书中有所反映，本人决定对该书作一些必要的修订。主要包括：

第一，更新与增加了近四年学术界关于公共关系学研究方面的内容，使之能够反映学术前沿最近研究的进展情况；

第二，原来部分章节的内容（特别是涉及一些基本概念及其分析的部分）过于简略，新版进行了必要的补充与强化，从而使全书内容更为丰富，便于读者进一步理解与把握相关的知识与理论。

本书修订后，体系得到优化，内容更为简练。尽管如此，本书可能依然存在一些不足，有待于广大读者指正，以便今后进一步完善。

2017 年 4 月

第一版前言

公共关系学这门年轻的学科诞生于19世纪末的美国，经过一百多年的建设与发展，目前它已在世界范围内成为一个理论相对成熟、实际运用广泛、影响巨大的"显学"。公共关系也成为一门热门的职业。曾经有西方学者提出发达国家有三大标志，这三大标志分别为：第一，以计算机为代表的科技发展水平；第二，以旅游业为代表的国民富裕程度；第三，以公关能力为代表的经营管理效能。还有欧洲学者在其对战后美国与欧洲的经济社会发展所做的比较研究中发现，虽然欧美社会制度类似、科技教育水平大致相当（最有说服力的例子就是战后欧美在所获诺贝尔科技方面的奖项数目上基本上是平分秋色，且很多奖是共同获得），但美国的总体发展水平一直领先于欧洲。其主要原因就是两者的管理水平特别是公共关系运用上存在差距。由此可见，公共关系在西方国家的政治、经济、文化和社会活动等方面中所处的地位与作用是何等重要。

改革开放以来，我国经济社会一直保持着快速发展的良好态势，特别是加入世界贸易组织后，我国向现代社会转型的步伐逐渐加快，市场经济已大致成型，公民社会初见端倪。在学习西方先进的科学技术的同时，我国积极引进和消化西方发达国家先进的管理科学与方法并加以实际应用。公共关系作为一种有效的现代传播和沟通工具，在国内受到了越来越多的重视。公共关系意识、公共关系文化已深入到我国政治经济社会的各个方面。例如，在政治领域，我国已实行了政务公开和各级政府新闻发言人制度，政府职能也开始着手从管理型向服务型转变。在经济领域，传统的产品、服务、质量、价格的竞争正逐步让位于信誉竞争、形象竞争。各个行业，无论是公司、企业这样的营利性组织，还是学校、医疗卫生、社会团体等非营利性组织，都越来越重视自身的诚信建设与社会形象。

与此同时，公共关系学从20世纪80年代初引进中国后，经过几代学者的消化、吸收和创新，已经基本建立了较为成熟的体系，初步形成了自己的特色，并逐渐发展成为我国学术界、教育界的热门学科。据不完全统计，目前已经出版的有关公共关系学的论著有几百种，相关论文更是汗牛充栋；有几百所高校开设了相关课程，有的还设立了公共关系学专业，这门学科呈现出一片繁荣景象。我们完全有理由相信，公共关系学这门学科的发展前景十分光明。

笔者自1995年到北京印刷学院工作之后即开始涉猎公共关系学，在这所以传媒为特色的多科性大学里，先后讲授过广告学、传播学、新闻学、消费者心理学、公共关系学等课程；不过在初期，公共关系学还只是作为选修课来设置的。2002年前后，为适应我国新闻出版业迅猛发展及其对相关人才培养的需要，学校把公共关系学列为部分专业的必修课，我这才开始把研究重点转向公共关系学，并陆续为广告学、编辑出版学、文化产业管理等专业学生讲授该课程。在该课程的教学与科研的过程中，通过自己这些年的深入学习和思考，也算偶有所得。2008年，笔者曾不揣浅陋，编过一本公关案例方面的书，但自己对该书一直不甚满意，总想找机会再写一部公共关系学专著。2011年，我去广东参加一个学术活动，遇到了我国著名营销策划与危机管理实战专家、"全国十大金牌讲师"、清华大学兼职教授、广州赢丰管理咨询有限公司董事长刘予丰博士，和他谈了我的想法。他很支持，并提了不少有价值的建议。本书就是我近年来在公共关系学科的科研中的又一个尝试。不敢说有多大的进步，只祈愿其学术水准能够比前书要高一些。

本书的写作坚持简明性与系统性相统一，理论与实际相结合的原则，既对公共关系学的基本理论作系统阐述，也注意公关实务操作程序与技巧特别是经典公关案例的介绍，并吸收公关学术界、实务界的最新研究和应用成果，力图使本书在理论性、系统性、实用性、新颖性等方面求得平衡，以方便广大读者掌握公共关系学的基本原理、常用方法和技巧、明晰重点、提高学习效率。

在本书的写作过程中，笔者参阅和引用了公共关系学界、广告学界和行业内众多专家学者，特别是熊源伟、居延安、郭惠民、姚惠忠等前辈的学术成果和研究资料。他们严谨治学的精神令人钦佩，高深的学术造诣令人仰止。他们在论著中提出的独到的观点给了我很大的启发。谨在此向他们表示崇高的敬意！书中凡是引用的文献都尽量注明出处。尽管如此，难免还会存有某些遗漏（特别是部分流传已广的案例）。对此，还望相关专家学者予以谅解。

北京印刷学院党委书记刘超美十分关心本书的出版，新闻出版学院的领导魏超、陈丹、张文红三位教授一直很支持教职员工的科研工作，他们为本书的写作与出版提供了诸多便利，张文红教授还提出了具体的建议。谨致谢忱！

知识产权出版社编辑刘晓庆、于晓菲为本书的策划和审稿付出了辛勤劳动。在此一并致谢！

由于本人学识有限，书中存在的不足在所难免，希望方家不吝指正。

2013 年 8 月

目　录

第一章　公共关系概说 …………………………………… 1

第一节　公共关系与公共关系学 ……………………………… 1
第二节　公共关系特征 ………………………………………… 17
第三节　公共关系职能 ………………………………………… 19
第四节　公共关系与广告、营销的关系 ……………………… 26

第二章　公共关系发展简史 ……………………………… 30

第一节　公共关系的萌芽 ……………………………………… 30
第二节　现代公共关系的产生与发展 ………………………… 36
第三节　现代公共关系产生的条件 …………………………… 45
第四节　公共关系在西方的发展 ……………………………… 51
第五节　公共关系在中国的发展 ……………………………… 56

第三章　公共关系基本原则 ……………………………… 61

第一节　诚实透明 ……………………………………………… 62
第二节　双向沟通 ……………………………………………… 66
第三节　互惠互利 ……………………………………………… 72
第四节　全员公关 ……………………………………………… 76
第五节　开拓创新 ……………………………………………… 79

第四章　公共关系组织机构及公关人员 …… 82

第一节　公共关系组织机构 …… 82
第二节　公共关系从业人员 …… 95

第五章　公共关系主体、客体与手段 …… 117

第一节　公共关系主体——组织 …… 117
第二节　公共关系客体——公众 …… 122
第三节　公共关系手段——传播 …… 134

第六章　公共关系工作程序 …… 146

第一节　公共关系调查 …… 146
第二节　公共关系策划 …… 186
第三节　公共关系实施 …… 206
第四节　公共关系评估 …… 209

第七章　典型公共关系 …… 219

第一节　员工公共关系 …… 219
第二节　顾客公共关系 …… 233
第三节　媒介公共关系 …… 241
第四节　政府公共关系 …… 246
第五节　名流公共关系 …… 258
第六节　社区公共关系 …… 262
第七节　国际公共关系 …… 266
第八节　网络公共关系 …… 273

第八章　公共关系专题活动 …… 279

第一节　庆典活动 …… 283

第二节	赞助活动	287
第三节	公共关系广告	291
第四节	新闻发布会	295
第五节	开放参观	305
第六节	展会活动	309

第九章 危机管理 315

第一节	危机的概念、特点、类型和形成原因	315
第二节	危机管理的概念和基本原则	319
第三节	危机管理战略规划的制定和对策	325

参考文献 337

附录 中国公关员国家职业标准 339

第一章 公共关系概说

第一节 公共关系与公共关系学

一、公共关系的概念

在谈公共关系之前，首先要明确什么是关系。所谓关系，一般指的是人与人之间，人与物之间的某种联系。有了联系自然会产生关系。这种关系的存在，就会导致相关方彼此相互制约，相互影响。由于人类是社会性动物，在其生存与发展过程中，必然会因为各种需要和利益而产生交往和互动。这样，人与人之间的关系自然构成了人际关系、社会关系。

所谓社会关系，是指社会大众在共同认可及遵守的行为标准规范下的一种互动，这种互动因个人社会地位的不同而扮演不同的角色。简单来说，社会关系就是社会中人与人之间关系的总称。从关系的双方来讲，社会关系包括个人之间的关系、个人与集体之间的关系、个人与国家（社会）之间的关系。从关系的领域来看，社会关系涉及面众多，主要的关系有经济关系、政治关系和法律关系。经济关系即生产关系。此外，宗教、军事等也是社会关系体现的重要领域，而公共关系就是社会关系的一种。

"公共关系"这个概念来源于美国，原文为"Public Relations"，简写为PR，直译为"公众的联络"，中国学者一般将其翻译为"公共关系"。其实，从工作对象的角度来看，与私人关系有所不同，公共关系指的是社会组织与相关公众之间的公开的关系，所以称为公众关系更确切一些。简言之，"公共关系"实指"公众关系"。这个观点应该说很有道理，且在学术界获得了广泛的支持。但由于前者称谓形成较早，目前已约定俗成，所以还是遵照习惯称为"公共关系"。

显然，公共关系是一个现代概念，因为只有在现代民主社会，才会有公众、公民的说法。公共关系实质上指的是现代社会中存在的一种公开的、集体的关系。

二、"公共关系"的多种定义

公共关系这门学科形成的历史并不长，它是19世纪末20世纪初才逐渐形成的。它是一门融合了广告学、新闻学、政治学、社会学、营销学和心理学等诸多学科的新学科，适用广泛的边缘性、交叉性和综合性。究竟该如何定义这门学科，一百年来国内外学术界各执一词，莫衷一是。目前，已知的公共关系定义超过400种。这些定义的侧重点各不相同，但至今还没有哪一个定义被大家所公认。

归纳起来，这些定义大致可以分为如下六类。

1. 传播说

传播是指社会信息的流动，人与人之间的交往就是传播。有学者认为既然公共关系是在组织与公众之间进行的，那么这两者之间的沟通联络就是其工作的主要内容。因而，公共关系本质上就是一种传播沟通。这一观点在国内外学术界颇有市场。

美国著名公共关系专家约翰·马斯顿对此有一个非常简明的说法："公共关系就是利用有说服力的传播去影响重要的公众。"

英国著名的公共关系学者弗兰克·杰夫金斯指出："公共关系是由为达到相互理解有关的特定目标而进行的各种有计划的沟通联络所组织的，这种沟通联络处于组织与公众之间，既是向内的，也是向外的。"

享誉世界的英国《不列颠百科全书》（1981年版）所采用的也是类似的观点，其对公共关系所下的定义则是："旨在传递有关个人、公司、政府机构或其他组织的信息，并改善公众对于其态度的种种政策或行动。"

我国公共关系专家居延安在其编著的《公共关系学》（复旦大学出版社）中表述为："公共关系是一个社会组织在运行中，为使自己与公众相互了解、相互合作而进行的传播活动和采取的行为规范。"

这类定义一般是从公共关系在实践中具体运作的特征方面来考虑的，其优点是把公共关系的主体、工作对象和具体运作手段都清晰地表述出来了。此观点目前在学术界有较为广泛的影响。

2. 管理说

美国著名的公共关系研究权威卡特利普和森特在《有效公共关系》中下了这样的定义："公共关系是一种管理职能，它确定、建立和维持一个组织与决定其成败的各类公众之间的互利关系。"

国际公关协会则如此定义公共关系："公共关系是一种管理职能，它具有连续性和计划性。通过公共关系，公立的和私人的组织、机构试图赢得同他们有关的人的理解、同情和支持——借助对舆论的估价，以尽可能地协调他们自己的政策和做法，依靠有计划的广泛的信息传播，赢得更有效的合作，更好地实现他们的共同利益。"

这一定义重点强调了公共关系的管理职能，认为公共关系是一种信息管理，目的是实现"公立的和私人的组织、机构"与"同他们有关的人"的"共同利益"，也就是我们通常所说的"共赢"。

还有的西方学者从认知心理学得到启示，提出如果从组织与公众的互动关系来看，公共关系实质上是一门"认知管理"学科。所谓认知，是指通过心理活动（如形成概念、知觉、判断或想象）获取知识。人们习惯上将认知与情感、意志相对应。认知是个体认识客观世界的信息加工活动。感觉、知觉、记忆、想象、思维等认知活动按照一定的关系组成一定的功能系统,从而实现对个体认识活动的调节作用。在个体与环境的作用过程中,个体认知的功能系统不断发展,并趋于完善。简言之,认知即人们对事物的看法,是组织的无形资产或资本。认知管理是指通过管理公众对事物、企业或者个人的看法,来使他们改变行为方式及决策,最终获取他们的认同。

与上述偏重于信息管理的看法有所不同,我国学者陈先红在西方学者研究的基础上,提出了公共关系是一种"生态管理"的观点:"公共关系是组织—公众—环境系统的关系生态管理。具体地说,就是社会组织运用调查研究和对话传播等手段,营造具有公众性、公开性、公益性和公共舆论性的生态关系,以确保组织利益和公众利益的和谐。"

所谓生态管理,是指运用生态学、经济学和社会学等跨学科的原理和现代科学技术,来管理人类行动对生态环境的影响,力图平衡发展和生态环境保护之间的冲突,最终实现经济、社会和生态环境的协调可持续发展。

在陈先红看来,公共关系的本质是一种"关系居中者"(第三方)采用伦理方法,通过文化影响与制度改造来追求组织利益、公众利益和公共利益的平衡同一,最终建立信任和谐的关系生态。应该说,这个观点颇有新意,在学术界的影响越来越大。

3. 关系说

如前所述,关系指的是人与人之间或者人与事物之间的某种联系,任何事情都是由关系产生的。社会关系指的是在一个社会中人与人之间的某种联系。如甲乙是父子关系、丙丁是师生关系等。公共关系学科所说的关系就是社会关系,显然这是对人而言的。离开了人的存在和介入,关系就没有任何意义可言。

持这类观点的一些学者避开了公共关系的管理职能,偏重于公共关系手段的争论,认为公共关系是社会关系的一种,必须从此入手来把握公共关系的实质。但从社会关系的角度来定义公共关系,理论思辨的色彩较浓,属于比较"形而上"的观点,不大通俗易懂,因而在公共关系学术界、实务界的影响力不大。

美国普林斯顿大学教授希尔兹认为："公共关系是我们所从事的各种活动、所发生的各种关系的通称，这些活动与关系都是公众性的，并且都有社会意义。"

现代公共关系工作的先驱之一、美国著名的公共关系顾问爱德华·伯内斯认为："公共关系是处理一个团体与公众（决定该团体活力的公众）之间的关系的职业。"

英国公共关系学会也有类似的观点，但相对而言要比前二者所下的定义要容易理解一些。其对公共关系所下的定义是："公共关系的实施是一种积极的、有计划的以及持久的努力，以建立及维护一个机构与其公众之间的相互了解。"

有的学者所下的定义是这样的一个简单概述："公共关系即通过良好的人际关系来辅助事业成功。"

4. 技术说

此类观点认为，公共关系实质上是一种沟通技术。其代表性的说法有："公共关系是一种技术，此种技术在于激发大众对于任何一个人或一个组织的了解并产生信任。""公共关系是说服和左右社会大众的技术。"

5. 实践说

这类定义是从公共关系的实际操作角度来形象、具体地描述公共关系。严格说来，这类定义不够规范与科学，但比较通俗易懂，有利于对社会公众宣传普及公共关系知识。

我国《公关员职业培训与鉴定教材》对公共关系的定义是："公众信息传播、关系协调与形象管理事务的调查、策划和实践活动。"

这类代表性的定义还有："公共关系是企业管理机构经过自我检讨与改进后，将其态度公诸社会，借以获得顾客、员工及社会的好感和了解的经常不断的工作。"

"公共关系就是信与爱的运动。"

"公共关系是指一个人或一个组织为获取大众之信任与好感，借以迎合大众之兴趣而调整政策与服务方针的一种经常不断的工作，而公共关系是将此种已调整的政策与服务方针加以说明，以获得大众了解与欢迎的工作。"

6. 综合说

美国《公共关系季刊》曾把公共关系的表征综合为14个要点，包括公关职能、部门配备、信誉、组织形象、行动、公关目标、全员公关、平等对待公众、及时、全面、真实传递组织信息、公关艺术的重要性。

1978年8月，在墨西哥城召开的各国公共关系协会世界第一次大会上通过了如下定义。

"公共关系的实施是分析趋势、预测后果，向组织领导人提供咨询意见，并履行一系列有计划的行为以服务于本组织和公众共同利益的艺术和社会科学。"

我国学者余明阳在其主编的《公共关系学》中对公共关系作了这样的界定："公共关系是社会组织为了塑造组织形象，通过传播、沟通手段来影响公众的科学与艺术。"

除上述观点外，对于公共关系的定义，学术界还有其他许多形象化的说法，如"公共关系就是促进善意"；"公共关系就是争取对你有用的朋友"；"公共关系是创造风气的技术"；"公共关系就是讨公众喜欢"；"广告是要大家买我，公关是要大家爱我"；"公共关系是百分之九十靠自己做得对，百分之十靠宣传"。

从以上内容我们可以看出，关于公共关系的定义，各种观点尽管侧重点不同，都有其合理性，有一定的市场，但也各自存在一些不足。不是主要表现在包容性上有所欠缺。

由此看来，公共关系学的定义还有待在未来的理论探索与社会实践中加以完善。不过下面这一定义是个例外。

1976年，美国公共关系协会莱克斯·哈罗博士在收集和分析了已知的472种定义后，对公共关系下了一个定义，这也是迄今为止国际学术界推崇的最完整的公共关系定义。

"公共关系是一种特殊的管理职能，它帮助组织建立并维持与公众间的双向沟通、了解、接纳及合作；它参与处理组织面临的各种问题与纠纷；它帮助组织了解公众舆论并作出反应，促进公众了解组织和事实真相；它强调组织为公众利益服务的责任；它帮助组织随时掌握并有效利用变化的形势，预测发展趋势，使之成为组织的警报系统；它使用有效、正当的传播技能和研究方法作为主要的工具。"

这个定义看起来虽然有点啰唆，却把公共关系的各个方面概括得非常全面。它把公共关系的属性（一种特殊的管理职能），目的（帮助组织建立并维持与公众间的双向沟通、了解、接纳及合作），工作内容（参与处理组织面临的各种问题与纠纷；帮助组织解公众舆论并作出反应、促进公众了解组织和事实真相；帮助组织随时掌握并有效利用变化的形势，预测发展趋势，使之成为组织的警报系统），社会责任（为公众利益服务），以及主要工具（使用有效、正当的传播技能和研究方法作为主要的工具）阐述得非常清晰。该定义目前已被世界大多数国家的相关教科书所采用。

三、公共关系可视为一项传播管理活动

1984年，美国著名公共关系专家詹姆斯·格鲁尼格在其名著《未来的公众关系教学》（又译为《管理公众关系学》）中提出如下观点。

"公众关系（公共关系）是一个专业领域；更明确地说是一个传播专业。公关从业人员帮助各种组织管理它们的传播——当他们在确定问题，研究舆论，向管理部门提供咨询，评估计划，以及当他们撰写新闻稿件或为雇员撰写报道时，他们就是在帮助组织管理传播。在每一种情况下，他们都在协助管理部门和组织内的其他人与限制该组织追求其目标的能力的战略公众进行沟通、理解，并处理冲突。"

在格鲁尼格看来，公共关系是某一组织与其各方公众之间的传播管理。这里涉及传播学的一些概念。我们知道，所谓传播一般指的是社会传播，即社会信息的流动。作为一种社会现象，传播不仅是在一定的社会关系中进行的，同时它也是社会关系的体现。

所谓管理，就是在社会组织中，为了实现预期的目标，以人为中心进行的协调活动。它包括几方面的含义：①管理是为了实现组织未来目标的活动；②管理的工作本质是协调；③管理工作存在于组织中；④管理工作的重点是对人进行管理；⑤管理就是制定、执行、检查和改进，实质就是搞关系。由此可以看出，无论是管理的主体，还是管理的客体都离不开人这个关键因素，而人在现实性上是社会关系的总和。

因此，在某种程度上，上述五大类观点虽然内容有别，其实都可以归纳到一类观点上来，即公共关系是一项对于组织传播行为的系列管理活动。

由此，本书给公共关系所下的定义是：公共关系是组织为了塑造自身良好形象，争取社会的广泛支持而对公众进行的传播管理活动。

四、公共关系的基本要素

要素指的是构成事物完整性的主要因子，即事物必须具有的实质或本质的组成部分。对公共关系学来说，要素是公共关系学中重要的学科要件。

从公共关系的定义我们可以知道，公共关系是社会组织对目标公众的一种传播管理活动。公共关系的要素主要有三个，简称公共关系三要素，即主体——社会组织；客体——公众；手段——传播。

这样，社会组织、公众与传播便构成了公共关系的三大要素。

所谓组织，从广义上说，是指由诸多要素按照一定方式相互联系起来的系统；从狭义上说，组织就是指人们为实现一定的目标，互相协作结合而成的社会机构，如党团组织、工会组织、企业、军事组织等。狭义的组织专门指人群而言，运用在社会管理之中。在现代社会生活中，组织是人们按照一定的目的、任务和形式编制起来的社会集团。组织是公关活动的主体，所有的公关活动都是组织策划并实施的。在此过程中，组织在经营其有实质性内涵的形象，以便赢得社会公众的了解、认可，为其创造出最有力的运作环境。

按照与公众交流的状态，组织大致可划分为以下三个类别。

一类是经常与公众沟通的组织（各类工商企业），一类是较少与公众沟通的组织（事业单位和垄断性组织），最后一类是必须与公众沟通的组织（政府机构）。

所谓公众，指的是因面临某个共同问题而形成并与社会组织的运行发生一定关系的社会群体。显然，不同的组织有不同的公众，甚至组织在不同的时期也有不同的公众，而不同公众对于组织的重要程度也不相同。

所谓传播，根据传播学的相关定义，是指社会信息的运行。传播者、传播内容、受众、媒介（渠道）、传播效果共同构成传播的五个要素。传播既是一个完整的行动过程，又是一种信息的分享活动。

对于公共关系而言，传播就是社会组织利用各种媒介手段，将自身的信息或观点有计划地与公众进行交流的公共活动。按照胡百精的观点，这种交流大致可以分为信息交流、意义分享和价值劝说三个方面的内容。

众所周知，人与人通过社会传播形成一定的关系。在社会组织开展公共关系活动时，将组织与公共关系的目标公众联系起来的就是传播。社会组织针对公众进行传播活动，公众也会以传播的方式将自身的反映反馈给相关的组织。通过这样的方式使社会组织与目标公众建立起某种联系，从而实现双方的沟通。因此，完全可以这样说，传播是社会组织与公众之间联系的中介和桥梁。

有意思的是，在现实社会生活的具体实践过程中，"公共关系"或"公众关系"往往被赋予了多种含义。一般来说，它既可以表示公共关系状态（即组织在社会公众中的具体形象），也可以表示公共关系理论（公共关系学）；既可以表示公共关系实务（即组织的公共关系实践），也可以表示公共关系观念（或谓公关意识，包括形象观念、公众观念、传播观念、协调观念、互惠观念、社会观念和创新观念等），还可以表示公共关系职业。不过，谈到公共关系，学术界一般指的是前三者，即公共关系状态、公共关系实务和公共关系理论，其他的含义多在民间、口头流传。

五、公共关系的基本属性

公共关系的基本属性也就是公共关系的特性，大致包含有以下五个方面。

1. 客观性

公共关系的客观性是由于公共关系所具有的客观性所决定的。社会是由人群组成的，它是人们相互交往、相互作用的产物。人们在共同的物质生产等活动过程中彼此结成各种社会关系。这些关系是不以人们的意志为转移的客观物质关系。

公共关系是由社会组织、社会群体之间的互动而形成的关系，它同社会上的个人关系、社会制度一起，构成社会关系系统。它是社会上客观存在的一种社会关系，是一种组织性的关系。

2. 公共性

公共关系是社会组织与社会群体及社会环境发生的联系，公共关系活动的主体和作用的对象都是群体的。虽然有时公众是以个体的形式显现的，但是公共关系的本质属性要求社会组织只有把个体当作公众的整体中的一部分时，才具有公共关系的意义。

此外，公共关系运作主要依靠的是大众传播媒介，公关活动的目的是为组织和公众谋求共同利益，它往往具有社会公益性的意义，因此公共关系具有明显的公共性特征。

3. 稳定性

社会组织与公众的关系是长期存在的，不仅谋求眼前利益，而且谋求长远利益。公共关系的建立、维系、巩固和发展是一种连续的、持久的、有计划的努力。特别是从宏观上来看，因为社会组织的生存环境是永远会存在的，所以公共关系具有一定的稳定性。这种稳定性更多地体现为一种现实需要。

4. 相关性

社会组织与公众建立的关系不是随意的、随机的，而是有明确的目标对象。公共关系的公众特指公共关系工作对象的总和，即那些与公共关系主体有直接或潜在关系，相互影响、有互动关系的个人、群体或组织的总和。公共关系只同与组织有直接或者间接关系的群体发生关系，因此公共关系具有相关性。

5. 可变性

基于以上相同的原因，这种公共关系在宏观上会是永远存在的，总会有一些公众会与组织发生联系；但是在微观上，究竟是哪一部分公众在什么时候同该组织发生关系，在现实生活中却是不一定的。这种关系会因时因地而发生转变，主体和客体都有可能根据具体情况另选合作伙伴，解除原有的关系。

六、什么是公共关系学

所谓公共关系学，指的是以公共关系的客观现象和活动规律为研究对象的一门综合性的应用学科。它是以公共关系的基本内容和原则为中心构建的理论体系，是研究组织与公众之间传播与沟通的行为、规律和方法的一门学问。与新闻学等学科类似，公共关系的研究内容也包括理论、实务、历史三个方面，即公共关系学理论、公共关系发展演化史、公共关系运作实务。

公共关系学具有重要的理论和现实价值。研究公共关系学理论有利于人们进一步探究公共关系学的本质、特征和职能，并指导公共关系实践；

研究公共关系史，有利于人们了解公共关系各个发展阶段的时代背景、发展脉络，掌握其演化规律，总结前人公关活动的经验教训，并在此基础上预测与把握公共关系的未来发展趋势。公共关系运作实务则是研究公共关系活动的具体内容（如公共关系调查、公共关系策划、公共关系实施、公共关系评估、公关专题活动等的运用策略、模式、方法与技巧）。

公共关系学是一门新兴的学科，其学科特点如下。

（1）交叉性。公共关系学涉及的学科很多，包括管理学、传播学、广告学、心理学、市场营销学等。这些学科的理论与方法都可以在公共关系学学科中加以运用。

（2）应用性。公共关系学是在激烈的市场竞争环境中产生的，作为一种管理职能与艺术，自然具有很强的应用性。

（3）多维性。目前，公共关系学的定义有400多种。不同的学者对公共关系学的理解和学科内涵有各自的看法。此外，不同的社会组织也有不同的特点，其所从事的公关活动的方式、策略和侧重点也有所不同。

七、组织形象是公共关系学的核心概念

通过对公共关系定义的考察，我们可以很自然地发现，公共关系的实质就是塑造组织的社会形象。因此，组织形象应属于公共关系学的核心概念。那么什么是组织形象呢？

组织形象又称为公众形象或公关形象，它指的是一定的组织机构通过其表现，在社会公众心目中形成的相对稳定的地位和整体印象，具体表现为社会公众对组织机构的全部看法、评价和整套要求及标准。

如果将其分类，可以按照范围分为特殊形象（组织的局部给公众的印象）和总体形象（组织的各种形象因素所形成的形象的总和，也是各种特殊形象的总和）；按照真实程度可分为真实形象（与组织的实际情况相符）和虚拟形象（与组织的实际情况不符）。

组织形象包含的内容大致有组织精神、价值观念、行为规范、道德准

则、经营管理作风、工作效能、社会地位、产品或服务质量、技术实力、经营特色、福利待遇、知名度、美誉度、和谐度、组织形象定位等，具体表现为：主体形象（包括领导形象和员工形象）；客体形象（包括产品形象、服务形象和品牌形象）；延伸形象（竞争形象、信誉形象和环境形象）。组织形象就是上述诸要素的综合反映。

当然，一个组织不可能在所有的方面都能让公众形成良好的印象，这就要求在进行公关传播的时候，组织要根据社会公众的喜好而有所侧重，注意突出特色和优势，尽量减少"短板"的出现。因为组织形象的每一个部分、每一个方向都有可能被社会公众所接触和了解。一旦某个弱势环节被公众所认知，就会被公众局部放大，从而影响组织在公众中的整体形象。

组织形象虽然复杂，但如果掌握了其特点，也容易把握，组织形象主要有如下特点。

1. 主观性

形象是一种观念，是人对对象物的一种主观看法。由于每个公众的社会地位、文化背景、价值观念、思维方式、认知能力、审美标准不同，其观察组织的角度、地点、时间也不尽一致，因此对于组织形象的评价结论也会出现差异甚至完全对立的情形。此外，组织在传播信息的过程中，也会把自己带有某些主观色彩的内容渗入进去。也就是说，组织形象带有很强的主观性。

2. 客观性

虽然人的观念带有主观性，但人们所观察的对象物却是客观现实。正如人们一般不可能把房子看成树，把山看成水一样，组织的社会地位、经营管理风格等是真实的，人们的看法也要以此为基础。一个人甚至少数人或许对某件事情的看法主观性强，可能会有明显错误。但大多数人的意见一般是客观的。也就是说，无论你是否喜欢，人们头脑中的组织形象不会是虚构的，总体上看是组织的客观表现的真实反映。

3. 相对性

事物没有绝对的，任何事情都是相对的。任何事物之间的比较，都是在一定的时间和空间中进行的。例如，某楼盘被誉为"北京第一楼"，就是在北京地域范围内比较得出的结论。此外，从事物的发展规律来看，任何事物都是发展的，没有永远的优秀，没有永远的第一。所谓天下第一，也是暂时现象。球王贝利在他那个时代可能是最佳的，放到今天则不好说。更何况，人们评价事物的标准、喜好也会受各种因素的影响而发生变化，见仁见智和众说纷纭的情况是常态。所以组织的形象不是一成不变的，而是相对的。

4. 稳定性

组织形象的形成，是一个长期积累的过程，绝不是一天能完成的。组织形象一旦形成，一般会持续一段时间。同样，当社会公众对组织产生一定的认识和看法以后，一般会保持一段时间。这种认识和看法会有一定的稳定性，不会轻易改变或消失。如享誉世界的IBM公司、奔驰公司的形象，长久以来在人们心中都未曾改变。此外，从心理学的角度来看，人们对客观事物所形成的看法，也不是很快就会改变的，会有一定的心理定式。要想在公众心中留下一个好印象并不容易，特别是在当今同类产品众多、竞争日益激烈、广告泛滥成灾的年代更是如此。但如要改变一种产品或一个组织在公众心中的形象，那就更难了。例如，我们常说美国人开朗、中国人稳重、上海人精明，这些看法是人们长期观察体会得出的结论，通常会维持较长一段时间。

组织形象的这种相对稳定性可能会产生两种结果：其一，组织因良好形象被长期有效维持而从中受益；其二，组织因负面形象难以短期改变而受损。

当然，任何形象都不是一成不变的，终究会随着时间和环境的变化而有所改变，只是这样的改变通常比较缓慢和艰难。

从公共关系的历史过程我们可以看出组织形象的发展脉络：组织形象的塑造由自发走向自觉，由被动走向主动，由单一走向全面。这说明，在实践过程中，人们对于组织形象的塑造手段已经越来越成熟了。

现在很多工商企业为了树立组织形象都建立了企业识别系统CI。所谓CI指的是以统一而独特的企业理念、企业文化为指导的行为活动及视觉设计所构成的展现企业形象的系统。企业有意识、有计划地将自己企业的各种特征向社会公众主动地展示与传播，使公众在市场环境中对某一个特定的企业有一个标准化、差别化的印象和认识，以便更好地识别并留下良好的印象。这一系统有助于组织的公众对组织产生一致的认同感和价值观。

CI一般分为三个方面，即企业的理念识别——Mind Identity（MI），行为识别——Behavior Identity（BI）和视觉识别——Visual Identity（VI）。

企业理念是指企业在长期生产经营过程中所形成的企业共同认可和遵守的价值准则和文化观念，以及由企业价值准则和文化观念决定的企业经营方向、经营思想和经营战略目标。

企业行为识别是企业理念的行为表现，包括在理念指导下的企业员工对内和对外的各种行为，以及企业的各种生产经营行为。

企业视觉识别是企业理念的视觉化，通过企业形象广告、标识、商标、品牌、产品包装、企业内部环境布局和厂容、厂貌等媒体及方式，向大众表现、传达企业理念。CI的核心目的是通过企业行为识别和企业视觉识别传达企业理念，树立企业形象。

CI的早期实践可以追溯到1914年德国的AEG电器公司首创CI。AEG在其系列电器产品上，首次采用彼德·贝汉斯所设计的商标，成为CI中统一视觉形象的雏形。紧接着，1932—1940年，英国实施伦敦地下铁路工程，该工程由英国工业设计协会会长佛兰克·毕克负责，被称为"设计政策"的经典之作。

第二次世界大战后，国际经济复苏，企业经营者感到建立统一的识别系统及塑造独特经营观念的重要性。自1950年，欧美各大企业纷纷导入CI。1956年，美国国际商用计算机公司以公司文化和企业形象为出发点，突出表现制造尖端科技产品的精神，将公司的全称"International Business Machines"设计为蓝色的富有品质感和时代感的造型"IBM"。这便使这八条纹的标准字在其后四十几年中成为"蓝色巨人"的形象代表，即"前卫、科技、智慧"，也是CI正式诞生的重要标志。20世纪60年代以后，欧美国家的企业CI导入出现了潮流般的趋势。20世纪60年代的代表作是由无线电业扩展到情报、娱乐等八个领域的RCA；20世纪70年代的代表作是以强烈震撼的红色、独特的瓶形、律动的条纹所构成的Coca-Cola标志。总之，20世纪60年代到20世纪80年代，是欧美CI的全盛时期。日本企业在20世纪70年以后，我国企业在20世纪90年代后也开始创造自己的CI，从而使之发展成为一个世界性的趋势，在世界各国的相关实践中收效明显。CI对于企业形象的积极作用体现在以下几方面。

（1）信任效果。一个深得社会公众认同和好感的企业，总是能顺利地推销它的产品和开展它的新工作，即使与其他企业做相同的事，销售相同的产品，也容易得到较高的评价。如果在转换经营机制的过程中，不断完善自我形象，增强形象力，提高销售力，就会有很多海外旅游者慕名而来。相反，如果一家企业形象不好，尽管其产品打折并营造出巨大声势，也容易遭到社会公众的怀疑。

（2）缓和效果。一家形象良好的企业，当它在无意之中犯错时，往往能比企业形象一般的企业得到社会公众更多的谅解，从而减轻社会舆论对企业的压力。

（3）竞争效果。消费者对于形象良好的企业及其产品总会优先考虑，因此，这类企业常常能击败竞争对手。一般而言，有知名度、企业形象良好的企业总比没有知名度、没有良好形象的企业能销售更多的产品。

第二节　公共关系特征

一项公共关系活动要想获得成功，其前提是组织与公众之间要建立持久的信任关系，所以两者之间的沟通交流必须具备真实性（坦诚相告）、平等性（平等对待）、公开性（必要公开）、持续性（形成制度和惯性）、艺术性（有美感有技巧）等要素。

由此，我们可以归纳出公共关系具体操作活动（这里指公共关系实务或公共关系活动）的若干特征。

1. 以公众利益为先导

公共关系是一定的社会组织与其相关的社会公众之间的相互关系。社会组织对内和对外的传播沟通工作，必须着眼于自己公众的利益。只有这样，才能争取公众的理解和支持，才能够顺利生存和发展。因此，组织所有的公共关系活动策划和实施必须始终坚持以公众利益为根本导向，这是一条根本原则。

2. 以提高美誉度为核心

塑造形象是公共关系活动的核心问题；或者说，公共关系就是一个连续施工的形象工程。一般来说，评价组织形象的指标有以下三个方面：知名度、美誉度和和谐度。其中，最基本的是知名度与美誉度，它们构成组织形象的基本面。知名度属于事实判断层面，美誉度则属于价值判断层面。

所谓知名度，是指一个组织被公众知道、了解的程度，以及社会影响的广度和深度。有学者认为，知名度的高级阶段是认知度，即接纳度，"认知"即认识和知晓之意。世界著名的公共关系公司博雅公司，1997年对公共关系作了全新的诠释，认为公关即"认知管理"。比如，一个企业的企业名称、产品商标、行业归属、历史沿革、主要产品、产品特征、经营状况、法人代表等诸多具体信息，在多大范围内被公众所知晓，在多大程度上被公众所认识，合起来则为这个企业的"认知度"。好名声（誉满全球）、坏名声（臭名昭著）都是知名度。所以有知名度可以扩大社会影响（如我们通常所说的"混个脸熟"），但有了知名度并不意味着公众喜欢你，还需要有美誉度。

所谓美誉度，是指一个社会组织获得公众信任、赞美的程度，以及社会影响的美、丑、好、坏。它是社会组织形象受公众给予美丑、好坏评价的舆论倾向性指标，是一种对组织道德价值的社会评判。它所构成的"意义世界"维系着组织与公众之间共同"利益世界"的整体性和可持续性。

所谓和谐度，是美誉度在目标公众中的延伸，是一个社会组织在发展运行过程中，获得目标公众态度认可、情感亲和、言语宣传、行为合作的程度，即组织与公众之间情感、态度与言行的相融合的状态。它是社会组织从目标公众出发开展公共关系而从公众获得回报的指标。就目标公众与组织的实际关系而言，和谐度一般可分为从"态度赞同"到"情感亲和"，再到"言语宣传"，最后到"行为合作"这四个档级。也有学者认为，忠诚度是和谐度的最高层级。

知名度与美誉度分别从量和质这两个方面来评价组织的形象。一个组织的知名度高并不意味着美誉度高（如臭名远扬），知名度低的美誉度未必低（如"养在深闺人未识"）；美誉度高的如果不注意宣传也难以扩大知名度（在产品极大丰富、竞争日趋激烈的时代，"好酒不怕巷子深"的观念已经过时了）。因此，组织若想树立良好的组织形象，就必须在战略上同时把提高知名度和美誉度作为工作的目标。两者只有实现有机的统一，才能树立组织的美好形象。争取最广大的社会公众的支持与偏爱则是公共关系活动的根本目的。

3. 以平等互惠为准则

毋庸讳言，公共关系是以一定的利益关系为基础的。一个社会组织在发展过程中要想得到相关组织和公众的长久支持与合作，就要奉行平等互惠原则，既要实现本组织的相关目标，又要让公众得益，实现"双赢"乃至"多赢",形成皆大欢喜的局面。

4. 以立足长远为方针

一个社会组织要想给公众留下恒久的组织形象,必须经过长期的、有计划的、有目的的系列公关活动。那种"平时不烧香,临时抱佛脚"的短期行为,属于权宜之举。此外,仅靠小恩小惠笼络人心的做法也是靠不住的,注定不会长久。

5. 以友好真诚为信条

古人云:"百善孝为先""论心不论事",均说明诚恳这个品德在社会生活中所具有的重要性。不仅是人,社会组织也一样,只有言行一致,真诚对待公众,在公众的心中为自己塑造一个诚实的形象,才能对公众的倾向产生最大的说服力,进而取信于公众。唯有真诚待人,才能赢得真诚的合作。

6. 以传播沟通为手段

公共关系在其运作形态上表现为一种传播交流活动。公共关系目标的确立和具体计划的付诸实施,都需要经过双向沟通这个过程。只要有了双方和多方的沟通交流,才有可能将组织的各种信息有效地传递给目标公众,增加公众对于社会组织的认知,并由此让公众对组织产生印象和好感。如果没有必要的沟通,公众就无法了解组织,组织在公众中的形象问题也无从谈起。因此,要做好公共关系工作,社会组织与公众之间的互动与沟通是必不可少的。

第三节 公共关系职能

所谓职能指的是事物、机构本身具有的功能或应起的作用。职能一般分为核心职能、专业职能、管理职能和一般职能。

公共关系的功能指的是公共关系对组织和周围环境所发挥的作用与影响。公共关系作为一种重要的管理职能，其在社会组织的管理中具有十分明确的职责范围，发挥特定的功能和作用。

公共关系活动所发挥的功能可以分为两大部分：一个是对于组织的职能或作用，另一个就是对社会的职能或作用，两者共同构成公共关系的全部功能。

公共关系的这些职能和作用的发挥，不仅可以为组织的生存和发展创造良好的外部环境和内部条件，而且还渗透到社会生活的每一方面，对社会的文明进步产生积极的影响。甚至参与其中的公关人员也会因此耳濡目染，进而逐步提升自身的综合素质。

一、公共关系对社会组织的作用

众所周知，组织不是一个孤立的存在，是在一定的物理环境、社会环境中生存与发展的，它与周边环境构成一种依赖与互动的关系。在一定条件下，社会、政府、员工、媒介和社区等公众决定组织的命运。也就是说，做好公共关系有利于帮助社会组织与社会公众建立健康、积极、可持续的关系。因此，搞好与这些公众的关系，是组织生存发展的一个重要前提。

具体而言，公共关系对组织的作用包括如下四点。

1. 收集情报，监控环境

我们知道，组织环境是由多方面的因素和条件所构成的。社会在发展，环境在不断变化，组织自然也要不断变化以适应新的环境。这就要求组织的公共关系部门做好这种环境监测工作，并做好科学分析与预测，为组织的应变措施提供有价值的参考意见。而要实现这种功能，组织的公关部门应做好以下几方面工作。

一是采集信息。信息是预测和决策的基础，因此要发挥预警功能，首先要充分地掌握环境信息。公共关系采集的信息主要是有关组织信誉和形象方面的，包括组织的产品或服务形象信息、组织形象信息，以及其他社会信息。这些信息包括国内外的政治、经济、文化科技等方面的状况和变化，时尚潮流的更替，舆论热点的转移等。总之，作为公关人员，一定要尽可能多地掌握与组织有关的资讯。

二是监视环境。信息采集之后，经过公关人员的加工、整理和分析，就可以得出相应的结论。监视范围包括：政府决策趋势（这是不可或缺的关键，因为任何组织的现实行动必须符合当地政府的现行政策，未来行动则必须符合当地政府的未来政策走向）；社会环境变化（包括自然环境、经济环境、科技环境、社会心理等的变化）。

上述这些因素都可能对组织的公关工作产生或强或弱的影响。如社会需求和市场环境的变化，会从整体上影响组织的经营；公众需求、公众心理的变化将很快给产品开发提出挑战；社区内的重大问题可能引起公关纠纷，也可能使组织在不经意中的形象变得更好；日益兴起的环境主义和绿色主义，则将对组织的未来发展带来持久的长远影响。

因此，组织要想有效地展开公共关系工作，必须密切注视社会环境的发展动态，以使组织能根据环境变化主动出击，获得更大的发展空间并及竞争对手的动态，做到知己知彼，吸取竞争对手的经验教训，以便择机超越对方。

2. 提供咨询，帮助决策

古人云："德者居上，能者居中，智者居侧，工者居下。各居其位，各司其职，诸事自然顺遂。"在组织的众多机构中，公共关系部门的地位比较特殊，一般情况下其重要性要高于其他部门，往往居于决策层之侧。其所提供的有关公共关系方面的情报信息、评判、预测的咨询和建议，特别是有关公众一般情况、专业情况和公众心理变化和趋势方面的咨询建议，能够及时供上级参考和选择。从这个意义上说，公关部门承担的是组织的经营管理决策的参谋角色。

3. 宣传引导，塑造形象

首先，通过公关活动，引导社会公众理解并接受组织。当公众对组织缺乏认识和了解时，组织应主动地宣传自己、介绍自己，促进公众的认知和了解；当一个组织及产品形成了基本的公众印象及良好的评价之后，组织应继续努力、强化这种良好的舆论态势，使组织形象深入公众心中；当公众对组织的评价游离不定、好坏莫辨时，组织应谨慎地发挥引导作用，使舆论尽可能向有利于组织的方向发展。

当组织形象受损时，组织应该根据不同情形采取相应措施。如果是因组织自身失误危害了公众利益，就应该本着实事求是、有错即改的态度，向公众坦率认错，尽快采取补救措施，减少组织的损失，并把组织处理事故的过程以及整改措施及时告知公众，求得公众谅解，以期重获支持和信赖。

如果是因为公众误解，应及时向公众澄清事实真相，消除误会；对于他人陷害则应尽快揭露其阴谋，告知公众真相，并将本组织采取的预防措施向公众宣布，以防事态扩大，然后再逐步恢复公众对组织的信心。

其次，通过社会交往，塑造组织的良好形象。

任何公关工作最终总是要落实到个人。因此，除了通过大众传播引导舆论从而影响大量公众外，借助各种社交活动即人际交往，为组织建立广泛的社会联系，广结良缘也是公共关系的一项重要功能。

应该指出，人际交往只是公共关系诸多手段中的一种。绝对不能把公共关系简单地看成人际应酬或人际关系，更不要把它和利用金钱和权势"走后门"的庸俗关系学混同起来。

在中国，由于种种原因，庸俗关系学很有市场，在民间甚至有"关系就是生产力"的说法，把公关视为"攻关""攻官"。以至在国外，"关系学"在某种程度上甚至成了"中国学"的代名词。至于带有暧昧性质的"公关小姐""公关先生"更是与现代公共关系风马牛不相及，决不可相提并论。

公共关系学同这种庸俗关系学有根本的区别。这些区别主要表现在以下几方面。

第一，公共关系是近代以来商品社会、法治社会的产物，至今只有一百年左右的时间；庸俗关系是落后经济形态下人治社会的产物，几千年以前就出现了。

第二，公共关系活动是公开进行的；庸俗关系则往往是在暗中进行，见不得人，是一种私下交易。

第三，公共关系有一套科学的理论作指导；庸俗关系则是赤裸裸的私利交易。

第四，公共关系所要实现的目标是提高组织的知名度与美誉度，最终实现组织与公众、社会的"多赢"；庸俗关系则是为了损公肥私，败坏社会风气，阻碍社会进步。

4. 沟通内外，协调关系

公共关系本质上是一种沟通活动，其所有的工作都是通过传播相关信息来实现与内外公众的沟通。其主要目的是减少摩擦、化解冲突、平衡关系。

作为公关主体的组织和公关对象的公众，由于其所处的地位不同，他们之间必然会存在利益的种种差异和矛盾。又由于它们在信息的掌握上总是不对称的，因此公关主体和客体之间的摩擦乃至冲突很难避免。

不过，对于社会组织来说，有摩擦和冲突其实并不可怕，有了冲突而不思化解、不求改进。这就要求组织充分运用公共关系活动，努力减少摩擦，力争化解冲突于无形，协调内外关系。

现代公共关系理论认为，组织和公众都是公共关系的主体，双方都有自己的利益，两者同样重要。当双方利益出现分歧和矛盾时，组织既不能牺牲公众利益，也不要一味地牺牲自己利益，而应通过平等的对话、协商，使双方能达成共识，双方都应该作出必要的让步和妥协。因此，公关的任务便是在双方利益得到维护的前提下，实现利益平衡下的新的合作。

二、公共关系对社会的作用

公共关系对社会的作用主要表现在以下四个方面。

1. 调节人际关系，优化互动环境

在西方资本主义发展相当长的一段时期里，为了争夺市场和经济利益，不少人和企业违背法律和基本道德，以致尔虞我诈、坑蒙拐骗等现象比比皆是。这不仅造成了劳资双方利益的尖锐对立，也让社会一般人之间关系紧张。公共关系因为倡导公开、合作、交流、互惠、平等等理念而逐渐为现代社会所认可和接纳，人们开始从对抗走向合作，使人际关系得到极大改善。

进入20世纪以后，随着科学技术的日新月异，社会财富的不断增加，人们的生活水平获得了空前的提高。但在物质世界获得了极大满足的同时，现代人却在精神世界迷失了方向。人们一方面沉溺在物欲世界里不能自拔；另一方面又在高新技术构建的虚拟的电视世界、网络世界寻找精神安慰。技术已取代宗教和神话而成了新的人造的上帝。传播学家拉扎斯菲尔德曾指出："人们为了争取休息自由、大众教育和社会安定所进行的斗争，原是希望自己一旦摆脱了种种束缚之后，可以享受社会伟大的文化成果，如贝多芬、歌德甚至康德的作品。相反，他们现在却转向大众文化的所谓明星。依照这种观点，大众传播是最高尚、最有力的一种社会麻醉剂。其麻醉作用十分有效，中毒者自己也不了解病因。人们用几代人的努力换取来的宝贵时间，现在却被大众传媒占用了。在自由的时间中，人们不是在和哥伦比亚大学打交道，而是在和哥伦比亚广播公司打交道。"弗洛伊德则感叹："文明为什么没让人类感到幸福？"

我们可以发现，无论是沉溺于物欲世界还是虚拟世界，都造成了现代人忽视现实生活中的人际交流，从而使人与人之间的心理距离越来越大，寂寞、焦虑人群越来越多，抑郁症、孤独症、网瘾症等社会病盛行。

公共关系可以提供一种健康的关系氛围，用真诚广泛的社会交往、多边交流来抚慰人们的心灵，改善人们的关系，提高人们的心理适应和承受能力，使其融入现代社会，从而优化社会互动环境。

2. 传递社会信息，优化社会风气

公共关系是一种传播活动，它不仅可以为社会提供沟通的渠道，也可以为社会沟通创造良好的氛围。沟通的目的是求同存异、合作共赢，使双方行动协调一致。在此过程中，公共关系的公开、互惠、诚实等理念会影响各方的行为，久而久之社会风气就会逐步得到优化。

3. 提高经济效益，繁荣社会经济

公共关系的顺利开展，首先能够让公司企业内外关系良好，组织形象提升，可以因此获得更好的经济效益，促进整个社会的发展。其次，公共关系可以为一个地区、一个国家创造一个开放、公平的经济环境，吸引更多的资金、技术和人才，从而为繁荣经济、提高社会成员的生活水平创造条件。再次，公共关系还会因为沟通和分享信息而使市场交易成本降低，使社会资源得到更有效的利用。最后，公共关系增进了社会各部门、团体间的联系，会带动它们为改善经济环境而进行各种协作。

4. 推动政治民主，促进社会文明

从历史上看，公共关系是在现代民主政治制度的框架内产生的。其所倡导的公开、公平、公正、平等互惠等原则，必然也会对政治民主本身产生影响。

公共关系提倡"公众至上"，要求社会组织要以满足公众的各种需要为依托，为他们提供优质服务，不仅能激发公众的主人翁意识，还能培养培养组织管理人员的公仆意识。这种观念在社会上推而广之，广大民众也会积极参与政府管理、社会管理事务，并要求政府各级官员自觉关心民众疾苦，倾听民众呼声，解决民众的问题，做好民众的"公仆"。这样，就会逐渐在社会中形成开放的、健康的政治环境。公共关系就是通过这种理念的宣传、引导方式来推动民主政治建设的。

第四节 公共关系与广告、营销的关系

公共关系属于新兴学科，从其工作内容来说，与广告、营销关系密切。但它们之间的关系到底如何，学术界有不同的看法。有学者认为，公共关系、广告都属于市场营销学的一个部分；有的学者则认为，广告已经走向黄昏，有被公共关系、整合营销传播取代的趋势。

美国前些年的一本由世界著名的营销战略家阿尔·里斯等人写的《公关第一，广告第二》一书中就有这种观点。在这部争议很大、影响深远的著作里，作者用形象化的语言列举了广告与公关的重大区别。其主要观点如下。

广告是不可信的，公关是可信的。

广告只能维护品牌，公共关系却能树立品牌。

广告是风（强行入侵人脑，不易接受），公共关系是太阳（温暖、感化人心，容易让人接受）。

广告将变成一种艺术（其现实功能已死去），而公共关系将永生。

公关营销时代即将到来。

应该说，阿尔·里斯在这本书中提出的观点大部分是正确的，也符合西方发达国家社会经济活动的实际。不过，他所下的"广告已死"这个结论恐怕还为时过早，还需要时间来检验。至少在目前还看不清这种前景。

一、广告与公共关系的区别和联系

众所周知，目前广告在世界各地可以说无所不在，简直是现代经济的润滑剂。那么什么是广告呢？目前国际上比较公认的权威定义如下。广告（一般是指商业广告）是由可识别的出资人，通过各种付费媒体（主要是报

纸、广播、电视、杂志和互联网等大众媒体）所进行的各种非人际的沟通形式，旨在推销商品、服务和观念。

广告通常是商品生产者、经营者和消费者之间沟通信息的重要手段，或企业占领市场、推销产品、提供劳务的重要形式，主要目的是扩大经济效益。

广告的本质有两个，一个是从传播学方面来讲，广告是广告业主到达受众群体的一个传播手段和技巧；另一个指广告本身的作用是商品的利销。总体来说，广告是面向大众的一种传播；艺术的高雅性决定了它的受众只能是小众，而不是绝大多数人。因此，成功的广告是让大众都接受的一种广告文化，而不是所谓的脱离实际的高雅艺术。广告的效果从某种程度上决定了它究竟能否成功。

而公共关系则是组织旨在传递自身的有说服力的信息，并改善社会公众对其态度的种种政策或行动。两者既有联系又有区别。

公共关系与广告有一定的联系，主要表现在以下四方面。

（1）从公共关系工作的角度来看，任何广告都是公关活动的一部分，是开展公共关系活动的重要手段，即公共关系工作可以采用广告的方法，比如公共关系广告。

（2）广告与公共关系都需要依靠传播媒介尤其是大众传媒来传递信息。

（3）广告都带有公共关系性质，对组织的形象建设发挥一定的作用。

（4）广告可以借助公共关系活动提高传播效果。

公共关系与广告也有明显的区别，主要表现在以下六个方面。

（1）直接目标不同。广告的目标是推销组织的产品、服务与观念。公共关系的目标是提高组织的知名度、美誉度，赢得公众对组织的好感，树立良好的社会形象。

（2）传播原则不同。广告传播的原则是吸引人们注意，让受众产生购买欲。公共关系传播则要求真实可靠，让人相信组织。

（3）传播方式不同。广告为了吸引眼球，通常为采用虚构、夸张、制

27

造悬念的艺术手法让受众眼前一亮，是典型的单向传播。有时候我们说广告不可信就是这个意思。但公共关系的信息传递采用的是新闻传播手段，这就要求必须真实准确。而且最重要的是，公共关系沟通模式是双向传播。

（4）传播的周期不同。公共关系是一项持久的立足长远的工作，所有的公关活动都要服从建立和维护组织的良好社会形象这个根本目标。因此，公关传播是一项长期的工作。广告则不然，一般是在某个时间段集中宣传，临时性（针对竞争对手的举措）、阶段性（根据产品周期）、季节性（销售旺季）特征比较明显。

（5）所处的地位不同。在组织的经营管理的各项工作中，广告的地位不是最重要的产品质量、管理效率、沟通成效才是最重要的。公共关系在组织的经营管理活动中是一项涉及面非常广的工作，特别是在强调沟通、注重信誉的当代社会，公关工作的成效甚至可以决定一个组织的命运，其重要性不言而喻。

（6）传播范围与效果不同。公共关系比广告传播的范围要广一些，影响也要更深远一些。广告由于往往采用集中财力短期内"集中轰炸"的传播手段，其效果一般比较直接，并可快速评估，往往仅限于局部销售区域的某个产品。公共关系因为秉承"多赢"的理念、向整个社会表达善意，其所产生的效果和影响则是长期的、多方面的，组织、公众甚至整个社会都会因此受益。

二、公共关系与市场营销的关系

市场营销（Marketing）又称为市场学、市场行销或行销学，简称"营销"。它是一门选择目标市场，并且透过创造、沟通、传送优越的顾客价值，以获取、维系、增加顾客的艺术和科学。市场营销通俗地说，是指个人或集体通过交易其创造的产品或价值，以获得所需之物，实现双赢或多赢的过程。

市场营销包含两种含义，一种是指企业的具体活动或行为，称为市场营销或市场经营；另一种是指研究企业的市场营销活动或行为的学科，称为市场营销学、营销学或市场学等。

显然，公共关系与市场营销关系密切。在市场营销中的各个环节都需要公共关系来做工作。两者的主要联系如下。

第一，理念高度一致。公共关系与市场营销都强调公众至上，客户第一，特别重视社会效益。

第二，所借助的手段都有传播，而且都侧重大众传播、人际传播。

第三，公共关系是市场营销的组成部分。新的市场营销学理论把原来的要素从 4P（产品、价格、渠道、促销）变为 6P（产品、价格、渠道、促销、公共关系、政治权利），说明了公共关系与营销关系十分密切。

当然，公共关系与市场营销学也有区别。

第一，研究与应用的范围不同。市场营销主要局限于营利性组织内，公共关系除了营利性组织适用外，在非营利性组织的活动中也可以大展身手。

第二，所采用的具体手段不同。公共关系主要通过发布组织的相关信息、举办专题活动来同社会公众沟通；市场营销则通常采用包装、广告、推销、产品设计等手段促进产品、服务的销售。

第三，目标不同。公共关系的目标是树立组织的社会形象，让公众对组织产生好感，以利于组织的健康长远发展。市场营销的目标是推销产品、服务与观念，最大限度地获取经济效益。

第二章 公共关系发展简史

第一节 公共关系的萌芽

在漫长的历史长河中，人类所创造的文化是相互交流、代代相传的，公共关系也不例外。作为一种常见的社会关系与客观的社会现象，公共关系思想不是近代才出现的，远古时代就有萌芽，早就为人类各个群体的利益协调服务了。只不过这个时候人类的公共关系意识与相关活动是自发的、原始的，其运作手段也是粗浅简单的，与作为一门独立学科的现代公共关系学有较大的区别。

古代的埃及、巴比伦、波斯和希腊的一些有眼光的统治者和政治活动家，已经懂得如何引导民众了。他们一方面用武力，另一方面用舆论手段来控制社会，处理与民众的关系。

古希腊的民主制度形成了公众代表会议和陪审团制度，为公众提供了对话的舞台，研究逐步被人们所重视。进而导致了人们对公共关系操作的具体方法技术研究，如演讲、修辞、逻辑等，旨在有效地劝服他人。这样就出现了一批演说家、诡辩者。

根据有关学者的研究，人类最早的公共关系学著作出现在古希腊。

公元前2300年前后，著名学者亚里士多德发表了《修辞学》，认为修辞是一门加强言辞或文句效果的艺术手法。修饰自己的文章、语言，可以吸引别人的注意力、加深别人的印象和抒情效果。在书中，他提出了诸如演说者应当尊重事实与真理，论证要言之成理，合乎逻辑等一系列有深远意义的原则。强调传播者的可信性，告诉人们如何用修辞来影响听众的思想和行为。

古希腊流行诗歌，这些诗歌通俗易懂又富有韵律，非常容易记忆和流传。许多王公贵族为了在民众中树立自己的威望，扩大自己的影响，常请一些著名的诗人为他们写赞美诗，以宣扬自己的丰功伟绩，并借此操纵社会舆论，树立自己良好的形象，达到维护自身既得利益的目的。

由于这种做法非常流行，引起了统治阶级的不安与惊慌，所以柏拉图在《理想国》一书中曾特别提出，要禁止除了政府诗歌以外的所有诗歌的主张。柏拉图这一观点的意图是十分明显的，即替政府宣传是正当的，应该提倡；而自我鼓吹标榜这种不正当的宣传，则应全部禁止。该书不仅最早提出了政府公关的问题，也是历史上最早探讨媒介管理问题的著作。

此外，古希腊的雅典盛行的贝壳放逐法也说明了统治者对民众意见的重视。

"贝壳放逐法"又称"陶片放逐制""陶片流放法"或"贝壳放逐制"等。该法是古希腊雅典等城邦实施的一项政治制度，由雅典政治家克里斯提尼（Cleisthenes）于公元前510年左右创立，约公元前487年陶片放逐法才首次付诸实施。按照规定，雅典公民可以在陶片上写上那些不受欢迎的，以及极具社会威望、广受欢迎、最可能成为僭主的人的名字，并通过投票表决将企图威胁雅典民主制度的政治人物并将其予以政治放逐。但放逐投票会议的召开并不意味着一定有人被放逐，因为雅典法律规定放逐投票须达到6000人的法定人数。投票当日，阿哥拉中央用木板围出一个一个圆形场地，并留出10个入口，与雅典的10个部落相对应，以便同一部落的公民从同一入口进场。投票者在选票——陶罐碎片较为平坦处，刻上他认为应该被放逐者的名字，投入本部落的投票箱。如果选票总数未达到6000，此次投票即宣告无效；如果超过6000，再按票上的名字将票分类，得票最多的人即为当年放逐的人选，放逐期限为10年（一说为5年，但都可以为城邦的需要而随时被召回)。被放逐者无权为自己辩护,须在 10 天内处理好善后事宜。该制度让每个公民都可以通过陶片表达自己的政治意见和愿望,体现了古代雅典民主政治的广泛性;有利于淘汰那些没有维护公民利益的官员,反对有损公民利益的行为;同时,可以约束官员的行为,消除不稳定因素,从而有利于国家的稳定和正常民主秩序的维护。

在古代罗马,人们更加重视民意,提出了"公众的声音就是上帝的声音"的响亮口号。古罗马人注意发展各种影响人的传播技术,改进诗歌形式,巧妙地把宣传意图渗透到艺术表现之中。当时广为流传的旨在引导民众在乡间生活的《田园诗》就是例子。

古罗马帝国曾经采用"十二铜表法",把法律刻在十二块铜牌上公布,从而争取民众的支持。统治者非常重视社会舆论,认为"民众的声音是上帝的声音"。整个社会都十分重视沟通艺术,因而造成演说家的社会地位很高,甚至可以被推选为首领。

第一位运用舆论工具的高手首推凯撒大帝。当他被派往高卢去统率军队作战时,在罗马军团进军的一路上,他都派人把军队的军旅生活、战斗情况写成报告不断地送往罗马。这些报道既通俗又生动,常常被人在罗马广场上传诵,极大地吸引了民众的注意力,为他获得了民众的广泛支持。他所写的《高卢战记》被西方公共关系学界尊为"第一流的公共关系学著作"。在恺撒时代,手抄小册子很流行,恺撒从中获得启发,创办了世界上最早的日报——《每日记闻》,以此作为与民众沟通的工具。

目前,学术界公认的人类最早的公共关系活动直接证据出现在中东地区。考古学家发现了公元前 1800 年巴比伦王国所发布的一份农业公告。这份公告的主要内容包括:农民该如何播种、如何灌溉、如何对付病鼠害、如何收获庄稼等。这些内容已经很接近现代农业组织发布的宣传材料。

在宗教传播方面,古代基督教的传教士们充分利用了当时所有的传播工具来传播基督教,并取得了巨大的成功。他们常常游说各地的统治者、布道演讲、各种函件等来传播基督教的教义。

中国古代类似的公共关系活动也很多。我国"公共关系"的思想与活动可以追溯到有文字记载的远古时代。在中国的古代,自发的公关活动也是广泛存在的。在奴隶社会时期,统治阶级就通过广开言路,检讨政治得失。传说在尧舜时代,政府在宫廷外树立"诽谤木",鼓励世人向政府进谏。《后汉书·扬震传》载:"臣闻尧舜之时,谏鼓谤木,立之于朝",这可能是古代政府征求民意的最早举措。由于诽谤木是在竖柱上钉一横木,状若花,故也称为"华表木"。不过在后来的封建社会里,华表逐渐演变成了表示帝王尊严的装饰。

公元前1324年,商王盘庚计划把国都从耿地(今山东曲阜)迁到殷地(今河南安阳)。许多臣民不愿从命,于是盘庚发表了三次著名的演说。其演讲词华丽典雅,极具说服力和感染力,终于获得了民众对迁都的支持。盘庚的三次演讲词收入我国最早的政治著作《尚书》中,史称"盘庚三迁"。

古代中国各朝统治者很重视民意,早在周朝时,宫廷就有"采诗"制度。中国最早的诗歌总集《诗经》,既是先秦诗歌艺术的总结,同时也是这种制度的反映。《诗经》中的《风》,主体是当时宫廷派出的人从民间收集来的诗歌。其目的之一,就是以此来体察民情和民意。

西周末年,针对周厉王的暴政,有的大臣向周厉王提出要考虑民意,"防民之口,甚于防川",认为社会舆论的好坏直接关系到政权的稳定,强调重视民众宣传。

案例 2-1 :子产不毁乡校

春秋时期,郑国人喜欢聚集在乡间的学校里,七嘴八舌地议论国家主政的官员。大夫然明便对丞相子产说:"下道命令,不让他们聚集议论,以免是非,可不可以呢?"子产说道:"为什么要这样做?那些人早晚聚集在一起休息、谈笑,当然要议论我们把国家治理的好坏。他们肯定的,我就努力去做;他们讨厌的,我就马上改正;他们是我们的老师啊,为什么要打击他们呢？我只听说忠诚为善可以减少怨恨，没有听说以势作威就能防止怨恨。如果作威防怨而不能止住怨恨，就会像大河决口，我就无法救治了。所以，不如开个小决口，让人们的怨恨有发泄渠道，我就能从容地听从并改正了。"然明被子产的话说服了，郑国也在子产的开明治理下，出现了政通景明的气象。

一般认为，中国古代公共关系的萌芽是从春秋战国时出现的。在当时社会，由于国家分裂，各国之间战事频繁，国与国之间、国内各种政治势力之间明争暗斗，各种势力不断重新组合，形成了一种社会动荡不安的政治氛围，这在客观上为各种思潮的发端提供了现实的土壤。知识阶层中出现了百家争鸣的局面，各种思想、言论的冲撞与吸收，终于形成了"百家争鸣、百花齐放"的文化盛世。为了维护统治，营造舆论，争取朋友，各个君主都派出能言善辩之士到处游说，兜售自己的观点。最著名的有张仪、苏秦。他们所从事的游说、沟通工作，比较接近于今天的公共关系。

需要特别指出的是，我国古代先贤很重视诚信问题。秦国宰相商鞅的"徙木立信"就是一个很好的例子。商鞅变法之初，恐民不信，商鞅把一根三丈之木立于国都之南门，然后宣布能将此木徙置北门者赐10金。搬动一根木头，何须如此重赏？人们自然不信，于是他又下令，将赏金加至50金。有人将信将疑把木头搬到北门，即赏50金，以示不欺。于是，商鞅在人们心目中树立了"令出必信，法出必行"的形象。其所产生的示范效应为政府赢得了信任，从而促使了其变法活动的顺利展开。

孔子在的著作中除了提出君王要讲"仁政"外，多次提到人际交往中的"诚信"问题，他指出"人而无信，不知其可也"，国家则"民无信不立"。诸葛亮在与南中地区少数民族的征战中，对孟获"七擒七纵"，终于取得南中少数民族的信任，解除了北伐中原的后顾之忧。

孟子对于公共关系思想上的贡献主要体现在他的"民贵君轻"和"天时不如地利，地利不如人和"观点上。"民贵"相当于今天的"顾客是上帝""公众至上"的意思；"人和"指的是人与人之间的和谐关系。孟子认为，良好的人事环境比其他任何东西都更重要。他的这一观点与现代公共关系所要遵循的一些原则不谋而合。

孙子认为打仗以"攻心为上"，讲明利害、以情动人的传播效果最好。这也是现代公共关系的基本策略手段。

总之，孔子、孟子、老子、韩非子、董仲舒、王安石等人的安邦治国方案及政治活动都不同程度地体现了古代公共关系思想。中国古代公共关系思想的主要内容大致可以归纳为以下三个方面：第一，重视民心所向，调节施政措施；第二，守信用，重信誉；第三，重视人际关系，强调"人和"的特殊作用。

在商业活动中，我们的古人也通过各种传播手段宣传自己，营造形象。"公平交易""童叟无欺""百年老店"这样的标识很容易让顾客产生信任感，店家的形象也会在顾客中口口相传。

以上是人类早期的公共关系思想与公共关系实践活动的大概情况。经过分析，我们可以发现，古代西方的公关活动比较积极主动，操作以实用性为主，传播手段较多；古代中国多强调公共关系的关键在于"和"，带有强烈的政治功利色彩和伦理色彩，基本不涉及经济领域，缺乏实用性的操作规范。不过两者也有一些共同的特征。

第一，随意性。由于当时社会生产力相对低下，政治上专制，民众文化素质低，经济落后，商品数量总体上看是供不应求，人们没有真正认识公共关系的意义，从事公关活动（特别是在中国）的主动性明显不够；当时所开展的各种沟通、协调活动都是出于一时之需，凭直觉去做，因而带有明显的自发性和随意性，很少产生一定目标、规模及系统的经常性的公关活动。

第二，局部性。人类早期的公共关系活动很少涉及经济，主要发生在政治领域，且主要由官方主导。此外，先进的传播技术的缺乏，导致公关活动无法大规模地展开，其影响的地域范围也很有限。

第三，手段局限性。古代的这些活动最常使用的媒介是各种艺术表现形式。由于受到当时社会经济基础的限制和社会结构的影响，主要是以诗歌、雕塑、建筑、戏曲及人际口头传播等为主要传播手段。在这一点上，古代西方要比古代中国传播手段要多一些。中国主要靠智者的演讲才能和智谋来说服、打动和影响他人。

第四，模糊性。与其他活动交织在一起，没有分化出来。因此，我们可以这样认为，古代的"公共关系"并不是真正意义上的公共关系，至多只能算是一种"准公共关系""类公共关系"。

鸦片战争以后，中国逐渐沦为半封建半殖民地社会。这一时期，清王朝日益腐朽没落，帝国主义列强采用政治、军事、经济等种种手段，瓜分中国。无数仁人志士为挽救祖国进行了不懈的努力，涌现出了众多的思想家、政治家、理论家。例如，龚自珍、林则徐、魏源、康有为、严复、章太炎、孙中山等都是中华民族的杰出代表人物。在他们的思想中，已包含有现代公关的思想。主要有如下观点。

第一，民心可用。林则徐极力主张"知民情向背而顺导"，强调要"俯顺舆情""为民请命"。孙中山指出，只有民众才是成功的根本。

第二，正确处理中西关系。被称为"放眼看世界第一人"的魏源，提出要学习西方的先进技术。严复则翻译介绍了西方的著作。一些洋务派的代表人物也提出了"中体西用"之说等。

第三，君臣民关系平等。在君臣民之间的关系上，提出了君民共主思想和大同思想。这已经比较接近资产阶级的意识形态了。

第二节 现代公共关系的产生与发展

一般认为，公共关系学的学术源头有两个：一个是古希腊、古罗马，一个是美国。不过，作为一门科学的现代公共关系起源于美国则是公认的。而美国的公共关系的出现，又与美国独立战争有直接的关系。

当时在同英国的斗争中，首先是一名叫亚当斯的人导演了"波士顿倾茶事件",在全美成功地激起反英浪潮;随后,在宪法制定的过程中,由于领导人之间发生了分歧,为了战胜对方,以汉密尔顿为代表的工商界与以杰弗逊为首的种植园主、农民集团双方都采取措施设法争取社会公众的支持。其中,汉密尔顿在此期间编写的《联邦党人文集》在成功地引导公众舆论方面居功至伟。这部文集被西方学者誉为迄今为止美国公共关系领域取得的最大成果,汉密尔顿本人则被称为"今天公共关系的方法和途径的先驱"。

南北战争期间,交战的双方都把争取公众的支持当作主要的工作。此后,美国经济迅速发展。与此相适应,美国的民主政体也逐步完善。其重要特征之一就是倡导个人自由、重视社会舆论。这样,公众舆论在政治经济社会中的地位更加突出,有效地平衡了政府权力。

显然,美国早期的公共关系活动也是出于政治上的需要而产生的,这与传统的公共关系有一定的继承关系。但是,不可否认两者之间存在一些差异,如大众传媒的广泛运用方面。在美国,不仅在政治活动中新闻媒介发挥着作用,在其他领域也是如此。利用宣传来筹集资金,促进事业的发展,以及利用名人来制造轰动效应等做法由来已久。赫赫有名的哈佛大学在草创时期,就曾因财力不足而四处筹集办学经费。

现代意义上的公共关系起源于1888年的美国总统选举。在这次竞选活动中,候选双方都利用演说、与选民互动等方式把自己打扮成公众代言人,以期获得选民的支持。此后,美国新闻界声势浩大地批评揭发报道迫使资本家调整劳资关系,美国的企业界逐渐开始广泛运作公共关系活动。现代公共关主要系经历了四个阶段。

一、愚弄公众时期

19世纪中后期,在大众通俗性报刊普及的基础上,美国兴起了报刊宣传代理活动。这时,报刊的新闻很多都由企业或财团雇人写稿,为追求最大效果,经常炮制一些煽动性的新闻,以便引起公众对自己及他们所代表的组织的关注，愚弄公众，漠视公众利益。

美国铁路大王范德比尔特，有一次在接见记者时竟说："让公众见鬼去吧！"这种观点在很大程度上代表了那个时代资本家及其代理人的普遍心态。

报刊为了扩大销量，获取利润，也乐于免费提供相关版面予以配合。在这些代理人中，巴纳姆最有代表性，他有一个当时广为流传的观点，"凡宣传皆好事"。此人是一家马戏团的老板，为了给马戏团招揽生意，他没有直接宣扬自己马戏团的演技，而是别出心裁，利用报纸为自己的马戏团编造了不少神话。例如，他曾散布说他的马戏团里有一名黑人女仆海斯，她已经160多岁了，曾经养育过美国第一任总统华盛顿。在报纸上发表了这一耸人听闻的"新闻"以后，他又借用不同的笔名向其他报刊寄去许多"读者来信"。其中，有的说人不可能活到160岁，巴纳姆是个骗子；有的说是巴纳姆发现了海斯功劳很大。人们的注意力很快被吸引到这件事情上来了。大批好奇的公众纷纷要求到马戏团去一睹海斯的风采，这样为马戏团引来了大量的顾客。但是很不凑巧，不久，海斯就去世了，尸体解剖的结果是她的年龄最多不超过80岁。一时间舆论哗然，人们纷纷对巴纳姆的欺骗行径予以谴责。

不过，这一事件也带给人们了重要启示：一个机构的生存和发展需要通过舆论传播与沟通来影响公众。

美国这一时期的公共关系活动有一定的组织性和明确的目标，所涉及的领域相比以前也更广，不再局限于政治与思想宣传。但是由于这一时期公关宣传活动普遍漠视公众利益，本质上反公众、反公共关系，所以此段历史被后人称为"公众受愚弄的时期""公共关系的黑暗时期"。

此后，人们以此为鉴，明确了公共关系活动必须坚守诚实、公正和维护公众利益的原则，而利用报刊进行宣传活动的做法则被继承下来了，因而这一时期也可以说是现代公共关系的发端时期。

公共关系这一概念的首次提出是在1882年。这一年美国律师伊顿在耶鲁大学发表了一个著名演讲，题目就是《公共关系与法律职业的责任》。1897年，美国铁路协会所编的《铁路文献年鉴》也使用了"公共关系"这一词汇。

二、"说真话"时期

这一时期是职业公共关系开创的时期，其主导思想是组织对公众必须坦率和公开。

艾维·李是这一时期的代表人物。他是美国佐治亚州一个牧师的儿子，毕业于普林斯顿大学，曾就读于哈佛大学法学院，曾经《纽约时报》和《纽约世界报》的记者。1903年，他辞去了《纽约世界报》记者的职务，创立了美国第一家公共关系咨询事务所，专门为企业和其他社会组织提供公共关系服务尤其是形象宣传方面的咨询服务。

艾维·李的公关思想用一句话来概括就是"说真话"。他认为，一个企业或组织要想获得良好的声誉，不能依靠向公众封锁消息或者以欺骗来愚弄公众，而是必须把真实情况披露于世，把与公众利益相关的所有情况都告诉公众，争取公众对组织的信任。一旦披露真实情况对组织不利的话，就应该调整组织的行为，而不是去极力遮盖真实情况。只有这样，才有可能为组织创造最佳的生存环境。他从事公共关系工作的原则是"公众必须迅速被告知"和"向公众说真话"。

1906年，艾维·李向新闻界发布了阐述其公共关系活动宗旨的《原则宣言》，以下是其核心部分。

这不是一个秘密的新闻发布机构。我们的全部工作都是开诚布公的。我们的目标是提供新闻。这不是一个广告公司，如果你认为我们送到你们企业办公室的文件资料有任何不准确的话，请不要用它。我们的工作务求准确，我们将尽快提供任何经恰当处理的关于主题的进一步的细节，且任何主编在直接核对事实陈述方面会得到我们愉快的帮助。

简言之，我们的打算是代表企业和公共机构坦率地、公开地向美利坚合众国的新闻界和公众提供迅速和准确的信息，这些信息涉及公众感到有价值和有兴趣的相关主题。

1914年，艾维·李应邀为当时因残杀工人而狼狈不堪的洛克菲勒家族提供公关服务。他首先建议洛克菲勒聘请一名公共关系专家开展调查，以便取得真实信息，然后建议成立一个劳资联合委员会，负责处理工人的各种申诉。不久公司就向社会公布了整个事件的真相，并为死难者家属提供了必要的赔偿，为受伤者支付了治疗费用，还向社会发出了道歉声明。艾维·李还建议洛克菲勒到工厂与工人进行面对面的交流。这一系列的举动取得了良好的效果。

艾维·李还重新定位了洛克菲勒的家族形象，使之"更有人情味"。他还帮助这一家族成立了"洛克菲勒基金会"以开展慈善活动，从而使洛氏家族在美国公众中的负面形象大为改观。

作为职业公共关系人员的先驱，"公共关系之父"艾维·李的贡献主要表现在以下几方面。

第一，最早意识到新闻宣传工作必须建立在企业的真实表现和努力上，企业表现决定新闻宣传内容。

第二，认为企业应建立专门的新闻宣传部门（即后来称之为公共关系部），宣传顾问需进行培训。

第三，认为新闻宣传不是纯粹的代理，而是企业智囊团的重要组成部分。

毋庸讳言，作为一名资深记者，艾维·李的公共关系活动凭借更多的是经验和直觉，它仅仅是一种艺术，没有形成系统而科学的公共关系理论。

案例2-2： **杜邦的"门户开放"**

19世纪末，伴随着"揭丑运动"，许多企业开始修建开放透明的"玻璃屋"，增强企业的透明度，以增加与新闻界和社会公众的联系。杜邦化学工业公司是其中的佼佼者。

杜邦公司是一家从事炸药生产业务的化学公司。那时化学工业刚起步，工艺技术尚不很先进，公司里难免发生一些爆炸事故。起初公司当局采取保密政策，一律不准记者采访。结果大道不传小道传，社会公众对此猜测纷纷。久而久之，杜邦公司在社会公众心目中留下了一个"杜邦—流血—杀人"的可怕形象。这对杜邦公司的市场扩展与企业发展造成极不利的影响，杜邦为之深感苦恼。后来，他的一位报界挚友建议他实行"门户开放"政策，杜邦采纳了他的建议，并聘请这位朋友出任公司新闻局局长。此后，公司改变了在宣传方面的，坚持向公众公开公司事故真相与公司内幕；通过精心设计出一个口号并予广泛宣传："化学工业能使你生活得更美好！"还重金聘请专家学者在公众场所演讲；此外，还积极赞助社会公益事业、组织员工在街头义务服务。这些措施改变了"杜邦—流血—杀人"的可怕形象。

三、"投公众所好"时期

真正为公共关系奠定理论基础、使现代公共关系科学化的人，是现代公共关系的另一位先驱——美国著名公共关系学者爱德华·伯内斯。

1913年，伯内斯受雇于福特汽车公司。"一战"期间，他又担任美国政府的公关机构"克里尔委员会"的委员。战后，他又开了一家公共关系公司，他有丰富的公关活动经验，但比起公关事务活动，伯内斯更注重公共关系的理论研究，并努力使之形成一个独立的科学体系。1923年，他出版了论述公共关系理论的著作《舆论明鉴》。这是第一部研究公共关系理论的专著，因而被视为公共关系发展史上的一个里程碑。在这本书中，他对公共关系的实践进行了系统的研究，使之形成一整套理论。他不仅第一次提出了"公共关系咨询"的概念，还提出了"投公众所好"这一公共关系所要遵循的根本原则。他主张一个企业或组织在决策之前，应首先了解公众喜好什么，需要什么；在确定公众的价值取向以后，再有目的地从事宣传工作，以便迎合公众的需要。可以看出，伯内斯的思想比艾维·李前进了一步，不仅提出要在事情已经发生之后去对公众说真话，还要求组织通过在对公众态度调查的基础上开展相应的公共关系工作。

自《舆论明鉴》出版和大量发行以后，公共关系正式从新闻领域分离出来，成为一门独立而又系统的管理科学。"公共关系"这一词汇也开始在社会上真正流行起来。

在出版《舆论明鉴》的同一年，伯内斯在纽约大学首次讲授公共关系课程。1925年，他在讲义的基础上写成了经典教科书《公共关系学》。1928年，他又出版了《舆论》一书。伯内斯在理论上的建树，大大提高了公共关系学的理论和实践层次，从而使公共关系的基本理论和方法形成了一个较为完整的体系。

伯内斯公共关系思想的核心是"投公众所好"。他认为，只有以公众为中心，了解公众的喜好，掌握公众对组织的期待、要求和态度，确定公众的价值观念应该是公共关系的基础工作；然后，按照公众的意愿进行宣传工作，才能做好公共关系工作。

伯内斯对现代公共关系的重要贡献主要表现在以下几个方面。

第一，第一个将公关咨询从原始的新闻代理中区分开来。

第二，公共关系具有两方面特点：一方面公关人员要将其客户介绍给公众，把组织积极的形象传递给公众；另一方面公关人员也要把公众的意见反馈给客户，告诉他们公众的需要和要求。

第三，公关人员不仅需要智能和直觉，还需要了解心理学、社会学和其他能深入了解客户与公众的知识，以便掌握客户做事的方法和推动公众产生不同的行为。

四、"双向对称"时期

20世纪50年代以来，随着公关行业在世界各地特别是欧美发达国家的不断发展，公共关系的理论研究也进入了一个新阶段。

1952年，美国著名学者斯科特·卡特利普和阿伦·森特，合作出版了一本公共关系学方面的权威著作——《有效公共关系》（至今已出版 8 个版本）。这本书的主要贡献如下。

第一，在总结前人的基础上，对公共关系理论进行完整的构建，第一次提出了"双向对称模式"理论。

第二，在公共关系理论上，提出了公共关系工作的四个步骤（即调查研究、公关策划、传播实施和反馈评估）。

第三，对公共关系实践进行了全面的概括、总结，提出了一系列具有经验性的实务信条。

第四，对公共关系应用范围的界定和理论体系的确立，有力地推进了公共关系学教育的健康发展。

值得一提的是，该书第 6 版内容有了极大的完善，从系统论的角度提出了"调整与适应"这一面向开放系统的公共关系理论模式，从而促使人们更深刻地理解，组织与公众在开放的社会环境中的动态关系，以及公共关系在协调这种关系时所起的积极作用。

"双向对称"模式的基本含义是，以相互理解为手段进行的组织与公众之间的信息传递与反馈，其效果大体是均衡的。经过一次公共关系活动，组织与公众行为或多或少会发生一些变化，组织与公众都会因此同时受益，也就是实现了双赢。这应该是现代公共关系的理论基石和行动指南。

显然，"双向对称模式"理论比伯内斯的观点又前进了一步。因为它把公共关系看成了组织与公众之间的一个互动的过程，而这才是现代公共关系的真正本质。

《有效公共关系》一书提出的"四步工作法"，成为公共关系工作中最重要的工作流程，从而在很大程度上使得公共关系达到了专业水平。至此，现代公共关系学的理论框架基本构成，进入了它的成熟阶段。

《有效公共关系》一书，被美国公共关系协会定为美国高校公共关系课程的标准基础教材。此后，虽然公共关系的技巧不断发展，但本书所建构的体系基本稳定下来了。

除了斯科特·卡特利普和阿伦·森特之外，当代美国学者格鲁尼格、英国学者弗兰克也对当代公共关系学理论的构建做出了巨大贡献。

格鲁尼格的贡献主要体现在他1984年出版的《公共关系管理》一书中。在这部名著里，格鲁尼格提出了公共关系实践的四种模式，即新闻代理型模式、公共信息型模式、双向非对称型模式和双向对称型模式。

此外，格鲁尼格还提出了"卓越公共关系"的观点。格鲁尼格的学术研究领域有四大块：公共关系情境理论、公共关系模式研究、公共关系的策略性管理、公共关系价值及测量，其中包含了组织—公众关系及声誉管理。"卓越公共关系"思想集格鲁尼格所有理论研究之大成。这一理论指出了影响一个组织卓越公关的内外部因素，说明了公共关系在组织整体策略管理上的价值及起到的战略性作用，并解释了策略性公共关系方案管理的特性。卓越公共关系理论已被实践证明为是一个严谨且切合实际的公共关系基础理论。它把公共关系学提升到了一个新的高度，同时也使格鲁尼格教授成为美国公共关系界的领军人物。

2001年，在经过了二十多年的探究之后，格鲁尼格提出了公共关系的核心价值观。他认为公共关系对组织、公众与社会而言都是一种积极的力量。

我相信合作、集体主义和社会统合主义，以及共同体关系应当成为我们认定的公共关系职业的价值核心；它们也正是公共关系所能贡献给客户和社会的核心价值。

所谓社会统合主义，指的是社会各阶层被统一在一种非竞争的、有层级的、功能有别的强制性利益体系之中，也就是通常所说的"大家都是一个绳子上的蚂蚱"，是利益共同体，所以必须合作才能实现共赢。

对于公共关系的未来，格鲁尼格也提出了自己的看法。他认为，未来几年公共关系将有两大发展趋势。一是公共关系将更弱化为整合营销传播中的一员，一是公共关系更加强它的策略性管理。他的这一观点已初步被公共关系实践所证实。

弗兰克是英国著名的公共关系教育家，英国公共关系协会和国际公共关系协会的创始人之一。他是第一位获得英国传播学、广告学和市场营销教育基金会公共关系学证书的人。他先后主编过多种公共关系学刊物，写过十多部公共关系著作。其中，他在1982年主编的《职业公共关系教育的模式》一书，对世界公共关系教育的发展起到了导向性的作用。

第三节 现代公共关系产生的条件

物质基础决定上层建筑。近现代公共关系的兴起，不是个人主观想象出来的，它是人类文明发展到一定水平的产物，具有必然性。其产生是经济基础、政治基础、文化基础与技术基础这四个方面综合作用的结果。

一、商品经济和社会化大生产的出现是公共关系产生的经济基础

在资本主义之前的自然经济社会中，生产组织方式是以一家一户为基本单元，一村一乡为活动界限，社会联系其实是一种以家庭村落为支点的血缘、人缘和地缘关系。这种狭隘、固定和封闭的经济社会，落后的经济活动方式只能产生落后的传播沟通手段。

进入资本主义社会后，商品经济导致人与人之间、人与组织之间的关系发生了根本的变化，更多是由于商品交换而形成的开放的、变化的和广泛的利益关系。在市场竞争充分的情况下，任何组织所提供的产品或服务，只有通过公平的市场交换，才能实现其价值，才能够获得社会的认可和支持。而要做到这一点，不经过组织自身的努力是根本做不到的。

此外，社会化大生产使得社会各组织间的分工与合作、企业与各社会组织间的相互依存关系也进一步发展。这也需要协调好组织与组织之间、组织与社会公众之间的关系，增进组织与公众之间的相互理解，提高组织

的社会声誉和影响。只有如此，才能为组织与个人创造一个良好的生存与发展环境。

在现代，以市场为中心的观念已逐步取代传统的以生产为中心的观念。这就意味着，组织不仅要能够提供优质的产品或服务，而且还需要有强大的市场适应与开发能力，才能持久地获得社会公众与舆论的支持。在这种背景下，作为一种适应商品经济发展与社会化大生产的现代文明经营观念，公共关系的思想与实践也随之发展起来。

二、民主制度的建立与完善是公共关系产生的政治基础

从人类社会制度的发展来看，公共关系的产生是社会民主化发展的必然产物。

在封建社会，个体生命的意义和价值并不被人们重视，宗法观念和关系仍深深地禁锢着人们的思想。人性文化和"人性化的管理方法"没有产生的土壤，有的只是"君权神（天）授""三纲五常"和"三从四德"的观念。专制政治是中国封建社会的一大特点，所谓"朕即国家""君要臣死；臣不得不死"。中国封建社会的"民本"思想与近代西方兴起的民主浪潮有天壤之别。

到了资本主义社会，社会政治生活的民主化和民主政治的产生，使民众的社会化程度逐步提高，民主意识逐渐增强。有组织的社会公众越来越强烈地要求政治参与，社会舆论对政治活动的影响与日俱增。另外，民主政治的本质是政府的合法性要建立在公民认可的基础上，政府的各项政策、方针和措施要被公众理解和支持，体现社会大多数民众的意志。这就要求政府需要及时了解民意，并据此制定或调整自己的相关政策和行为。

现代公共关系学之所以能够在美国率先诞生，很大的一个因素就是其民主政治的相对完善。虽然资本主义政治民主存在很大的历史局限性，但它促使政治生活的民主化，为公共关系产生和发展又创造了一个重要条件。美国的代议制、纳税制、选举制都赋予公民以知情权、参政议政权、监督

权，都有很浓郁的民主色彩，体现了社会公众对于政治的巨大影响力。特别是保障新闻、舆论自由的《人权法案》的通过，为公共关系学的发展提供了强有力的政治保障。

三、交通与大众传播技术的发展与广泛应用为公共关系学的产生提供了技术基础

过去因为经济生活、科技水平和传播手段的落后，人们对外交往的意愿不足、范围有限。近代商品经济发达、科学技术日新月异，相继有了公路、铁路、邮政和报纸，人们之间的广泛联系不仅成为可能，也成了必要。在这种背景下，才出现了组织为扩大社会影响，树立组织良好形象的报刊宣传活动，有了公共关系的萌芽。进入20世纪，由于飞机、人造卫星的出现，以及电报、电话、广播、电视、手机和互联网络等电子媒体的发展，信息可以随时随地、准确、迅速地传送到每个人手中，社会组织运用各种传播工具可以更方便、更快捷地与公众进行沟通，从而使公共关系获得了飞速的发展。

四、经营管理思想的改变是公共关系产生的文化基础

现代社会化大生产要求劳资关系融洽。科学技术的迅速发展与广泛应用，又使原来组织的人员密集型劳动变为技术密集型劳动。社会产品与社会生活的丰富，使人们的物质需求与精神需求也空前增加。在这种情况下，公众与员工的态度和心理是每个组织都需要认真考虑的。

组织的经营效率的提高，除了技术、财力与人力因素外，管理效能是一个非常关键的衡量指标。为了提高员工的工作效率，美国的泰罗曾经在工厂推行过他的"科学管理"理论。这一理论完全忽视了员工作为人的心理感受，而是视其为"机器人""完全理性人"。虽然该理论的运用在一定时期内提高了生产效率，但最终由于其先天的缺陷而在实践中渐渐失效，

终被抛弃。

真正对公共关系活动产生影响的，是产生于美国的人际关系理论与行为科学理论。

人际关系理论源于著名的霍桑实验。霍桑实验的研究结果否定了传统管理理论对于人的假设，表明了工人不是被动的、孤立的个体。他们的行为不仅仅受工资的刺激，影响生产效率的最重要因素不是待遇和工作条件，而是工作中的人际关系。据此，梅奥提出了如下观点。

1. 工人是"社会人"而不是"经济人"

梅奥认为，人们的行为并不单纯出自追求金钱的动机，还有社会方面的、心理方面的需要，即追求人与人之间的友情、安全感、归属感和受人尊敬等，而且后者更为重要。因此，不能单纯从技术和物质条件着眼，而必须从社会心理方面考虑合理的组织与管理。

2. 企业中存在非正式组织

企业中除了存在古典管理理论所研究的，为了实现企业目标而明确规定各成员相互关系和职责范围的正式组织之外，还存在非正式组织。这种非正式组织的作用在于维护其成员的共同利益，使之免受其内部个别成员的疏忽或外部人员的干涉所造成的损失。为此，非正式组织中有自己的核心人物和领袖，有大家共同遵循的观念、价值标准、行为准则和道德规范等。

梅奥指出，非正式组织与正式组织有重大差别。在正式组织中，以效率逻辑为其行为规范；而在非正式组织中，则以感情逻辑为其行为规范。如果管理人员只是根据效率逻辑来管理，而忽略工人的感情逻辑，必然会引起冲突，影响企业生产率的提高和目标的实现。因此，管理当局必须重视非正式组织的作用，注意在正式组织的效率逻辑与非正式组织的感情逻辑之间保持平衡，以便管理人员与工人之间能够充分协作。

3. 新的领导能力在于提高工人的满意度

在决定劳动生产率的诸因素中，置于首位的因素是工人的满意度，而生产条件、工资报酬是第二位的。职工的满意度越高，其士气就越高，从而产生效率就越高。高的满意度来源于工人个人需求的有效满足，不仅包括物质需求，还包括精神需求。

霍桑实验对古典管理理论进行了大胆的突破，第一次把管理研究的重点从工作上和从物的因素上转到人的因素上来。它不仅在理论上对古典管理理论作了修正和补充，开辟了管理研究的新理论，还为现代行为科学的发展奠定了基础，对管理实践产生了深远的影响。

行为科学理论中的行为科学，是20世纪30年代开始形成的一门研究人类行为的新学科。它是一门综合性科学，并且发展成国外管理研究的主要学派之一。它是管理学中的一个重要分支。它通过对人的心理活动的研究，掌握人们行为的规律，从中寻找对待员工的新方法和提高劳动效率的途径。行为科学是综合应用心理学、社会学、社会心理学、人类学、经济学、政治学、历史学、法律学、教育学、精神病学及管理理论和方法，研究人的行为的边缘学科。它研究人的行为产生、发展和相互转化的规律，以便预测人的行为和控制人的行为。

现行的行为科学管理理论主要包括以下四个问题。

（1）人性假设是行为科学管理理论的出发点。其中，各个时期、管理者对管理对象的认识可以分为六种基本类型：工具人假设、经济人假设、社会人假设、自我实现人假设、复杂人假设和决策人假设。

（2）激励理论是行为科学的核心内容，具体而言，从与要层次理论、行为改造理论、过程分析理论三个方面进行。

（3）群体行为理论是行为科学管理理论的重要支柱，掌握群体心理是研究群体行为的重要组成部分。

（4）领导行为理论是行为科学管理理论的重要组成部分，包括对领导者的素质、领导行为、领导本体类型、领导方式等方面的研究。

行为科学理论的成功改变了管理者的思想观念和行为方式。行为科学把以"事"为中心的管理，改变为以"人"为中心的管理，由原来对"规章制度"的研究发展到对人的行为的研究，由原来的专制型管理向民主型管理过渡。

概言之，人际关系理论与行为科学理论的共同的理论要点为：人不仅有物质利益需求，也有精神利益需求。组织的管理要以人为中心，实行民主管理，重视人的自觉性行为的研究特别是员工的动机管理。

这些理论对美国社会的管理精英以极大启发。在现代社会，必须建立尊重人性的、尊重个人感情和尊严的、人文的和开放的文化，要顺应公众的社会文化心理，满足他们的物质精神需求，才能慢慢消除社会组织与公众之间的隔阂与冲突，这比以往采用的对抗手段压制他们更为有利和有效。因此，应该设法建立一种组织与公众之间良好的情感关系。这些观念为组织的内部公共关系的开展提供了有力的依据。

此外，20世纪盛行的系统论也为组织做好外部公共关系提供了理论支持。系统论认为，宇宙、自然、人类社会，由于人类设定的参照系不同，而分属于不同的子系统。如果把世界上所有的存在，划分为物质与精神世界的话，那么宇宙、自然、人类社会就通通属于物质与精神世界这个复杂巨系统。如果这样来看全宇宙，系统论就是具有哲学价值的世界观。因此可以说，宇宙是由具有组织性和复杂性的不同子系统构成的，这就是宇宙系统观。同时，系统论又有很多类似数学模型的具体方法，来面对具体的子系统。从科学工具的角度来看系统论，系统论又是具有哲学价值的方法论。总之，系统论在具备系统科学之个性化属性的同时，又有别于具体的数学方法、物理方法或化学方法等具体科学门类的技术方法，从而具有普遍意义上的哲学属性，像宗教观、物质观和信息观一样，具有世界观和方法论意义。

系统论的出现，使人类的思维方式发生了深刻的变化。以往研究问题，一般是把事物分解成若干部分，抽象出最简单的因素来，然后再以部分的性质去说明复杂的事物。这是笛卡儿奠定理论基础的分析方法。这种方法的着眼点在局部或要素，遵循的是单项因果决定论。虽然这是几百年来在特定范围内行之有效、人们最熟悉的思维方法，但是它不能如实地说明事物的整体性，不能反映事物之间的联系和相互作用，它只适应认识较为简单的事物，而不适合对复杂问题的研究。在现代科学的整体化和高度综合化发展的趋势下，在人类面临许多规模巨大、关系复杂、参数众多的复杂问题面前，就显得无能为力了。正当传统分析方法束手无策的时候，系统分析方法却能站在时代前列、高屋建瓴、综观全局、别开生面地为现代复杂问题提供了有效的思维方式。系统论，连同控制论、信息论等其他横断科学一起所提供的新思路和新方法，为人类的思维开拓了新路。它们作为现代科学的新潮流，共同促进各门科学的发展。系统论反映了现代科学发展的趋势，反映了现代社会化大生产的特点，反映了现代社会生活的复杂性，所以它的理论和方法能够得到广泛的应用。系统论不仅为现代科学的发展提供了理论和方法，而且也为解决现代社会中的政治、经济、军事、科学、文化等方面的各种复杂问题提供了方法论的基础，系统观念正渗透到每个领域。

显然，系统论的理论与方法对公共关系的开展可以提供必要的支撑。

第四节 公共关系在西方的发展

公共关系自从20世纪初出现在美国后，在世界范围内得到了迅速发展。不仅公共关系学科得到了学术界的高度重视，在实际生活中，公共关系也成为世界各国一种发展前景广阔的热门职业。

一、美国公共关系的发展

现代公共关系首先在美国出现，此后美国也一直是全球公共关系发展的中心。20世纪70年代中期，美国公共关系的从业人员超过了10万人，职业公共关系公司1350家，75%的大型企业设立了公共关系部。而到了1985年，公共关系从业人员达到15万人，公共关系公司超过2000家，85%的企业设立了公共关系部或者长期外聘公共关系顾问。美国政府聘用的公关人员达到12000人，支付的相关费用达几十亿美元。

随着美国社会经济的发展，其公共关系的职业化、专业化程度越来越高。公共关系活动已深入美国绝大部分领域，如政治、经济、金融、旅游、文化、传播等，教育、卫生、工会、社团、宗教和慈善组织所开展的公关活动一点都不比实业界少。

与此同时，美国公共关系教育逐渐普及。1947年波士顿大学开办公共关系学院（后改名为公众传播学院），并设立公共关系硕士和博士学位，公共关系学作为一门正式学科登上大学讲坛。1956年，全美公共关系教育委员会设立了公共关系教育与研究基金。一年后，美国公共关系协会又成立了教育咨询委员会。美国的公共关系教育按照不同的行业制定相应的教学大纲，根据市场需求分门别类地培养专门人才。

目前，全美已有400多所大专院校设立公共关系专业或开设公共关系课程，60多所大学设置了公共关系学本科专业。37所大学有公共关系硕士授予点。此外，有170多所高级中学也开设有公共关系选修课。

公共关系学的学术研究也很繁荣。有3种正式的公共关系研究刊物。截至2008年，出版的公共关系著作有5200多种。

1948年，美国公共关系协会正式成立。哈罗博士任协会第一届主席，美国公共关系协会是全美最大的公共关系人员的组织。成立该会的目的是促进美国公共关系事业的发展。目前，该会已拥有数万名会员，近百家地方分支机构。该会要求严格，会员资格规定为"必须是有信誉的公共关系专家"，入会时不仅要申请，而且要通过考试。1954年，该会制定了"行业法律"——《公共关系人员职责规范守则》。

除了全国性的综合协会外，美国还出现不少全国性的专业协会。如美国农业关系协会、美国医院公共关系协会、化学公共关系协会、银行业务协会、政府公共关系协会、图书馆公共关系协会、国家卫生福利事业公共关系协会、国民小学公共关系协会、铁路公共关系协会、宗教团体公共关系协会等。

二、欧洲公共关系的发展

20世纪20年代以后，公共关系传入欧洲。起初，公共关系在欧洲发展很慢，主要原因是人们当时还不大相信公共关系的实际效用。后来，欧洲看到美国公关活动的成功，便开始仿效，但真正大发展还是在20世纪四五十年代开始的。

1926年，英国第一个公共关系机构皇家营销部成立，并在随后的经济大萧条时期开展了几次成功的公关活动。1948年，英国公共关系协会成立，很快就成为欧洲最大的公关协会。该协会因为云集了一批杰出的公关专家，开展的公关活动卓有成效，很快就被政府和被社会广泛认可。目前，英国是位居世界第二位的公共关系大国。

1946年，公共关系开始在法国真正产生影响。著名的"玻璃之屋"运动，让法国的企业家告别了过去那种脱离社会需求、自我封闭的经营管理方式，开始让企业经营管理面向社会和公众，从而扩大了企业知名度，树立了良好的形象。企业家观念和管理方式的改变，极大地促进了战后初期法国经济的稳定与发展，也为法国的公共关系活动赢得了世界性的声誉。

在公共关系的教育与科学研究方面，法国一开始就将公共关系视为一门科学，在大专院校设立公共关系专业，培养高素质的公共关系人才。1955年，法国公共关系协会成立后，现代公共关系在法国得到了迅速的发展。

在20世纪50年代前后，意大利、奥地利、瑞典等国，公共关系都受到了官方与企业界的重视，普遍得到了发展。

三、其他发达国家与地区公共关系的发展

1940年,公共关系传入加拿大。1947年加拿大公共关系协会成立。在公共关系教育方面,加拿大走在世界的前列,成效巨大。

日本是亚洲最早建立公共关系组织的。其公共关系活动从1947年开始,当时由驻日美军主导在日本的各地政府设立了"公共关系办公室"。到1957年,公共关系已成为日本的一个独立的行业。之后不久,日本国际公共关系公司成立。1964年,日本成立了公共关系协会。目前,日本的公关公司有1000多家。

20世纪50年代初,香港地区设立了香港公共关系部。

20世纪50年代末60年代初,中国台湾省全面推行公共关系管理。

四、国际性公共关系行业组织的建立与发展

众多欧美发达国家公共关系的发展促进了各国公关行业协会的纷纷建立。为方便交流与合作,1959年,在比利时成立了由比利时、英国、希腊、荷兰等国参加的欧洲公共关系联盟(CEPR)。它是目前欧洲公共关系组织的中心,现已拥有142个以上的集体会员和数百名个人会员。

1955年,致力于最高水平公共关系工作的国际公共关系协会(IPRA)在英国伦敦正式成立。当时只有来自16个国家的数百名公共关系专家参加了协会。现在,这一组织已拥有60多个国家的1000多名会员。该协会的高级职业会员在联合国教科文组织担任顾问。

国际公共关系协会的任务是:帮助会员了解世界各国和地区的发展趋势和重大问题,研究公共关系的发展与管理问题,包括交换国际消息、经验和思想,改进技巧和道德标准,并确切地增进公众的了解。

协会每三年举行一次世界性的公关大会。其会员统称为"国际公共关系协会会员",这些会员共分为三个层次。第一个层次是最高层次,主要指

那些专门在各国政府议会周围进行游说的人；第二层次是为大型跨国企业做公关策划的高级管理人员；第三层次为一般的公关从业人员。

国际公共关系协会不仅设立了"金纸奖"和"总统奖"，还出版了自己的刊物。这些刊物包括《国际公共关系协会通讯》（不定期）、《国际公共关系协会评论》（季刊）和《会员手册》（每年更新）。该协会在世界各地积极地开展工作，为世界公共关系事业的发展做出了巨大的贡献。

国际公关协会成立后，开展了系列的活动。比较著名的有：1961年，国际公共关系协会在维也纳召开的第二届世界大会上制订并通过了《国际公共关系行为规则》。1965年，在希腊雅典召开的第三届世界大会，会议又通过了《国际公共关系协会世界大会行为规则》。1975年，在国际公共关系协会的赞助下，在肯尼亚首都内罗毕举行了第一届全非公共关系工作会议。1978年，在墨西哥世界大会上通过的《墨西哥宣言》，对公共关系职业规范化和交流都起了积极的推动作用。

五、当代公共关系的基本特征

随着世界经济一体化程度的加深，人类全球化、网络化交流越来越成为现实。公共关系的发展也呈现出以下一些新特点。

第一，公共关系的地位和职业化程度越来越高。在全世界范围内，公共关系的影响越来越大，已经渗透到社会管理的各个方面，并成了一项独立的职业。据初步统计，目前美国从事公关这一职业的人有几十万之众，即使是飞行员、记者的地位都不如公关人员高。只有大学教授、工程师、律师等热门职业的地位与之相当。

第二，国际化全球化趋势日益增强，本土化趋势明显。由于公共关系自身所具备的独特功能，世界各国都高度重视公共关系的开展。国际性的公共关系公司、公共关系社团十分活跃，国际公共关系业务往来也在不断增加。各国在接受公共关系基本理论的同时，开始注意使之同本国的国情相结合，以便更有针对性地指导公关实践活动。

第三，公共关系理论更加科学化，公关手段更加现代化。近半个世纪以来，公共关系理论在吸收了相关社会科学、人文科学理论如社会学、心理学、传播学等学科营养的基础上日趋成熟，形成了较为完善的科学体系。现代市场调查技术与分析软件、大众传播工具被普遍运用，极大地提高了公共关系工作的精准度与效率。此外，受益于新媒体技术，公共关系的传播渠道也出现了网络化的趋势。

第五节 公共关系在中国的发展

一、中国公共关系发展简要历程

现代公共关系思想和实践进入中国，是从20世纪60年代的中国台湾、中国香港地区开始的。我国内地引进公共关系是在20世纪80年代初，公共关系是伴随着我国改革开放的脚步在我国生根发芽的。当时，中国在东南沿海建立了四个经济特区，在引进发达国家与地区的资金、技术的同时，也引进了先进的管理经验，其中就包括公共关系。当时，在我国的一些外资企业，依照惯例在内部设立了公关部。公共关系在我国的发展大致经历了三个阶段。

第一阶段是20世纪80年代前期与中期；第二阶段是20世纪80年代后期90年代前期；第三阶段是20世纪90年代前期至今。

1980年，深港合资的深圳蛇口华森建筑设计顾问公司率先成立我国第一个公共关系性质的专业公司。自此以后，公共关系作为一种经营管理理论与技术，引起了中国人的广泛关注。许多公司纷纷仿效，成立了公关部。

1982年，深圳竹园宾馆成立公共关系部，开展以招徕顾客为目标的、扩大影响的服务性公共关系活动。

1983年，中外合资的北京长城饭店成立公共关系部，并因成功策划接待当时的美国总统里根访华而名扬海内外。

1984年,广州中国大酒店设立公共关系部。后来,广东电视台以宾馆、酒楼的公共关系活动为题材,拍摄了中国第一部反映公共关系理论与实践的电视连续剧《公关小姐》,在全国引起一股"公关热"。同年9月,我国国有企业的第一家公共关系部——广州白云山制药厂公共关系部正式成立。该厂每年拨出总产值1%的资金作为"信誉资金",用于赞助社会公益和体育事业,在开展公共关系实务方面进行了大胆有效的尝试。同年,世界第二大公共关系公司"希尔—诺顿公司"在中国设立办事处。

1985年,当时的世界第一大公共关系公司博雅公司与中国新闻发展公司达成协议,共同开展公共关系业务,并成立了我国第一家独立的公共关系公司——环球公共关系公司。同年,深圳市总工会第一个在国内举办公共关系培训班;北京大学举办公共关系讲座;同年,深圳大学第一个在我国高校开设了公共关系专业。

1986年,中山大学成立了公共关系研究会,这是我国第一家公共关系社会团体。上海市公共关系协会也于当年成立,成为我国第一个省级公共关系协会。同年,中国社会科学院新闻研究所编著《公共关系学概论》出版。

1987年,成立中国公共关系协会,此后各省相继成立公共关系协会。

1988年,中国第一家公共关系专业报纸在杭州创办并出版。

1989年,全国第一份公共关系杂志《公共关系》在西安创刊;全国高校第一届公共关系教学研讨会在深圳召开。

1990年,熊源伟担任主编、李道平担任选题策划的全国通用教材《公共关系学》由安徽人民出版社出版,该教材是一部公共关系理论与实践的集大成之作,代表我国公共关系学教材的一流水平。目前,该教材已对外输出版权,成为当代中国哲学社会科学领域对外传播为数不多的一个成功案例。

1991年,在中央领导的推动下,中国国际公共关系协会在北京成立,标志中国的公共关系事业已经逐步普及全国并开始走向世界。该协会定期主办的"中国最佳公共关系案例大赛"极具社会影响力。

1997年，国家劳动和社会保障部成立了中国公共关系职业审定委员会，还正式为中国公共关系职业命名为"公共关系员"，并于1999年5月将公共关系职业列入《国家职业分类大典》。它标志着经过近20年的发展，公共关系职业终于获得了社会的认可。

2000年，我国开始在全国范围内推广公共关系人员上岗资格考试，公关员与律师、会计师、医师一样，走上了职业化和专业化的道路。

2003年，"非典"使全国乃至全世界都经历了一场严峻的考验，这是一个特殊的重新洗牌期，企业、政府管理能力的重要性愈加凸显，从而引发新一轮公共关系热。

2003年后，中国申办奥运会、世博会的成功，促进了公共关系公司如雨后春笋般发展。目前，在中国，公共关系是一个朝阳产业，但与发达国家相比，中国还处于起步阶段，公共关系在中国是大有发展前途的。

二、中国公共关系发展的基本特色

纵观中国公共关系近三十年的发展历程，与国际同行比较，中国公共关系突出地呈现出的鲜明特色，主要体现在以下四方面。

第一，公共关系意识已逐步深入人心，公共关系已经得到政府部门的高度重视，一些权威的中国公共关系组织均挂靠在中国的政府相关部门，如统战部、国家新闻出版广电总局或外交部。

第二，中国公共关系发展不平衡。公共关系是现代社会经济高度发展的产物，改革开放为我国公共关系创造了良好的发展环境。但是，由于中国各地区、各行业发展的不平衡，导致了中国公共关系发展的不平衡。

第三，中国公共关系学科定位不仅在新闻传播层面，更定位在企业管理层面。这种学科定位的趋势反映了中国公共关系在技术和应用层面上更重视应用。追求实效性和应用性是中国公共关系的普遍要求。与此同时，公共关系的实践活动也逐渐有了起色,并产生了良好的效益和深远的社会影响。

第四,公共关系教育规模不断扩大并逐渐成熟,公共关系研究的学术水准稳步上升。公共关系方面的国际交流越来越频繁并基本与世界接轨。

三、中国公共关系发展中存在的问题

由于历史文化和经济等方面的原因,中国的公共关系发展并不令人满意,存在不少问题,而且在短期内这些问题还将存在。

第一,社会公众对公共关系的认识还存在很多误区。例如,认为公共关系只是一种知识而不是技能,或者认为公共关系可以"包治百病",无所不能。此外,还有相当多的人仍将公共关系与庸俗关系学所指的"人际关系"混为一谈。

第二,我国内地的公共关系公司的专业化水平、服务品质与国际公共关系公司仍存在较大差距,目前还没有建立完整的服务体系,缺乏职业道德的约束,片面投客户所好,急功近利的现象比比皆是。整个公共关系市场仍处于无序状态,导致客户和社会公众对公共关系业服务认识不足,长此以往将影响整个行业的健康发展。

第三,与其他行业类似,在我国由于公共关系引进时间不长,业务精、有职业道德的高素质公共关系人才相当缺乏,严重制约了中国公共关系的发展。

应该说,上述问题的出现,从根本上来说,与我国的市场经济的成熟程度、民主政治建设的发展水平、民众的思想文化素质密切相关。

我们知道,在没有法治保障下公平竞争的市场环境,民众就不会知道企业产品和服务的真实信息,没有真正的优胜劣汰,造成的结果往往是"劣币驱逐良币",假冒伪劣横行。在这种情况下,企业就不可能把心思放在提高产品或服务的质量和水平上来。至于民主政治建设,也同样重要。如果政府行政干预过多,权力过大,又得不到新闻界和社会公众的有效监督，必然会产生各种"权力寻租"现象，导致暗箱操作，滋生腐败，影响社会政治、经济、文化的正常发展，损害政府形象，败坏社会风气。此外，由于历史的原因，我国民众相关素质不高，这也在客观上影响了公共关系活动的开展。

当然，要改变这一现状需要时间，我们应该主动出击，做一些力所能及的工作。

深入研究中国国情，是发展有中国特色的公共关系学的先决前提。从文化心态来看，一般认为，中国传统文化的基本精神包括了正道直行，贵和持中、民为帮本、平均平等及重情轻理等诸多方面。通过分析这些传统文化精神，可以看出中国文化对公共在中国传播或正或负的种种影响。再从经济方式上看，迄今为止，中国经济仍未达到充分的市场经济水平，而是计划经济、自然经济与市场经济相混杂的结合体。

尽管公共关系学在我国起步较晚，尽管我国的政治民主化、经济市场化与社会信息化等方面还有相当多不完善、不发达之处，但随着我国社会主义市场经济的兴起，体制改革的深入，政治民主化的发展及现代化建设的进程，中国公共关系的蓬勃发展是不可避免的。公共关系中国化是有辉煌的前景。比如，政府部门可以采取有效措施，积极加强公共关系方面的宣传力度，让公共关系作为一种科学理论、一种实践活动而真正让大多数国人所理解、所认同。此外，政府机构还可以通过行政手段强化行业管理。例如，通过制定公共关系的理论、教学体系、行业准则、职业培训等的权威性的规范，监督并授权行业协会对公关人员培训及持证上岗进行检查，以维护政府法令、法规的权威性和严肃性，保证公共关系从业人员的整体素质水准。学术界要随时跟踪国外公共关系方面的进展情况（如网络公关)，积极引进国外先进的、科学的公共关系理论，学习领会公共关系实际操作技巧；同时，不断挖掘中国古代优秀的公共关系思想和相关传统文化，力图建立理论基础扎实、兼具中国特色和国际视野、应用效果好的公共关系学。

第三章　公共关系基本原则

任何工作都需要遵循一定的规则，否则就会出问题。公共关系作为一种公开的经营管理活动，更不能例外。它也有一些基本的工作原则。

所谓公共关系的基本原则，指的是开展公共关系活动所必须遵守的准则，或者称之为公关行动的科学指南。作为一种全新的传播管理活动，公共关系是一个涉及面广、社会关注度高、工作难度大，既要诚恳又非常需要技巧的工作。国内外无数的实践证明，遵守这些准则往往会取得事半功倍的效果。组织要想少走弯路，真正做好公共关系，就必须严格遵守公共关系的这些原则。这既是公关活动成功与否的前提，也是区别真假公共关系最主要的依据。

学术界对于公共关系的基本原则的研究比较深入，提出了多种观点。世界著名的公共关系顾问佩基教授从理论层面曾提出六项公共关系管理原则。

（1）诚实。组织要坦诚面对公众，让公众了解事情的真相，并提出一个有关组织特质、理想和运作实务的图像。掩盖事实的做法是不明智的，往往得不偿失。

（2）用行动来证明。公众不仅要看组织说了什么，更主要的是看组织怎么去做。现代社会是一个开放的竞争的公众社会，公民了解信息的渠道比较多，信息传播速度比以往任何时候都快。为了取得公众的信任，组织必须做到言行一致。

（3）聆听公众的心声。组织要时刻了解公众的需求和想法，了解公众对组织的产品、政策和运作的反应，并根据公众的期望，适当对组织的相关方面做出调整。

（4）策划未来。凡事都先做好预测并做好应对准备，可以最大限度地减少损失，获得公众的理解。

（5）全员公关。组织应让全体员工具备公关意识，懂得公关的目标、策略，在实践中处处注意维护组织的形象。

（6）面对危机的时候保持冷静、耐心和和善。我国学者居延安从公共关系实际操作的角度，提出了公共关系的四项基本原则：以事实为基础；以社会效益为依据；以满足公众需要为出发点；以不断创新为灵魂。

我国学者熊源伟在其主编的《公共关系学》中，提出的公共关系基本原则主要有：组织要对坚持公众"讲事实"；组织与公众要实行"双向沟通"；组织公众间要"互惠"。

北京学者周安华等人则认为，"从我做起""双向沟通""透明公开""诚实无欺""互惠互利"与"不断创新"应是公共关系的主要原则。陶应虎等人则认为，"尊重公众""平时联络"也应当作公共关系活动的基本原则。

我国台湾地区著名公共关系学专家姚慧忠教授总结出公共关系五项基本原则，即"WHATS"：全员公关（Whole company public relations）；诚实为上（Honesty as best policy）；言行一致（Action concurrent with words）；双向传播（Two-way communication）；对等沟通（Symmetrical commnuication）。

综合上述诸位学者的观点，公共关系基本原则大致包括：诚实透明、双向沟通、互惠互利、全员公关、开拓创新。

第一节　诚实透明

古人云"人无信而不立"，对一个组织也是如此。融洽的人际关系需要双方诚恳待人，建立良好的公共关系的前提是组织要实事求是地向公众传递信息（公众也有权利要求组织这样做），让公众及时、全面地了解组织的现状、发展趋势、存在的问题，以及采取或将要采取的应对措施。

公共关系这一新型工作的问世就是一定社会事实的产物，先有事实，后有公共关系。诚实是公关工作必须坚持的第一个原则，无论是形象塑造还是关系协调都应如此。美国公共关系协会会员守则明文规定："本会会员不可以故意散布虚假或误导的信息，并尽量防止这种虚假或误导信息的发生。"作为公共关系的从业人员，一定要以全面客观的事实为基础，实事求是地传播信息。

必须注意，公共关系工作要在公关活动的全过程恪守"诚实透明"的原则。即使面对传播不利于组织的信息，也要坚持说实话。当然，在具体操作时，是否全部说出实情可能需要相机处理。出于某些原因可以对部分信息暂时有所保留（但需要对公众做解释工作），而传播出来的信息一定要全部真实可信。

同时，也可以在不违背真实性原则的前提下，使用一定的技巧和方法，使本来不利于组织的信息朝着有利于组织的方向发展。一般情况下，组织的这种做法应该能得到公众的谅解。相反，那种建立在愚弄、欺瞒公众基础上的关系是不健康的，也是不能持久的。公众会原谅组织的错误，但不会原谅一个组织为错误说谎，有这种言行的组织最终必然会被社会公众所唾弃。

同样，一个缺乏透明度、什么东西都想保密的组织必然会引起公众对它的种种猜测，进而产生怀疑。因为在公众看来，必要的保密可以理解，但如果把那些不该保密的东西也加以保密，那只能说明组织心里"有鬼"，长此以往，组织必然会失去公众对其的信任，其社会形象就会被彻底摧毁，其负面效应将是巨大甚至难以挽回的。

组织不仅要真实传递组织的信息，还要付诸行动，做到言行一致。此外，还要注意"少说多做"，用行动来证明自己。只有这样，才能让公众体会到组织的善意，从而获得公众的信任，才有可能从公众那里获得改善组织工作的意见和建议。

案例 3-1： 北京申奥公关活动

北京奥申委吸取了悉尼申奥的成功经验，"不要光自己说，还要让人家看。"为此，北京奥申委主动与西方媒体广泛接触，邀请了外国记者来华访问，让世界了解中国、了解北京。2001年2月21日，以海因·维尔布鲁根为主席的国际奥委会评估团一行17人，对北京进行了为期4天的考察。维尔布鲁根说："评估团看到了一个真实的北京，北京申办奥运会得到了政府和民众的大力支持，北京奥申委的工作是积极有效的。"7月13日，北京申奥团陈述报告一结束，立刻就有各国奥委会委员轮番提问，涉及环境、场地、语言、运动设施、反兴奋剂、交通、资金盈余等问题。代表团成员用英语一一作答，列出了令人信服的事实和数据。正如北京申奥代表团助理所说："提问多是一件好事，说明大家对北京特别关注，很想知道详细情况。"

北京申奥团的陈述与众不同，它包含了三个基本方面：一是坚实的保证，二是明显的优势，三是调动国际奥委会委员的情感。在看似平淡中隐含着"玄机"，那就是中国人民的真诚和朴实。难怪美籍国际奥委会委员德弗朗茨女士在投票结束后说："很多委员都被何先生的真诚所感动。"2000年9月9日，当时的国家主席江泽民致信国际奥委会主席萨马兰奇，表明中国政府完全支持北京申办2008年奥运会。2001年7月13日，北京申奥代表团第一个出场陈述的李岚清副总理庄严承诺："如果此次奥运会发生盈余，我们将用它来建立一个奥林匹克友谊基金，来帮助发展中国家的体育事业。如果出现亏损，将由中国政府承担。"这不仅增强了国际奥委会委员对北京办好2008年奥运会的信心，而且激发了国际奥委会委员对中国的好感和敬意，为中国塑造了良好的公众形象。

任何组织的发展和成功都有赖于良好的公众环境，都需要得到公众和舆论的认可和支持。北京奥申委秘书长在申奥投票前的新闻发布会上，陈述了北京能够申办成功的几点理由。最突出的两点是：第一，北京市民对申办的支持率达到95%，北京奥运会的确代表"人文奥运"；第二，近20年来，越来越多的北京市民参与到文化与体育交流中，渴望成为国际体育大家庭中的一员。北京在申奥投票第二轮就以56票的绝对优势胜出，其中很多票源来自亚非拉国家。因为中国政府力所能及的帮助，使这些国家中部分国家的体育基础设施状况有了极大的改善。不仅如此，中国政府还承诺用奥运会所得来发展这些国家的体育事业。这些国家虽然不大，影响力有限，但在国际奥委会大家庭中却享有平等投票权。中国奥申委的这一系列举措，使这些国家的成员大为感动，支持北京申奥也是顺理成章的。正由于中国有这种良好的公众关系，才确保了北京申奥的成功。

社会组织往往借助各种传播手段实现与公众之间的双向沟通，在双向沟通中达到双向的信息传递。由著名导演张艺谋执导的北京申奥宣传片《新北京，新奥运》，成功地在短时间内把北京辉煌的成就、迷人的风采和中国人民对奥运的期盼表现得淋漓尽致。由于国际奥委会委员中至少有一半未来过中国，该片除了从运动员、运动会角度展现外，还从历史的角度来展示中国的历史和现状，对北京浓厚的心理文化需求，使他们对中国、对北京更加了解，深深地被中国、被北京所吸引，起到了很好的宣传效果。正如澳大利亚籍国际奥委会委员高斯帕所说："和中国申办2000年奥运会相比，中国的变化真是太大了，这种变化将会带动体育的发展。"高斯帕毫不讳言自己的一票投给了北京。

案例 3-2：　沙松爆炸之后……

1988年7月20日，南京发生了一起电冰箱爆炸事件。当晚10点半，一座住宅楼上，突然响起了震耳欲聋的爆炸声，一台"沙松牌"电冰箱瞬间炸开了花。强大的爆炸气浪产生了难以想象的冲击力，使拇指粗的钢筋被扭弯，冰箱门飞出两米远，砸到对面墙上，巨大的后坐力使冰箱背后的墙面留下几个大窟窿，好在主人一家四口人幸免于难。

7月22日，南京《扬子晚报》刊出"一台沙松冰箱爆炸"的消息和一张现场照片。这条新闻立即在几十万"沙松"用户中掀起了轩然大波。"沙松"被有的用户视为"定时炸弹"。沙松厂驻南京办事处门前人流穿梭,各新闻单位也纷纷上门……

总厂厂长意识到这一危机事件关系到企业的生死存亡,在十万火急中立即作出决策。总厂组成了由总工、法律顾问、日方技术专家以及省市、中央产品检验、公安等方面人员的事故处理小组,并由厂方包租南京玄武门饭店,专门用一个会场接待采访的记者,稳住"无冕皇帝"。

随后,有各界人士参加的论证会在现场举行。日本制冷专家经检查发现,虽经爆炸破坏,压缩机仍在制冷,这足以证明爆炸与冰箱质量无关。此外,南京电视台还对事故进行了录像报道。

走访用户家庭,在录像机前是展示企业形象的好时机。当场答应用户要求,赔偿一台180升冰箱,公众普遍反映企业做到了位。

事件真相大白后,公众终于得知爆炸乃是放入冰箱中的丁烷气瓶所致。

事故处理小组将各种情况通报新闻单位,并表示一是讲明爆炸原因;二是感谢新闻界支持;三是感谢当地公众对企业的支持,这些举措为企业树立了良好的企业形象,获得的宣传效果十倍于此事处理的费用。

消费者纷纷反映,冰箱门都炸坏了,冰箱还在继续制冷,产品好、企业责任心强,真是不错。

第二节　双向沟通

公共关系本质上是组织与公众间的一种传播活动。这种传播与一般不重视反馈的、单向传播为主的大众传播不同,它的基本要求是双向的交流:一方面,组织把相关信息传递给目标公众;另一方面,公众也把自己对组织的意见和看法反馈给组织。依据传播学的相关研究结论,对于文化程度较高、信息接收渠道多的现代人,双向传播效果最好。而公共关系传播所面对的正是这样的公众。

公共关系传播的信息是有内在要求的：公关人员掌握的信息必须真实全面，这就要求公关人员在调查、了解有关事实的时候，立场中立、态度客观、不带任何偏见，以求得真实与公正的信息。

案例3-3： 周恩来的"代表作"

1971年春，美国乒乓球队与其他四个国家的乒乓球队应邀来华访问。

周恩来与美国代表团成员一一握手后，说道："你们作为前来中华人民共和国访问的第一个美国代表团，打开了两国人民友好往来的大门。"周恩来问大家："你们住得怎么样？习惯中国菜的口味吗？还有什么问题？"

科恩（19岁，洛杉矶圣莫尼卡的大学二年级学生）倏地站了起来，他穿了件西装，没打领带，长发披肩。科恩略微欠欠身子，大声说："总理先生，我想知道您对美国嬉皮士的看法。"

大厅里静静的，人们都关切地望着周恩来。周恩来看了看科恩那飘垂的长发，说："看样子您也是一个嬉皮士。"

周恩来继而把眼光转向大家："世界上有的年轻人对现状不满，正在寻求真理。在思想变化的过程中，在这种变化成型以前，这是可以允许的。我们年轻的时候，也曾经为寻求真理尝试过各种各样的途径。"

科恩是大学二年级学生，学的是历史和政治学。他原以为在这个最革命的国家，听到总理评价嬉皮士，一定会听到那种"资产阶级""颓废的""没落的生活方式"之类的训词。结果出人预料，周恩来并没有用革命大道理示人，还表示十分理解他们的思想。科恩不由自主地为周恩来所折服，敬佩而信服地听着。

周恩来又将眼光转向科恩："要是经过自己做了以后，发现这样做不正确，那就应该改变，你说是吗？"

科恩耸耸肩，友好而诚恳地笑着点点头。

周恩来略略停顿，又补充一句："这是我的意见，只是一个建议而已。"

周恩来这番话，在第二天（1971年4月15日）几乎被所有的世界大报与通讯社报道。4月16日，科恩的母亲从美国加里佛尼亚州威斯沃德托人通过香港，将一束深红色的玫瑰花送给周恩来总理，感谢周恩来对她的儿子讲了一番语重心长的话。

事后，基辛格评价说："整个事情是周恩来的代表作。"

现代组织要想获得良好的生存环境，必须秉承"公众至上"的理念。因为现代的市场营销理念已发生重大改变，关注点由原来的卖方市场转为了买方市场，即由原来的"请消费者注意"进化为"请注意消费者"。

早期的市场营销理论为4P，指的是产品（Production）、价格（Price）、地点（Place）、促销手段（Promotion）。在市场营销中常常被提起，4P理论是营销策略的基础。

4P是营销学名词由美国营销学教授麦肯锡在20世纪的60年代提出的，主要包括产品的实体、服务、品牌和包装。它是指企业提供给目标市场的货物、服务的集合，不仅包括产品的效用、质量、外观、式样、品牌、包装和规格，还包括服务和保证等因素。定价的组合，主要包括基本价格、折扣价格、付款时间、借贷条件等。它是指企业出售产品所追求的经济回报。地点通常称为分销的组合，它主要包括分销渠道、储存设施、运输设施、存货控制，代表企业为使其产品进入和达到目标市场所组织、实施的各种活动，包括途径、环节、场所、仓储和运输等。促销组合是指企业利用各种信息载体与目标市场进行沟通的传播活动，包括广告、人员推销、营业推广与公共关系等。

以上4P（产品、价格、地点、促销）是市场营销过程中可以控制的因素，也是企业进行市场营销活动的主要手段，对它们的具体运用，形成了企业的市场营销战略。

在市场营销的社会实践中，人们发现，虽然按照4P理论能取得一定经济回报，但消费者的个性需求特征日趋明显，似乎越来越不好对付了。

1990年，美国学者罗伯特·劳朋特（Robert Lauterborn）教授提出了与传统营销的4P相对应的4Cs营销理论。4C分别指代Customer（顾客）、

Cost（成本）、Convenience（便利）和 Communication（沟通）。

Customer（顾客）主要指顾客的需求。企业必须首先了解和研究顾客，根据顾客的需求来提供产品。同时，企业提供的不仅仅是产品和服务，更重要的是由此产生的客户价值（Customer Value）。

Cost（成本）不单是企业的生产成本，或者说 4P 中的 Price（价格），它还包括顾客的购买成本；同时，也意味着产品定价的理想情况，应该是既低于顾客的心理价格，又能够让企业有所盈利。此外，这中间的顾客购买成本不仅包括其货币支出，还包括其为此耗费的时间、体力和精力消耗，以及购买风险。

Convenience（便利），即所谓为顾客提供最大的购物和使用便利。4Cs 营销理论强调企业在制定分销策略时，要更多地考虑顾客的方便，而不是企业自己方便。要通过好的售前、售中和售后服务来让顾客在购物的同时，也享受到便利。便利是客户价值不可或缺的一部分。

Communication（沟通）则被用以取代 4P 中对应的 Promotion（促销）。4Cs 营销理论认为，企业应通过同顾客进行积极有效的双向沟通，建立基于共同利益的新型企业/顾客关系。这不再是简单的企业单向的促销和劝导顾客，而是要在双方的沟通中找到能同时实现各自目标的途径。

尽管 4Cs 理论过于强调适应消费者需求，但依然有很大的现实运用价值。其消费者导向的观点从此深入人心。

与此相适应，公共关系也必须以公众的需求为出发点。正如我国学者居延安所言："公共关系要使对象——人（受众）在信息传播中产生合作行为，那就必须把满足人的需求作为一个基本准则。"这就是说，组织的公关人员要深入研究公众，听取、了解甚至服从公众的意见，满足公众的喜好（注意，公众的需求、喜好是不断变化的，公关人员要随时掌握这些变化信息）。这种信息反馈基本可以让组织找到组织问题的症结所在，并据此来修改完善组织所发出的信息并改善组织的其他相关行为。

当然，这并不是说公众的意见都是正确的、合理的。比如，有时公众反映的问题并非由组织的行为所引起,但公众却要求组织"认账"或改变原来的立场。这个时候,组织实际上是在与公众进行谈判和协商。如果组织能从战略合作的角度,与公众保持善意的、对等的沟通,既倾听、又引导,必要时作适度妥协,最终总会与公众达成一致,公众也就会更乐于接纳组织。有了这种相互理解、相互支持的氛围,组织与公众的关系就会进入良性循环的轨道,形成长期共赢的局面。

案例 3-4: 当银行发生挤兑现款的时候

因贷款给破产的跨国公司,美国第一商业银行蒙受巨大损失。在泰勒斯维尔,由于当地分行储户十分担心银行可能倒闭,遂纷纷前往挤兑存款。当地分行的门口出现了长龙一般的队伍。为了应急,总行决定将2000万美元的钞票送往泰勒斯维尔。数辆满载美钞的卡车驰往泰勒斯维尔。

总行副行长阿厉克斯迅速赶到现场,作了一漂亮的公共关系宣传。

"女士们、先生们,"他的声音铿锵有力、清晰洪亮。"我知道,你们有人担心我们今晚停止营业,这没有必要。我现在郑重声明:为便于本行及时办理兑款,我们将延长营业时间,直到把你们大家的事办完为止。"

人群中传来了表示满意的嗡嗡声和自发的鼓掌声。他的这一席话显然赢得了储户的好感。

"然而,我想告诉你的是,在周末你们不可能将大笔钱带在身上或置于家中,那是不安全的。因此,我建议你们将从本行取出的存款存入你们选择的另一家银行。为了帮助大家,我的同僚 D. 奥塞女士正在打电话与其他银行联系,请他们延长营业时间,以便为大家提供存款服务。"

人群中又传来了表示赞许的嗡嗡声。人们从心里感谢这位为他人着想的副行长。

一会儿,阿厉克斯宣布:"我被告知,已有两家银行同意了我们的请求,其他的正在联系。"

这时,人群中传来了一个男子的声音:"您能推荐一家好一些的银行吗？"

"可以，"阿历克斯回答说，"我本人的选择将是美国第一商业银行。它是我最了解的一家，也是我觉得最有把握的一家。它开办时间长，且享有良好声誉，我也希望你们大家都有同样的感觉。"他的声音中带有一点激动的感情色彩。

阿历克斯的后面站着一对刚兑完现款的老夫妻。那男的接过阿历克斯的话头说："过去我也这样认为，我妻子和我在第一商业银行的存款时间达30多年。现在觉得贵行有点糟糕，所以把钱取出来了。"

"那又是为什么？"

"传言很多。无风不起浪，总是事出有因呢。"

"这里向大家说说真相，"阿历克斯说："因为原先贷款给跨国公司，我行所以蒙受损失。但本行可以承受得了，也将承受住。"

老人摇摇头。"如果我还年轻，又在供职，也许我会如你所说的去冒险一次。但在那里面的，"他指着妻子的购物袋，"是我们至死所能剩下的所有的钱。这笔钱不多，甚至还不及我们当年挣钱时一半顶用。"

"通货膨胀打击了像你们一样辛勤工作的善良的人们，"阿历克斯说，"但不幸的是，你存款的银行将于事无补。"

"小伙子，那我问你一个问题：'你若是我的话，这笔钱是你的，你难道不会和我现在一样做吗？'"

"会，"他坦率地承认，"我想我会的。"

老人感到惊讶，"不管怎么说，你还算诚实。刚才我听你建议我们说到另一家银行去。我表示赞同。我想我该到另一家去。"

"等一下，"阿历克斯说，"您有车吗？"

"没有。我就住在离这不远处，我们步行去。"

"不可以这样带着钱走，这样你可能遭遇抢劫。我让一个人开车将你们送到另一家银行去。"阿历克斯说着就招呼罗兰·文莱特过来。"这是我们的安全部长。"他告诉那对老夫妻。

"很高兴亲自开车送你们去。"文莱特说。

"你会那样做吗?正当我们刚刚将钱从贵行取出的时候——正如你所说的,有没有我们有利益但又不信任你们的时候?"老人问道。

"这也是我们的服务范畴,"阿历克斯说,"除此之外,你与我们在一起三十年了,我们也应该像朋友一样分手才对呀。"

阿历克斯将老人当作老朋友,老人自然高兴了。

老人停下步了。"也许我们不必分手了。让我再问你一个问题,你已经把真相告诉我了,可你也应知道我们年纪大,这些钱对我们意味着什么。我们将钱存在贵行安全吗?绝对安全?"

经过短暂的数秒钟的思考,阿历克斯干脆而又自信地回答:"我保证:本行绝对安全。"

"嗨,真见鬼,弗雷达!"老人对妻子说:"看来我们是虚惊一场了。我们把这些该死的钱再存回去。"老人重新将钱存入银行后,取款的人群很快散了。银行仅比平时晚了十分钟关门。

由于阿历克斯妥善机灵地处理了泰勤斯维尔分行发生的事情,其他分行没有跟着出现挤兑现款的现象。

阿历克斯这次成功的宣传,终于挽救了美国第一商业银行。

第三节 互惠互利

公共关系总是以一定的利益关系为基础的。世界上没有无缘无故的爱,也没有无缘无故的恨。公众对于某个组织产生偏爱或者厌恶,一定是由某些原因引起的。在组织与公众的关系中,组织要想得到公众的支持和喜爱,必须要让公众能够感受到组织可以给他们带来的某些好处,也就是物质或者精神利益。

有付出才可能有收获,利益从来都是相互的。组织给了公众利益,才能实现自身价值,组织的存在才有社会意义,这样公众自然会对组织有所回报。公共关系工作通过沟通，促使双方建立一种情感交融的相互理解与合作的关系，进而协调双方的利益，甚至最大限度地谋取组织与公众双方的共同利益。这样才会形成"双赢"、长期"赢"的局面。组织在追求效益的时候，要注意正确处理眼前利益和长远利益的关系；既要立足于长远利益，又要注意近期利益。组织平时要多同目标公众进行有效的沟通，多做有益于公众的事，只有这样，才能使公关工作有长效。

案例3-5： 寻求企业员工与公司利益的一致性

美国联合化学公司的节能运动

一、发现问题，确立目标

PULSE（"请节约能源"的英文字母缩写）是美国联合化学公司在职工中开展的以节约能源为目的的鼓励性运动，这项计划是为了扩大已经在公司各厂矿、仓库、机关中开展的节能运动而推行的。"联化"（联合化学公司）是在能源短缺与能源费用急剧上涨的背景下开始认真实行该工作的。首先，他们成立了一个由"联化"行政部门与其他主要经理构成的能源委员会来负责制定政策。

公司对美国联邦政府作出许诺，要在6年内将每一磅产品的能源消耗降低15%。在头三年里，公司大致完成了2/3的任务，然而要达到节能15%的目标越来越困难了。这是因为一是在这3年中，节能运动仅限于在少数有选择的部门中进行，主要是在工厂内和其他有关的用户中；二是员工对于能源问题认识不足。

找到问题的根源后，管理部门研究决定，需要作出特别的努力，实行新的节能计划。全面动员，使节能运动成为公司里每个人的事情，不仅是经理、工程师、技术人员的责任，而且是分散在120个点上的33000名职工每一个人的责任。

二、制订计划，通过提高职工的认识和自觉行动来达到目的

公司从厂外请来一名研究职工关系的专家，来测定职工的觉悟水平，

并为推进职工在节能运动中的合作制订出一项计划。这位专家选出三个部门进行深入的调查,结果是像大多数美国人一样,受调查的职工对能源问题的重要性认识不足,而且对能源问题如何影响工业生产等相关知识几乎一无所知。

PULSE节能计划就是设计用来提高工人对于能源短缺,以及费用上涨将如何影响公司运转,影响产品成本,影响工人利益这方面的觉悟的。公司认为,让职工认识到,由于资源短缺,能源供应已经不再如以前那样便宜而又丰富了。这一点是十分重要的。PULSE就是要通过职工提高认识和觉悟行动来达到节能的目的。这一总目标,又分成若干的具体目标,在公司级会议上分派给各个经理,同时还开设训练班,通过培训帮助经理们适应厉行节能的新局面。

计划确定PULSE的具体目标如下。

第一,提高职工对于全国能源危机严重性的认识,使"联化"的全体职工都了解节能的必要性。

第二,调动职工的一切潜力和才能为节能运动献计献策。

第三,采纳职工的节能建议。

第四,向各分厂分管能源的经理提供指导纲要与辅助资料,以促进每个分厂的各项节能活动。

三、采取具体的行动

公共关系部与能源部紧密合作,印发公司正在实行的节能计划的宣传材料。

(1) 发放材料。在职工报纸《今天》上刊登广告,两种PULSE海报,一份装在工资袋里的宣传品。这些材料都是用来引起职工对节能运动的关注。这样,在运动开始时,PULSE已成为大家熟悉的计划了。

(2)《节能指导》材料袋。封面印有经理的公开信,内袋有介绍节能计划并提供危机背景材料的职工手册,附有职工节能建议表等。这些材料由工厂经理提供,分发给每一个职工,以推动节能计划。

(3) PULSE 专用文告笺。印有 PULSE 黑体字抬头的空白文告笺，专供工厂经理向职工发布有关节能运动的进展情况及号召职工投入运动时使用。

(4) 随工资袋发放的印刷品。有四种不同的印刷品随工资袋一起分发给每一个职工（包括临时工），每一种印刷品就一项具体能源的使用方法向职工灌输节能知识。

(5) 张贴大型海报。用来鼓励职工提出节能的建议，每 45 天贴一次。

(6) 小型的（与大张海报相同，为布告栏设计的）海报。同样是用来提醒职工提出建议的，也每隔 45 天张贴一次。

(7) 有统一方案的 PULSE 招贴标识。这种方案广为张贴，把 PULSE 的标识张贴在电灯开关的控键附近，提醒职工注意节能。

(8) 特殊的招贴标识。对于那些提出建议得到采纳的职工，在他们工作的地方张贴这样的标识，以资鼓励。

(9) 嘉奖证书。用来表彰那些对节能运动做出重大贡献的职工，由工厂经理做出决定予以颁发。

所有这些节能方面的材料都分发给各分厂的管理机构，每个分厂的经理都有责任依据这些材料结合本厂的实际情况和需要调整充实计划。一个典型的计划大致包括：鼓励性或有奖活动（如开展特殊竞赛等），通过会议与职工的直接接触，征求建议的活动，给职工的特别信件，提高认识和觉悟的活动，计划执行结果的评定。

四、反馈与评价

由于"联化"的整个节能计划是在总部与分厂分别进行的，因此对计划的评价就需要依据一个个项目最后提交的具体的节能数据，并与开始制定的指标相比较。然后，再把这些评价报告拿来与公司在运动之初所作的估算进行比较，就可以算出公司在多大程度上完成了它的计划。

从这些数据中，公司算出这一年的能源耗资为 26000 万美元。要不是这一年大力开展节能运动，就要多出大约 4500 万美元。把这 4500 万美元换算成能源，则等于一年节省了 370 万桶石油。

第四节　全员公关

公共关系是组织内求团结、外求发展的艺术。公共关系的对象虽然是社会公众，但建立良好的公共关系的基础在于组织自身。一个组织的形象不是孤立的，而是组织全体组成人员各方面表现的集中体现。社会公众对一个组织从了解到偏爱或厌恶，往往是从某个具体的员工的言谈举止开始的。员工对组织的忠诚度、敬业精神如何、工作表现怎样，都会使得公众形成对组织的某方面的印象。因此，组织必须经常不断地对全体员工进行公关教育培训，使他们充分认识到一个组织的形象、信誉这种无形资产往往比有形的资金、设备更为珍贵。

所谓全员公关，就是指组织从强化整体的公共关系配合与协调的角度，通过对全体员工进行公共关系教育与培训，让他们意识到公关对于组织生存与发展的意义，并牢固树立公共关系观念，提高做好公共关系的自觉性，在日常行为中处处体现公共关系意识，把公共关系工作当作自己的责任和义务，从而使组织内部形成浓厚的公共关系氛围，并融入组织的文化中。这样做，对内可以增强员工对组织的凝聚力，增强员工对组织的认同感和归属感；对外可以树立和维护组织的良好形象。

简言之，全员公关就是让组织的每一个成员都是公共关系人员。它包括以下三个方面。

1. 领导的公关意识

公共关系的动力在组织的上层。公共关系业务的特殊性在于，它渗透到组织日常的行政、业务工作的各个环节，因此必须从全局和战略的角度加以协调管理。在现代社会，一个组织的领导是否有公关意识，能否胜任公关角色，在某种程度上甚至关系到一个组织的兴衰。组织的公共关系状态如何，与领导的公关意识与公关素养密切相关。因此，一个组织的领导，必须对自己组织的声誉和形象承担责任，应该具备强烈的公共关系意识，在经营管理中明确提出公共关系方面的要求，时刻关注组织的公共关系状况，积极支持、指导、协调组织的公关工作。

2. 全体员工的公共关系配合

组织形象是需要所有员工共同构建和精心维护的，公共关系工作绝不只是公关部门及其人员的"分内之事"，而应要求全体员工的积极参与与合作，增强公关意识和责任感，并让他们了解组织的公关目标、公关策略，把公关工作与他们的日常工作结合起来。各职能部门和单位在自己的工作范围内作决策、订计划时，都应该自觉地配合组织公共关系的目标。公共关系的好坏，也成为对各部门业务工作进行评价考核的一项标准。相应地，应该在有关的规章制度中明确每一部门或岗位对公共关系应负的责任。

实践证明，组织如果经常在员工中进行公共关系的教育和培训，开展公共关系方面的评比和奖励，就会取得较好的效果。

3. 组织内部浓郁的公共关系氛围

全员公共关系是个系统工程，不是凭主观想象就能做到的。它有赖于在组织内部形成一种浓厚的公关风气、公关氛围。为此，必须在组织内部普及公共关系教育，从而使全体员工充分认识到，良好的形象能使一个组织所拥有的实物资产增值，恶劣的形象会使一个组织的有形资产贬值。

当然，全员公关并不意味着全体员工都去进行技术性的公关工作。那样既无可能，也无必要，而是要求他们时刻具备一种公关意识。

案例 3-6： 花旗银行的全员公关意识

花旗银行是世界上最大的银行之一，每天的营业额高达数亿美元，业务十分繁忙。

一天，一位陌生的顾客走进豪华的美国花旗银行营业大厅，仅要求换一张崭新的 100 美元钞票，准备当天下午作为礼品用。银行职员微笑着听完他的要求之后，立即先在一沓钞票中寻找，又拨了两次电话。15分钟后，银行职员终于找到了一张这样的钞票，并把它放进一个小盒子里递给了这位陌生顾客；同时，附上了一张名片，上面写着"谢谢您想到了我们银行"。

事隔不久，这位偶然光顾的陌生顾客又回来了，在这家银行开设了账户，在以后的几个月中，这位顾客所在的那家律师事务所在花旗银行存款25万美元。

案例3-7：前边唱戏，后边拆台

上海市某百货商店。

12月30日是商店新楼开业1周年。为此，商店特别请电视台录制了一部专题片，进行公关宣传。片中感谢全市居民一年来对商店的厚爱，并保证今后将为顾客提供更优质的服务。此外，还在片中特意提到此商店新开设了一个"店中店"，专为顾客提供精致商品和优质服务。

顾客现场购物，售货员面带微笑，不厌其烦，热情周到，令人心暖如春。小李正巧经过商店，看到了倍感亲切。

第二天，小李上街采购元旦用品，自然而然地直奔此百货商店，并特意光顾了"店中店"，高高兴兴地来到"店中店"。

哪知一进门看到的却是一幅令人始料不及的画面：只见鞋帽组的一个营业员正面带怒气地往盒子里摔鞋，同组的其他营业员也正叨叨咕咕地说着什么。最引人注意的是，对面服装组的一个营业员，正扯着嗓子喊："像这种人别理他，事儿倒不少，瞎折腾人。"原来被营业员围攻的是一对夫妇，两个人正在办理退款手续。面对营业员的围攻，只见那个女顾客心平气和地说："你们怎么这样，你们的鞋剩下的都有毛病。挑不出好的来，不买还不行。"而那个男顾客在一边劝他的妻子："算了，别吵了，像什么样子！"面对这种场景，小李再也没有买东西的欲望，就连一分钟都不想多停留，逃难般地离开了"店中店"。

第五节 开拓创新

公共关系学不仅是一门科学，同时也是一门艺术。在公共关系科学理论的指导下，各种社会组织在不同的历史时期的公共关系实践中，摸索出了不少具体操作方法，创造出了大量的经典案例。这些案例虽然来自不同的国度、不同的地域，但都有共同特点，就是巧妙、新颖、独特。正因为如此，这些公关活动才获得了巨大的成功。由此可知，公共关系工作必须遵循不断创新的原则。

公关工作要创新，主要是考虑到同行竞争、经济技术环境与社会心理因素这几个方面的情况。

第一，目前，社会组织繁多，公共关系的实际运用已非常普遍。如果一个组织按部就班地开展一般的公关活动，很可能与其他组织已做或正在做的活动相类似，那就不会引起公众的特别关注，等于做了无用功。

第二，现今世界进入网络时代，公众接受信息的方式有了较大的变化。网络成为公众获取信息的一个新的重要来源。如何通过网络有效传递组织的相关信息，或者说如何开展网络公关，是公关人员面临的一个新课题。

第三，喜新厌旧是人的一般心理特征。在当今的网络时代，人们每天接触的信息数不胜数，人们的兴趣也变得"朝三暮四"。如果一个组织不了解公众心理，其所举办的公关活动在形式和内容上墨守成规，没有吸引公众眼球的新东西，那就很难引起公众的兴趣和重视，更不用说产生社会反响了。

那么，如何创新公共关系工作呢？其实最关键的就是在策划活动时要有创造性思维。一般来说其内容包括以下三个方面。

第一，观念创新。开展公共关系活动一定要有战略眼光和开阔的视野，要适应历史发展潮流，随时跟踪经济社会文化等方面的变化，分析新情况，研究新方法，解决新问题。

第二，内容创新。公关工作通俗的说法就是讨好社会公众，因此组织要根据公众不断变化的兴趣与需要设计传播内容，如推陈出新，移植再造等。

第三，方法创新。如转换角度，逆向思维，大胆设计并创造新的形式、排列组合、以旧翻新等。

必须注意，创新不是天马行空，要遵循法律和道德规范、市场规律和公众心理，须知创新是有尺度的。

案例 3-8： 精工表誉满全球的奥秘

1964年东京奥运会结束后不久，曾有日本人访问罗马。在一家餐厅里，当侍者看着一位日本人手腕上戴的是瑞士产品时，竟疑惑地问："您真的是日本人吗？"让人感到诧异的是，日本人竟然没戴在东京奥运会上叱咤风云的国粹——精工表。侍者的态度不仅反映了公众对精工表的评价，实际上也说明了精工计时公司借助奥运会开展的公关关系活动的成功。从某种意义上讲，这也是对该公司公共关系活动的最好评价。精工计时公司的公关计划是如何实施的呢？

一、精心策划运筹帷幄

功夫不负有心人。精工表饮誉东京奥运会，其公共关系战略要追溯到四年前。当奥运会一经宣布将在东京举行，日本主办单位决定的第一件事，就是大会的计时装置要使用日本的国产表。而在这之前，奥运会使用的计时装置几乎全部是瑞士产品。当东京奥运会决定首次使用日本表后，有些人士曾深感不安，唯恐发生了故障会使大会难堪。

日本精工计时公司决心消除人们的种种顾虑，制订了"让全世界的人都了解精工的计时是世界一流的技术与产品"的公共关系计划，确立了"荣获全世界的信赖"的公共关系目标，并将"世界的计时表——精工表"，作为公共关系活动的主题。为此，精工计时公司着手制订并实施了一项长达四年之久的整体计划，开始了一场史无前例的公共关系活动。

二、巧妙实施逐层推进

首先，精工计时公司派遣企业的公关人员到罗马奥运会，进行"欧米加"计时装置的现状设施使用情况调查。根据调查结果，决定产品开发的程序，拟亲全盘公共关系计划。同时，各公司也开始进行多种多样的计时装置技术开发工作。随着计时装置开发工作的顺利进行，精工计时公司的公共关系计划也已策划成熟。调查研究工作结束以后，整个公共关系计划便分为三个阶段实施。

第一阶段，主要是全力以赴地开发计时装置技术并同时说服主办单位使用该企业的产品。另外，会场的布置也须征得国立竞技场和东京都政府的认可。精工计时公司一方面积极从事游说工作；另一方面将新开发的计时装置提供给日本国内举办的各种运动会作为实验之用，其目的是为了向各委员会证明精工技术的可信度。真诚努力终结硕果，奥组委于1963年5月正式决定东京奥运会全部使用精工计时装置。

第二阶段，在改进技术的同时，展开了以"精工的竞技计时表用于东京奥运会"为主题的公共关系活动。为了在世界范围内大造舆论，精工准备了奥运会预备会上所需的宣传手册，广告宣传也紧锣密鼓地开展。

进入奥运会前的第三阶段，公共关系的各种计划先后付诸实施，报纸、广播、电视等在报道与奥运会有关的消息时，都或多或少地涉及精工表，从而造成了"东京奥运会必须使用精工计时装置"的舆论。

由于精工与奥运会完美结合，公共关系活动收到了奇效。当东京体育馆室内比赛大厅的精工计时装设置完成后举行盛大的落成典礼时，精工的技术被夸耀为日本科学的精华、无与伦比的结晶，终于实现了"世界的计时表——精工"这一目标。

精工计时公司为这次长达四年的公共关系战役投入的资本是85名技术员与890名作业员以及数亿日元的财富。然而，公关成就的最好例证便是开篇的故事，在罗马人眼里，精工表可以和瑞士表媲美。这足以说明，精工计时公司此项公共关系活动的效果。

第四章　公共关系组织机构及公关人员

　　公共关系是组织的一项重要日常工作，维系其有效运转需要有专门的机构和人员加以保障。公共关系机构是专业从事公共关系工作的组织机构，代理特定组织的公共关系工作，是实施公共关系的主体。

　　目前，世界各国的公共关系机构大致可分为三大类别：组织内部作为职能部门的公共关系部，以提供公共关系咨询服务的公共关系公司，以及自发组织起来的从事公共关系研究和实务的群众性团体，如公共关系协会、公共关系俱乐部、公共关系联谊会等。

　　公关从业人员是具体策划并实施公共关系工作的，是公关活动的主体。显然，公关人员的素质与能力对公关活动的成效能产生直接的决定性影响。

第一节　公共关系组织机构

一、公共关系部

　　公共关系部是组织为了实现公关目标而在内部设立的，用以贯彻执行组织的公共关系思想，具体承担公共关系活动的专业性机构。

　　1. 公共关系部的职能

　　公共关系部不仅是组织的间接管理部门，同时也是组织的决策参谋部门，其地位非常重要。具体而言，它承担的是组织的下列角色。

第一，公关部是组织的信息情报部。负责收集与发布与组织有关的各种信息，监测周边环境（自然环境、社会经济环境等），预测组织发展趋势。

第二，公关部是组织的形象策划与维护部。承担组织的形象设计、组织的活动策划、组织的形象管理等职责。

第三，公关部是组织的决策参谋部。公关部要及时把收集并整理好的信息反馈给组织领导和各职能部门，提供咨询建议，以供决策时参考。

第四，公关部是组织的传播部。对内外公众传递组织的各种信息，包括传递组织的政策、解释组织的行为，以增加组织的透明度，从而让社会公众熟悉和认可组织。

第五，公关部是组织的联络部。公关部代表组织同社会公众交往，包括接待公众来电来访、协调各种关系、处理组织与公众间的各类纠纷等。

2. 公共关系部的特点

与组织的一般的职能部门有所不同，公关部实际上是一个重要而特殊的高级服务部门，其特点如下。

第一，专业性。公共关系工作的特殊性和长期性，决定了公关部的从业人员与工作内容也必须是专业化的。也就是说，需要有一定素质和能力的专业人员来承担这项专业性很强的工作。

第二，协同性。公关工作涉及方方面面，其目的是对内外展示、提升组织整体的良好形象，因此必须依靠组织各部门的通力合作。公关部应善于沟通与协调，同各个部门保持紧密、良好的工作关系。只有这样，才有可能做好职责内的工作。

第三，独立性。公共关系工作因其性质特殊、难度较大、地位重要，组织必须给予适度的权限，让其在开展工作时有相当的自主发挥的空间，如此才有可能获得成效。

第四，服务性。公共关系部不是具体的生产部门，也不是直接的管理部门，而是通过开展公关活动、提供建议、咨询等为组织决策层、各职能部门以及社会公众提供高层次服务的。因此，它在一定程度上是一个服务部门。

3. 公共关系部的设置原则

组织任何机构的设立，都要考虑工作需要与运行效率两个问题，公共关系部的设立也不例外。由于组织的性质不同、社会影响有别，面临的公众也有差异，对公共关系工作内容的要求也就必然不同。因此，公关部门的设立要根据组织所处的社会环境和公关目标要求，具体情况具体分析，合理设置公共关系机构，力求在满足工作需要的前提下让公关部发挥最大的效益。一般而言，设立公共关系部要遵循以下四个原则。

第一，专业性原则。组织的公关工作是一项涉及组织社会声誉、专业性很强的活动，不是任何人都可以胜任的。其组成人员要受过严格而系统的专业训练，符合公共关系工作所必需的素质与能力要求。而且，公关工作因其地位高、要求高、难度大，组织必须创造条件保证其工作的相对独立性，并给予各项具体工作环节一定的灵活性，使实施人员能够在不断变化的客观环境中处理问题。不能把其他部门的职能工作或一般事务性的工作交给公关部来做，从而影响公共关系部门工作的正常运行。

第二，合理性原则。这里包含两个意思，一是公关部的设置规模要合理，第二是公关部的权利和义务要相适应。

公关工作虽然重要，但也不能任意设置人员，要考虑工作效率问题，即人员精干，规模适度。工作任务与人员数量要相适应（如果公关人员能力超强，则所需人数要更少），在保证工作效率高的前提下，尽量少用人，避免人浮于事。当然也不能为了减少人力成本而过于精简人数，那样也会影响工作效率。

公关部及其人员有权在职责规定的范围内从事工作，并承担责任。两者必须适应。公共关系工作虽然是一项全局性、战略性的工作，直接对组织上层负责，但毕竟是服务性质的，不可以随便越位、越权去指挥、管理其他职能部门；同样，其他任何部门都无权也不应该干扰公共关系部的工作。

第三，协同性原则。成立公关部的目的之一就是沟通内外关系，其中同内部各职能部门的沟通也是公共关系部的工作内容之一。如前所述，公共关系部与其他部门一样都属于组织的职能部门，只是公关部的地位略高，但与其他部门互不隶属。众所周知，公共关系工作属于全局性的工作，需要依靠其他部门的紧密配合。在这个时候，就需要公关部出面沟通、协调。但是在这一过程中，公共关系部要注意保持在自身职能范围内的高度权威性，不受其他职能部门的干扰和影响。因此，在设置公共关系部这个机构时，应通盘考虑、仔细权衡，做好与组织内部各部门的协调，理顺关系。如果有冲突，应做适当调整，以免制造矛盾。

同时，在公关部的内部人员的设置也应考虑这些人员之间的融洽、互补程度，注意发挥整体效应，使公共关系部各成员能协调一致地工作。

第四，针对性原则。不同的组织有不同的特点，其所面临的公众不同，其工作内容与要求也不一样。所谓针对性，指的是公共关系部的机构设置，要根据不同组织的工作目标、工作性质和自身所面向的社会公众的特点等因素来确定。公关部总是依附于特定的组织，这些组织又总是性质多样、类型各异。组织的性质不同，公共关系工作的目标、内容、方法也不同，面对的公众也不同。有的以特定的公众为对象，有的以整个社会公众为对象。这样，在设置公共关系部时，就不能盲目照搬或仿效别人的做法，而应遵循"针对性"原则，根据组织自身的性质，根据组织特定的公众对象来进行工作。

4. 公共关系部的一般规模及其在组织内部的一般设置

纵观国内外各类组织的公共关系部门，我们可以发现，公关部的人员规模都不大，大型企业往往人数相对较多，但也就是几十人的规模。一般企业的公关人员多在10人左右，小型企业和非营利性组织的公关人员平均也就5~8人。

组织内部的公共关系部如何设置，没有固定不变的套路。以营利性质的工商企业为例，如果一个组织需要公关工作来开拓局面，或高层重视公共关系工作，公关部往往就直属于组织最高决策者层；有的组织虽然谈不上高度重视公关工作，但也认识到了公关的价值，把公关部列为一个和其他部门并列的职能部门；对公关工作不太重视，或者公共关系业务较少的组织，如非营利性的学校、医院等，其公关部一般隶属于某个职能部门如对外交流合作处、办公室等。从世界知名企业的实践来看，公关部直接由组织的最高层负责，能突出公关工作的重要性、权威性，便于与各职能部门的协调，动用组织的各项资源相对比较容易，有利于公关工作的顺利开展。

5. 公共关系部与其他部门的协调

在某些情况下，公共关系部的工作与其他相关部门可能会产生一些摩擦或冲突，在这个时候需要进行必要的协调工作。

第一，公共关系部与营销部的协调。在组织的市场营销活动中，有时候会涉及组织的形象传播与管理问题，这时公关部门要及时介入，统筹考虑，即用一个声音对外说话。这样有利于保持组织形象的完整性。

第二，公共关系部与法律顾问处的协调。组织与公众出现法律纠纷时，公关部门要主动配合法律顾问，协调好相关各方面的关系，营造对组织有力的社会舆论，以便消除公众对组织行为的误解。这样既保护了公众利益，也维护了组织形象。

第三，公共关系部与人力资源部的协调。有时候，在人员安排或借用的时候，公关部与人事部门会有一定的冲突。这时候需要两个部门协商确定如何在各自的职权范围内开展合作。

6. 公共关系部工作计划的制订

公关工作难度大、要求高，需要有很强的计划性与执行力。

一般来说，制订公共关系计划与方案要遵循下列原则：实用性与可行性原则；重点性与平衡性原则；科学性与灵活性原则；连续性与衔接性原则；创新性与独特性原则。

公共关系计划与方案的基本内容包括以下两点。

第一，年度公共关系计划。具体内容包括年度公关的具体目标和活动主题；根据目标和主题涉及的公共关系活动项目和具体传播计划；各项目的具体内容、涉及媒介和目标公众；各个项目的负责人员及其职责分工；各项目的实施时间表与经费预算；预计收益等。

第二，公关项目具体方案。具体内容包括项目名称和目标；项目负责人及职责；项目实施程序及时间安排；项目涉及的关系和必要性分析；项目所需的媒介、器材设备、外部环境条件等；项目的经费预算、效果测评标准和方法等。

7. 公共关系部的优势与劣势

组织内部设立公关部，既有有利的一面，也有不利的一面，其优势如下。

第一，熟悉组织自身的实际情况，内部关系融洽，便于有针对性地开展工作。

第二，当组织需要时，能及时提供相应的公共关系服务。

第三，有利于保持公关工作的连续性和稳定性。

第四，在组织内部统筹规划一般的公关活动时，有利于降低成本。

当然，作为一个主要从事对外沟通的内部常设机构，公关部也有其劣势主要有以下几点。

第一，作为组织的常设机构，长期占用组织的人力、财力资源，综合成本不低，甚至有可能还会成为组织的一种负担。

第二，因为是组织内部的机构，观察问题难免有主观因素，不够客观与公正，不大可能完全做到实事求是地分析与解决组织面临的问题。

二、公共关系公司

公共关系公司是专门为客户提供公关管理咨询服务的营利性机构。这类公司的具体名称略有差异，有的称为公共关系公司，有的称为公共关系咨询公司，还有的称为公共关系顾问公司。其组成人员通常都是公共关系方面的专家，经验非常丰富。

除了大型的国际公共关系公司如伟达公司、博雅公司外，这类公司规模一般都不大，精英荟萃，大部分公司的员工不超过20人。超过25人的一般视为大型公关公司。

各公共关系公司的经营方式不完全相同，有的是独立开展业务，有的则是和其他公司合营的。其业务范围也依据各自的性质来确定，综合型公司能提供全方位的服务（如伟达公司），单一型的公司只提供一项或几项服务（如公共关系顾问公司）。

1. 组织向公共关系公司求助的前提

一般而言，组织（客户）通常在下列情况下需要接受公共关系公司提供的服务。

组织所处位置偏远，信息不畅；组织未曾开展过公共关系活动，认为现在有必要同公众进行经常性的沟通；组织内部的公关部门能力与经验相对不足；组织内部对自己的对外举措没有充分的把握，需要征询那些立场客观的公关公司的意见；公共关系公司的员工经验与技巧丰富，能提供专业服务。

2. 公共关系公司的工作内容

公关公司的工作内容主要包括以下方面：提供公关调研；负责公关业务培训；提供公关咨询建议（如知名度、美誉度的咨询，公众意向的咨询，有关决策及实施情况的咨询，媒介选择咨询等）；为客户编写各种公关资料（如新闻稿、工作计划等）；为客户提供形象策划、专题活动策划方案，并在客户要求时指导实施；客户要求的其他公关业务工作（如设计等技术服务、职业培训等）。

其中，组织形象咨询是公共关系公司业务量较大的一个工作类型。而作为咨询结果的组织形象咨询报告，又是整个工作的"点睛之笔"。它为组织的形象建设工作指明了方向，提出了具体的实现途径。

撰写咨询报告的基本要求是如下。首先，要做到客观真实，对于组织在形象建设方面存在的问题要如实反映。其次，所提的解决方案要具体、切中要害，有很强的针对性。再次，要留有余地，不要说自己的解决方案是唯一的选择，可以提供若干解决方案让对方选择、修改或重新组合。这样也可以激发对方的创造性。最后，解决方案不仅要有逻辑理论分析，同时也能结合组织的实际情况，具体措施环环相扣，具有较强的可操作性。

3. 公共关系公司一般工作程序

第一，确立公共关系目标并开展调查研究。

第二，制订公共关系工作计划。

第三，与客户协商公共关系活动的预算。

第四，具体开展或者帮助客户开展公共关系工作。

第五，评估公共关系活动的实施效果。

4. 公共关系公司的工作原则

（1）遵纪守法原则。公共关系公司必须在国家法律、法规及有关政策许可的基础上在自己的业务范围内开展活动。

（2）忠诚客户原则。真心实意地替客户着想，给客户提供真实、准确地提供信息，提出有针对性的、可行的建议，不同时为客户的竞争对手提供相关服务，为客户严守秘密。

（3）自我约束原则。遵守职业道德，讲究商业信誉，不干涉客户的内部事务。

5. 公共关系公司的收费方式

公共关系公司是营利性的社会组织，所提供的服务是有偿的。其收费方式主要分为五大类：项目收费（包括咨询费、管理费、项目支出费、公关活动经费、合理的项目利润），计时收费，综合收费（项目总费用），分期综合收费和项目成果分成（按成果收益的一定百分比长期收取）。

6. 选择公共关系公司的标准

通常，组织在选择公共关系公司代理相关业务的时候，事先会做一番调研，根据组织的性质、规模、社会影响和公关目标等情况，来大致确定举办何种类型的公共关系活动。组织选择公共关系公司的主要考虑因素有以下四点。

第一，公关公司的规范程度与社会信誉。

第二，公关公司职员的服务态度与业务水准。

第三，公关公司服务过或正在提供服务的客户情况（包括客户满意度）。

第四，收费标准及收费方式。

一般来说，如果一个公共关系公司社会信誉良好、管理规范、服务质量优秀、客户群体知名度高且反馈满意度高、收费又较合理，就会很容易获得客户的青睐。

7. 公共关系公司的优势与劣势

如果一个社会组织自身设有公共关系部，在开展常规的公共关系工作的时候，出于成本等因素的考虑，往往不会寻求专业公关公司的帮助。但一旦需要开展大型公关活动或者组织处于危机时刻，组织自身公关运作的经验与能力不足时，就需要及时选择专业公关公司的指导和帮助。公关公司的优势如下。

第一，公共关系公司均拥有庞大的社会关系网络。其同政府、媒体、社区等接触较多，获取信息渠道多且快捷，办事效率较高。

第二，公共关系公司的员工多是业内专家，见多识广，经验丰富，专业水准较高。

第三，公共关系公司的员工与组织（客户）没有利益关联，立场中立，态度客观。

第四，能节省开支。特别是组织大型的公关活动，公共关系公司的成本优势就更为明显。

当然，公共关系公司也有劣势，主要表现如下。

第一，成本因素导致公关公司的服务网点偏少，多集中在大城市繁华地段。

第二，对客户的具体情况通常不熟悉。

第三，不太适合承担日常公共关系工作的服务。

因此，成熟的组织在开展公关活动的时候，一般会根据拟开展的活动的规模与性质，适时选择合适的具体合作或操作对象，既注意发挥公共关系公司在策划高层次的大型公共关系活动方面的优势，也注意发挥组织内公关部门在日常公关活动方面的特长。

三、公共关系社团

公共关系社团是由社会上从事公共关系工作和热爱公共关系事业的团体与个人，自发联合起来组建的非营利性松散型的社会群众团体，包括综合性社团（如公共关系协会），学术性社团（如公共关系学会、研究会、研究所等），行业性社团（如新闻界公共关系学会），联谊性社团（如俱乐部、沙龙、联谊会），媒体性社团（依托媒体而建立）等。

1. 公共关系社团的基本特征

根据学者熊源伟的概括，公共关系社团一般具有如下四个方面的特征。

（1）人员组成的广泛性。公共关系团体具有行业分布的广泛性和人员构成的多层次、职业构成的差异性等特点。

（2）组织结构的松散性。公共关系社团不仅没有统一的组织模式，组织之间也相互没有隶属关系，由于是一种依靠个人兴趣而自愿结成的组织，其对团内人员的约束也相当有限。

（3）工作内容的服务性。公关社团借助其专家水平高、实力强的优势，可以为社会提供专业、高效、优质的信息咨询服务。

（4）运作模式的非营利性。公共关系社团不以营利为目的。

2. 公共关系社团的工作内容

（1）联络会员。一是经常联系本社团的会员，二就是与其他公共关系社团建立合作关系。

（2）制定规范。制定本社团公共关系从业人员的职业道德行为准则并监督执行。一般来说，国家级的公共关系社团都制定了公共关系从业人员的道德行为规范。目前，在世界上具有较大影响的是《国际公共关系道德准则》《美国公共关系协会职业标准准则》与《英国公共关系协会职业行为准则》。中国国际公共关系协会也有相应的会员行为准则。

（3）专业培训。公关社团的一项经常性工作就是对内外进行公共关系知识与技能的培训。例如，中国公共关系协会常年举办公关员职业资格考试培训，英国公共关系协会每年举办CAM（传播、广告与市场营销基金会）证书和文凭两个层次的考核。

（4）普及知识。通过各种途径（包括网络）向公众传播公共关系知识与技巧。

（5）编印出版物。公关团体编辑出版公共关系方面的书刊，这在世界各国都很普遍。

例如，中国公关协会章程就明确规定，协会的工作内容之一就是"出版行业刊物，普及全民公共关系意识"。美国有《公共关系新闻》《公共关系季刊》，英国有《公共关系年鉴》《国际公共关系协会评论》，中国有《公关世界》《公共关系报》等。编辑出版物的目的在于交流公共关系方面的各类信息，开展公共关系学研究，传播公共关系知识。

以下是中国公共关系协会的工作内容。

政府沟通与协调

（1）协助国内外的行业组织与中国政府的沟通与联络。

（2）安排各种高层会晤。

（3）为会员企业争取政府在立法、政策和行政等方面的支持。

（4）调查、研究国内外公共关系热点问题，为政府的相关决策提供建议。

（5）向政府反映行业情况、问题、建议和要求。

（6）与中国驻外使团、机构和企业进行沟通联络。

（7）与各国驻华使团、机构、商会和企业沟通联络。

政策咨询与行业管理

（1）提供党和国家的方针、政策、法规咨询。

（2）提供公关及相关行业的调查研究、市场分析、预测、动态分析等.

（3）规范行业行为，制定行规、行约，倡导行业自律，推动行业信用评价与黑名单制度建设。

（4）创造良好的行业环境，增强大众对公关行业意识。

（5）提高本行业及从业人员的社会地位，维护其合法权益。

媒介推广与信息资讯服务

（1）提供多渠道、多形式的媒体宣传网络。

（2）建立中国与国际的媒体沟通渠道，促进国际的行业信息交流与媒体合作。

（3）提供全方位的信息资讯。

（4）联合国内行业各界，不断扩大中国及公共关系事业的国际影响。

（5）开展中国政府、企业的形象推广。

交流、合作与发展

（1）利用各种优势渠道，帮助会员企业提高企业效益。

(2) 为国际组织、团体、机构和企业在华开展活动提供咨询和服务。

(3) 为各地区政府、企业对外招商引资提供咨询和服务。

(4) 为企事业单位的对外交流与合作提供信息和咨询服务。

(5) 广泛联系国际及中国香港、中国澳门和中国台湾地区行业组织、机构，促进国际经贸合作。

(6) 安排、接待国际组织、机构、团体、企业在华活动。

(7) 协助企业引进人才、资金和技术。

会议、培训

(1) 与国内外有关院校、行业组织、专业机构合作，培养国际化、多层面的专业人才。

(2) 举办海内外各类学术交流、专业培训。

(3) 举办各类会议、展销会和交易会。

(4) 举办各类专题讲座、研讨会和专业论坛等。

(5) 组织参加国内举办的国际会议、学术论坛和展览等。

(6) 组团出国考察、参加国际会议和展览等活动。

教育与研究

(1) 推进公共关系理论研究，建立有中国特色的公共关系理论体系。

(2) 调查、研究国内外公共关系的热点问题。

(3) 出版行业刊物，普及全民公共关系意识。

(4) 接受各类学术、教育、行业研究课题的委托。

行业支持与服务

(1) 为企业提供公关策划、形象设计及组织各类公关活动。

(2) 为企业发展提供专家诊断与咨询服务。

(3) 为本行业提供一个交流、沟通的场所和渠道。

(4) 建立、资助有助于中国公共关系事业发展的项目。

(5) 资助各项公益事业。❶

---

❶ 资料来源：中国公共关系协会网:http://www.cpra.org.cn/Index.asp

3. 公共关系社团与公关公司的主要区别

第一，公关公司是独立的公关服务机构，是企业，具有营利性质；而公关社团是自发的非营利性的群众团体。

第二，各自的组织机构不同。公关公司是一个组织严密、分工明确、运作规范的商业组织。其内部一般分为行政部门、规划审计部门、专业技术部门。公关社团则包括公共关系协会、学会、研究会、俱乐部和联谊会等，各自内部结构比较松散。

第三，各自的职能不同。公关公司的职能是，调研并确立公关目标、制订和实施公关计划、提供咨询服务、培训公关人员、协助客户、提供一般性公关服务。公关社团的职能是，联络会员、规范行业内职业道德和行为准则、专业培训、普及知识、编辑出版刊物等。

第二节　公共关系从业人员

所谓公共关系从业人员，指的是从事公关理论研究、教学和实践的人员。在欧美国家，对公关人员的称呼有 PR Practitioner（公共关系从业人员）、PR Man（公关人员）、PR Officer（公关官员）。我国对公关人员的职业定义是：专门从事组织机构公众信息传播、关系协调与形象管理事务的调查、咨询、策划和实施的人员。

20世纪中期以来，公共关系在各国社会政治、经济、文化、教育和宗教等方面的广泛运用，迫切需要大量受过专业训练、能够胜任这一高级、复杂工作的从业人员。在公共关系业最为发达的美国，从业人员已超过20万人，据估计，中国的公共关系从业人员也有几十万人之多。当今世界，公共关系从业人员的职业化已经成为现实。

案例 4-1： 难伺候的"上帝"

某家中国宾馆，一次来了几位美国客人。或许是不了解中国，或许是抱有偏见，他们对宾馆的客房设备和饭菜质量，都过于挑剔。在5天的住宿时间内，他们几乎每天都打电话给宾馆的公关部反映问题。开始时，公关部的接待人员还能够心平气和地倾听他们的意见，并给以回答和解释，可在以后接二连三的电话和毫不客气的指责下，接待人员终于耐不住性子了。

当几位客人要离开宾馆回美国时，他们又拿起了电话打给公关部，说："我们这几天要求您解决的问题，您一件也没能解决，真是太遗憾了。"听了这话，这位接待人员反唇相讥："倘若你们以后再来中国，请到别的宾馆试一试！"于是一场激烈的舌战在电话里爆发了。当美国客人离开宾馆后，客房服务员在他们住过的房间写字台上发现了一张纸条，上面用英文写着："世界第一差"。

一、公共关系从业人员的素质要求

先来看一看公共关系人员的一般工作内容：调查；新闻写作；编辑；活动策划；协调关系；接待来访；上传下达；教育培训；制订计划；管理。

从以上内容可以看出，公共关系人员的工作范围广、难度大、要求高，而这是由公共关系工作本身的性质所决定的。公关人员是组织公关工作的具体策划和实施者，他们能否胜任，能否表现出非凡的创造力，让组织的公关工作取得预期的效果，在很大程度上取决于公关人员自身的素质。

素质是人的心理发展的生理表现，包括气质、性格、兴趣、风度、学识和能力等因素。公关人员的素质应该是性格、品德、思维方式、知识和经验的结合，同时还应包括沟通协调能力、开拓创新能力和专业技术能力等，即个性特征的集合。

具体而言，一个合格的公共关系从业人员应该具备以下条件。

1. 较高的政策与职业道德水平

公关人员一定要有遵纪守法的意识，要熟悉、研究所在国家与地区的各项法律与规章制度，有较高的政策水平。同时，还需要具备良好的公共关系职业道德，在工作中能够做到实事求是、公正无私、爱岗敬业、乐于助人。

2. 较高的文化知识素质

公共关系是一项十分高雅的工作，公共关系从业人员不仅要精通公共关系专业理论和公共关系技术应用方面的专业知识，也要熟练掌握社会学、心理学、广告学、传播学、市场营销学、组织行为学、国际关系、管理学、法律（特别是统计法、合同法、经济法、广告法、反不正当竞争法）等知识，此外还要有广泛的兴趣，具备音乐、美术、体育、旅游、汽车、网络、经济等方面的常识，能紧跟时代潮流。公共关系和相关学科专业知识要精深，其他知识尽可能广博。

3. 强烈的公共关系意识

掌握了公共关系学的知识并不一定意味着具备公共关系意识。所谓公共关系意识，指的是经过学习，由公共关系原理、规则和规律指导的实践在人们思维中的一种能动的反映。这是公关从业人员基本素质的核心，是一种综合性的职业意识。它包括塑造形象的意识、服务公众的意识、真诚互惠的意识、沟通交流的意识、创新审美的意识和立足长远的意识等。

4. 适宜的心理素质

公关人员要有健康的心理与积极的生活态度，自信、热情、开放、豁达、沉稳、宽容、务实、坚强、富有同情心和幽默感；待人接物有分寸，能够设身处地地为他人着想，既能坚持原则又不失灵活性；能扮演不同的角色，能够胜任组织多方面的角色。

5. 多方面的能力

公关工作难度大，极具挑战性，从业人员需要具备多方面的能力方能胜任。这些能力包括以下几点。

第一，良好的心理调节能力。公关工作千头万绪，难度很大。做此项工作需要有坚强的意志，能够控制自己的情绪；不急躁，不意气用事，能有条不紊地开展工作。

第二，一定的收集、管理和传播信息的能力。组织形象建设牵涉面很广，需要全面收集组织内外各方面的相关信息，仔细甄别，分门别类，并采用适当的方式把这些信息组合好，传播给目标群体。

第三，敏锐的观察能力。善于透过现象看本质，在工作中能及时发现组织存在的主要问题与潜在机会，把握社会公众各方面的变化情况。

第四，很强的写作能力。文笔优美，思路清晰，概括与逻辑能力强。

第五，良好的社会交往能力。善于自我推销与人际沟通，能巧妙支配他人言行。

第六，良好的随机应变能力。能够比较自如地应对各种突发事件的发生。

第七，较强的创造力，善于活动策划。公共关系工作的一个重要原则就是要不断创新，在激烈竞争的市场环境中，只有把突破常规的新奇点子、独特举措融入组织的公关活动中，才会吸引人们对组织的注意力。

案例 4-2： "你会坐吗？"——一次公关部部长聘任考试

一家公司准备聘用一名公关部部长，经笔试筛选后，只剩 8 名应试者等待面试。面试限定他们每人在两分钟内对主考官的提问作出回答。当每位应试者进入考场时，主考官说的是同一句话："请您把大衣放好，在我面前坐下。"

然而，在进行面试的房间中，除了主考官使用的一张桌子和一把椅子外，什么东西也没有。有两名应试者听到主考官的话以后，不知所措，另有两名急得直掉眼泪；还有一名听到提问后，脱下自己的大衣，搁在主考官的桌子上，然后说了句："还有什么问题？"结果，这五名应试者全部被淘汰了。

剩下的三名应试者，一名听到主考官发问后，先是一愣，旋即脱下大衣，往右手上一搭，躬身致礼，轻轻地说道："这里没有椅子，我可以站着回答您的问话吗？"公司对这个人的评语是："有一定的应变能力，但创新开拓不足。彬彬有礼，能适应严格的管理制度，可用于财务和秘书部门。"

另一名应试者听到问题后，马上回答道："既然没有椅子，就不用坐了。谢谢您的关心，我愿听候下一个问题。"公司对此人的评语是："守中略有攻，可先培养用于对内，然后再对外。"

最后一名考生的反应是，听到主考官的发问后，他眼睛一眨，随即出门去，把候考时坐过的椅子搬进来，放在离主考官侧前约一米处，然后脱下自己的大衣，折好后放在椅子背后，自己就在椅子上端坐下。当"时间到"的铃声一响，他马上站起来，欠身一礼，说了声"谢谢"，便退出考试房间，把门轻轻地关上。公司对此人的评语是："不着一词而巧妙地回答了问题；性格富有开拓精神，加上笔试成绩佳，可以录用为公关部部长。"

6. 适宜的仪表风度

公共关系是为树立和维护组织形象服务的，这就要求实施这一工作的公关人员自己首先要随时随地注意自己的外在形象，衣着打扮、言谈举止符合特定的对象或场合、时机和场景的要求。

案例 4-3： 蓝色光标公共关系机构创意策划招聘书

1. 学历要求：本科以上。
2. 工作性质：全职。
3. 行业从业年限：5 年以上。
4. 相关职业背景：文体/影视/艺术、公关/市场推广/会展、广告/创意。

5. 工作职责：深入分析客户需求，撰写具有创意性主题的互联网策划方案。

6. 岗位要求：

（1）本科以上学历，2年以上的营销策划、公关策划经验。

（2）具有广泛的知识，敏锐的洞察力，清晰的思路和独具匠心的创意。

（3）有饱满的工作热情，创意思维活跃及优秀的文字驾驭能力。

（4）良好的沟通能力和积极向上的团队精神。

（5）良好的英语能力，熟练使用Powerpoint软件。

有互联网相关的工作经历者优先。

二、公共关系从业人员的职业道德要求

"没有规矩，不成方圆"，在世界上做任何事都必须遵守相应的游戏规则，否则寸步难行。每一个职业都有行规，公共关系也不例外，它也有自己的职业道德规范。

所谓公共关系职业道德规范，指的是在公共关系工作实践中逐渐形成的并由职业特性所决定的道德要求。众所周知，现代公共关系的应用非常广泛，其触角几乎延伸到社会的每个角落。与此相适应，公共关系从业人员也在不断增加，面对市场全球化、经济一体化、需求多样化、交际网络化的社会经济环境，他们所遇到的困难与挑战也越来越多，这些问题对公关人员的职业道德提出了新的更高的要求。

1. 确立公共关系道德的必要性

第一，公共关系活动既是一种社会活动，同时也是一种道德活动。在某种程度上，道德甚至是公关人员最应该具备的核心素质。

第二，现代社会，组织的宗旨要求兼顾组织与社会的利益，其所开展的公共关系活动要公共利益优先，自然包含有道德方面的要求。

第三，社会风气的优化是组织与社会持续、健康发展的需要。公共关

系从业人员在这方面必须要有所担当。

第四，由于公共关系工作是一项为组织进行形象塑造与维护的高级工作，在此过程中，公关人员的身份特殊，职责特殊，道德要求也特殊。一方面，作为组织成员，需要对组织本身负责，按照组织的要求，代表组织对公众有效传递组织的相关信息并承担相应的责任；另一方面，他又需要对公众负责，维护公众的利益。其言行要符合法律、政策与社会道德规范。也就是说，公关人员对组织与公众两方都要诚实，负责是典型的"一仆二主"。

我们知道，在很多时候，组织有其自身的利益，公众也有自身的利益，两者之间的利益并非总是一致，而公关活动的目标就是寻找两者利益的一致性或共同点。公关人员的行为在某种程度上决定了两者之间利益的分配。正是由于这种身份上的特殊性，决定了公关从业人员有着特殊的职业道德要求。

第一，遵守基本的社会道德规范。基本的道德规范是对社会所有成员的起码要求，理应遵守。组织的公关人员，首先是社会中的一个人，然后才是某个组织的一员。因此，他们首先需要遵循的便是社会的基本道德规范。但是，公关人员又是组织的员工，在他进行公关活动的时候，通常应该服从上级的安排。当组织领导层所做出的决定或决策与社会基本的道德规范相冲突时，公关人员就需要考量如何在这种两难处境中作出抉择。正常情况下，合格的公关人员应该做出选择符合社会基本道德规范的行为。

第二，维护组织的利益。公共关系人员在从事公关工作时，是以组织代言人的身份与社会公众进行接触的，公关人员理应真诚维护本组织的利益，这是基本常识。公关人员对外代表着整个组织，无论是在外在形象上，还是在个人言行上，都要格外注意维护组织的良好形象。另外，尽管公众也是公关人员所应负责的对象，但却不能只顾及公众的利益而忽视组织的利益，更不能私下交易，损公肥私。

第三，对公众负责。公关人员一方面以组织代言人的身份与公众接触；

另一方面也是以一个个体的身份在与各色各样的人打交道；因而公关人员需要对公众负责。公关工作虽然有技巧，但它也不是万能的。从根本上来说，公关工作的成功有赖于组织与公众之间真诚相待。只有组织在与公众的交流过程中处处体现出温情感与社会责任感，公众才会将心比心，对组织产生理解和偏爱，从而支持和配合组织的工作。而公众的利益与组织的利益相冲突时，公关人员也应从一种人道主义的视角，去调节二者之间的利益。从长远来看，适当地让组织"吃点小亏"，保障与维护公众的利益，让公众体会到组织的诚意，有利于提高组织的美誉度。组织如果这样做，从长远来看是十分值得的。

公关人员的职业道德是公关身份的特殊性所赋予的，从事公关工作的人员只有把握好各方面的行事要求，才能成为一个出色的公关人员。随着社会的发展，社会各方面对公关人员的道德素质方面的要求也在不断明晰化，各种针对公关人员的道德规范也在不断地发展。

鉴于公关人员道德建设的极端重要性，世界各国政府和公共关系团体都非常重视公共关系职业道德规范建设，使之逐步系统化、规范化、制度化，形成了蔚为壮观的系列"职业准则"。其中，国际公共关系协会1965年制定、1968年完善的《国际公共关系道德准则》因其简明、系统、规范而影响最大，成为许多国家制定本国公共关系道德准则的蓝本。以下是《国际公共关系道德准则》的内容。

国际公共关系道德准则

1. 必须竭诚做到

第一条 为建设应有的道德、文化条件，保证人类得以享受《联合国人权宣言》所规定的诸种不可剥夺的权利做贡献。

第二条 建立各种传播网络和渠道，以促进基本信息的自由流通，使社会的每一成员都有被告知感，从而产生归属感、责任感，与社会合一感。

第三条 牢记由于职业与公众的密切联系，个人的行为（即使是私人方面的）也会对事业的声誉产生影响。

第四章 公共关系组织机构及公关人员

第四条 在自己的职业生活中尊重《联合国人权宣言》的道德原则与规定。

第五条 尊重并维护人类的尊严，确认各人均有自己作判断的权利。

第六条 促成为真正进行思想交流所必需的道德、心理、智能条件，确认参与的各方都有申述情况与表达意见的权利。

2. 都应保证

第七条 在任何时候任何场合，自己的行为都应赢得有关方面的信赖。

第八条 在任何场合，自己均应在行动中表现出对自己所服务的机构和公众双方的正当权利的尊重。

第九条 忠于职守，避免使用含糊或可能引起误解的语言，对目前及以往的客户或雇主都始终忠诚如一。

3. 都应力戒

第十条 因某种需要而违背真理。

第十一条 传播没有确凿依据的消息。

第十二条 参与任何冒险行动或承揽不道德、不忠实、有损于人类尊严与诚实的业务。

第十三条 不使用任何操纵性方法与技术来引发对方无法以其意志控制因而也无法对之负责的潜意识动机。

英国公共关系协会制定的职业行为准则在公共关系工作流程各个环节的规定上比较具体，容易操作，在国际上也很有影响。

英国公共关系协会职业行为准则

第一条 职业行为标准

各会员在其职业活动中，应尊重公众利益和个人尊严。在任何时候都应忠诚、公正地对待他目前及以往的客户或雇主、其他会员、传播媒介与公众。

第二条 信息传播

各会员不得有意不顾后果地散布虚假信息，而且应注意避免不慎犯错

103

误。应以保证真实与准确为已任。

第三条　传播媒介

各会员不得参与任何意在败坏传播媒介诚实性的活动。

第四条　秘密利益

各会员不得参与任何不可告人的利益服务但又掩盖其真实目的的欺骗性活动，应保证他所参与的任何组织都公开其真正利益。

第五条　信息保密

各会员在未征得对方同意之前，不得因个人目的而公开（除非因法庭裁判）或利用从他目前及以往的雇主或客户获悉的信息。

第六条　利益冲突

各会员在公开事实并征得各方同意之前，不得为相互利益冲突了各方工作。

第七条　报酬来源

各会员在为其雇主或客户服务时，在未征得他们同意之前，不得因此项服务与他人有关而接受他人付给的报酬（包括现钞、实物）。

第八条　公开财政利益

各会员如在某机构有财政利益，在未公开此关系之前，不得代表客户或雇主推荐使用这个组织的成员或采用其服务。

第九条　因成绩定报酬

各会员不得在与某预期雇主或客户签订协议或合同时，订立因公共关系工作成绩特殊而特殊收费的条款。

第十条　给在公职者报酬

各会员不得有悖公众利益而为其私人利益（或其客户、雇主的利益）给在公职者以报酬。

第十一条　雇用议员

会员中如有雇用国会议员、上下议院议员作为顾部或理事者，均应向本协会总书记报告此情况并说明目的，请他代为登记注册。协会会员如果本人是国会议员，应亲自向总书记报告有关本人的确切情况。

（在协会办公室的办公时间内，此类注册材料应公开地接受公众检查）

第十二条　中伤他人

各会员不得恶意中伤其他会员的职业声誉或其活动。

第十三条　影响他人

如有会员有意影响或允许他人或其他组织采取违背此准则的行为，或他本人也参与，都应视为该会员对准则的破坏。

第十四条　职业声誉

各会员的行为不得在任何方面有损于本协会或公共关系职业的声誉。

第十五条　维护准则

各会员均应维护准则，并团结其他会员在实际中加以贯彻。如某会员发现另一会员参与破坏准则的行为，应向协会报告。全体会员都应自觉支持协会推行此准则，协会亦应支持它的会员。

第十六条　其他职业

各会员在为其他职业的客户和雇主服务时，应该尊重职业的行为准则，不应有意参与破坏该准则的活动。

中国国际公共关系协会和中国公共关系协会都是全国性的行业协会，都制定了各自的道德行为规范。但后者所制定的道德行为规范原则性较强，比较简略，可操作性不够强，总体上来看不够成熟。中国国际公共关系协会所制订的行为规则相对来说体系较为严谨，内容也比较具体和成熟。

中国国际公共关系协会（CIPRA）会员行为准则（2002）

公共关系是组织机构进行信息传播、关系协调和形象管理的一门艺术和科学，它通过一系列有计划、有目的、有步骤的调查、策划、实施、评估以及咨询等手段来实现。公共关系职业在我国是国家正式认可的一个职业，中国公共关系业服务于社会主义市场经济建设和改革开放，促进物质文明和精神文明的建设，推动社会的进步和发展。

鉴于公共关系业是一个严肃的职业，每个公共关系专业公司和从业人员应该追求崇高的职业道德并遵循职业的行为准则。为此，所有会员（单位会员和个人会员）均同意遵守本准则。

第一章 总则

第一条 教育、引导原则。为组织机构提供有效的、负责任的公共关系服务，教育社会公众并正确引导公众舆论，以服务公众利益。

第二条 公平、公开原则。以公平、公开的态度对待组织机构、社会公众乃至竞争对手，争取良好的商业环境，促进社会进步。

第三条 诚实、信誉原则。以诚实的态度服务组织机构和公众，准确、真实地传播信息；讲求商业信誉，将公众利益放在首位。

第四条 专业、独立原则。运用专业技术和经验服务组织机构和公众，为组织机构提供客观、独立的建议和服务；通过持续的专业开发、研究与教育来推动本职业的发展。

第二章 行为准则

第一条 信息传播是公共关系服务的基础，只有准确、真实的信息传播，才能更好地沟通组织机构与新闻媒体、政府、公众之间的关系，真正服务组织机构和公众利益。CIPRA会员：

1. 确保信息传播手段和信息内容符合国家法律的有关规定；

2. 应该确保信息传播的完整性、真实性、准确性；

3. 应该兼顾公众利益和组织机构利益；

4. 不应该隐瞒事实真相或欺骗公众，有责任迅速纠正错误的传播信息；

5. 不应该向媒体赠送"红包"或其他形式的报酬，媒体必需的版面费、车马费除外。

第二条 以组织机构利益为导向是本行业赖以生存的基础，应该通过不断完善的专业技术和经验来满足组织机构的需求，帮助组织机构实现既定的目标。CIPRA会员：

1. 应该诚实地告知组织机构自己的专业能力，说明代理业务的规范流程，提交标准文案，明示收费标准；

2. 代表组织机构与公众沟通时，应该明示组织机构的名称；

3. 服务组织机构时，不应该在媒体上宣传自己和自己的组织；

4. 不应该承诺自己不能直接控制的结果；

5. 不应同时服务两个利益冲突的组织机构，除非在详细陈述事实之后得到组织机构同意。

第三条 专业服务涉及组织机构众多秘密，因此严格保守组织机构秘密和个人信息是获取组织机构信任、保持商誉的根本。CIPRA会员：

1. 应该保守组织机构过去、现在以及将来的秘密；

2. 应该保护组织机构及其雇员的隐私；

3. 如发现组织机构秘密外泄，有义务向组织机构提示；

4. 严禁利用他人秘密获取商业利益。

第四条 避免现在、潜在的利益冲突可以建立组织机构和公众的广泛信任，是本行业健康发展的基础。CIPRA会员：

1. 应该做到个人利益服从组织机构利益，组织机构利益服从公众利益；

2. 应该避免因外界因素而引起个人利益与行业利益的冲突；

3. 有责任向组织机构提示可能影响组织机构的利益冲突；

4. 有义务帮助本行业解决可能存在的利益冲突。

第五条 优胜劣汰，只有保持公平、公开的竞争，才能不断完善健康、繁荣的行业大环境。CIPRA会员：

1. 应该尊重平等的竞争，避免因竞争而损害竞争对手的行为发生；

2. 应该通过提高专业技术水平和服务品质来增强竞争能力；

3. 严禁采取欺骗组织机构、诋毁竞争对手等手段来取得竞争优势；

4. 有责任保护知识产权，不应将他人的劳动成果据为己有。

第六条 人才资源是行业发展和繁荣的基本条件，只有不断培养和吸收优秀人才进入本行业，才能不断壮大行业队伍，提升本行业在社会的地位。CIPRA会员：

1. 有义务对其员工进行专业培训，同时将自己的经验和成果与行业分享；

2. 应该允许人才流动，但不得通过猎取人才来争取相关客户；

3. 流动人员应保守原公司的秘密和知识产权（如客户资料等）；

4. 流动人员不得主动争取原公司的客户资源。

第七条 没有行业的繁荣，也就没有个体的利益。每个成员应以不懈努力，创造一个不断发展、繁荣的行业为己任。CIPRA会员：

1. 应该积极宣传和传播公共关系知识；

2. 应该不断追求专业技术水平的提高；

3. 应该正确诠释成功的公共关系案例或经验；

4. 应该维护和巩固本行业的职业地位；

5. 应该要求下属及相关人士同样遵守本《准则》的有关规定。

第三章 附则

第一条 如果CIPRA有足够证据证明某会员在履行其职业义务过程中有违反本准则的行为，该会员将受到CIPRA的劝诫、警告、通报以及开除等处罚。

第二条 本《准则》中所指的"组织机构"，即通常所指的"客户"，包括政府机构、企事业单位以及非营利机构。

第三条 本《准则》最终解释权归中国国际公共关系协会。

仔细对照分析上述各个版本道德规范的具体内容，我们可以发现，全世界公共关系从业人员的基本道德要求大体一致，归纳起来有以下四个方面。

第一，敬业爱岗，忠于职责。公共关系工作是为塑造组织形象服务的，因此，热爱本职工作，有职业责任感，遵纪守法，尽心尽力地做好公共关系工作是公关人员的首要道德要求。

第二，廉洁奉公，处事公正。公共关系工作由于其工作性质的关系，能够有机会接触很多社会关系。这在客观上容易产生"公私兼顾"谋私利的机会。但是，公关人员的工作是服务于公众与组织的，公众利益、组织利益永远是第一位的。因此，廉洁奉公也是对公关人员的道德要求。

第三，求真务实，勤奋高效。公共关系是一种公开的集体关系，塑造形象的工作是一项系统工程，难度大、要求高，过程又透明，不真抓实干是难以取得成效的。这需要公关从业人员坚持实事求是的原则，真诚服务，周密谋划，勤奋钻研，力求实效，决不可弄虚作假。

第四，顾全大局，严守机密。公关工作涉及方方面面的利益，公关人员一定要顾全大局，尊重组织与客户，严守组织与客户的秘密，特别是涉及经济利益的商业秘密更是绝对不能对外泄露。

三、公共关系从业人员应知的公共关系礼仪

礼仪是"人际交往的通行证"，个人礼仪代表素质与修养。公关人员接触到的人最为广泛，而且经常代表组织出席各种场合，每一个细节的完美体现都代表着组织的形象。因此，礼仪是公关人员的必修课程。

公关礼仪遵循的基本原则主要有以下四点：

第一，真诚尊重的原则。真诚是对人对事的一种实事求是的态度，是待人真心真意的友善表现，真诚和尊重首先表现为对人不说谎、不虚伪、不骗人、不侮辱人，所谓"骗人一次，终身无友"。其次表现为对他人的正确认识，相信他人，尊重他人。尊重还表现为从俗，国情、地域、民族、文化背景不同，社交生活中存在"十里不同风，百里不同俗"的情况，要求我们正确认识客观现实，尊重交往对象的习俗，做到入乡随俗。不自高自大，唯我独尊，自以为是，否则会产生误会，甚至关系紧张。交往要做到心底无私天地宽，真诚地奉献，才有丰硕的收获，只有真诚尊重方能使双方心心相印，友谊地久天长。

第二，平等适度的原则。平等在交往中，表现为不骄狂，不我行我素，不自以为是，不厚此薄彼，更不傲视一切，目空无人，更不能以貌取人，或以职业、地位、权势压人，而是应该处处时时平等谦虚待人。唯有此，

才能结交更多的朋友。适度的原则是交往中把握分寸，根据具体情况，具体情境而行使相应的礼仪，如在与人交往时，既要彬彬有礼，又不能低三下四；既要热情大方，又不能轻浮谄谀，要自尊不要自负，要坦诚但不能粗鲁，要信人但不要轻信，要活泼但不能轻浮。

第三，自信自律的原则。自信是社交场合的一种很可贵的心理素质，一个有充分信心的人，才能在交往中不卑不亢、落落大方，遇强者不自惭，遇到磨难不气馁，遇到侮辱敢于挺身反击，遇到弱者会伸出援助之手。

第四，信用宽容的原则。信用即讲信誉的原则，孔子说："民无信不立"。与朋友交，言而有信。在社交场合，一是要守时，与人约定时间的约会、会见、会谈、会议等，决不应拖延迟到。二是要守约，即与人签订的协议、约定和口头答应的事，要说到做到，即所谓：言必信，行必果。故在社交场合，如没有十分的把握就不要轻易许诺他人，许诺做不到，反落了个不守信的恶名，从此会永远失信于人。宽容是一种较高的境界，容许别人有行动与见解自由，对不同于自己和传统观点的见解的耐心公正的容忍。站在对方的立场去考虑一切，是你争取朋友的最好方法。

1. 日常交往礼仪

首先要掌握体语艺术。在人际交往中，语言是一种交流方式，但大量的却是非语言，即体语。在交际活动中，恳切、坦然、友好、坚定、宽容的眼神，会给人亲近、信任、受尊敬的感觉，而轻佻、游离、茫然、阴沉、轻蔑的眼神会使人感到失望，有不受重视的感觉，在交际中善于运用空间距离。

人们所在空间分为四个层次。

（1）亲密空间，15~46cm，这是最亲的人，如父母、恋人、爱人。

（2）个人空间，0.46~1.2m，一般亲朋好友之间，促膝谈心，拉家常。

（3）社交空间，1.2~3.6m，社交场合与人接触，上下级之间保持距离，保持距离，会产生威严感、庄重感。

（4）公众空间，>3.6m，社交场合与人接触，上下级之间保持距离。

见面应留给他人谦虚、和蔼的形象。见面时的称呼要符合对方的年龄、身份、性别、职业等具体情况。介绍应由职位高到职位低、由长到幼来介绍。探访与接待中热情是应该遵循的最基本原则，探访应遵守对方的习惯。

做客要遵守约定的时间，一般不要失约。临时拜会要错开吃饭的时间。做客时间不要太长和太晚。待客要热情自然大方，要给客人介绍家人。如果客人要走，应客气挽留。待客人起身后再送行。客人带来礼物要表示感谢并适当回赠。

打电话时要热情自然，音量适中，注意礼貌用语，选择通话时间要恰当。公务电话应在上班10分钟之后、下班10分钟之前，节假日最好不占用人家的时间。

送礼不要太贵重，免得给人压力，最好送一些有纪念意义的、有特色的、高雅的礼物，并且当面赠送。收礼的时候，最好当面打开包装欣赏礼品，并表谢意，还要适当回赠。

交际常用语

初次见面应说：幸会；

看望别人应说：拜访；

等候别人应说：恭候；

请人勿送应用：留步；

对方来信应称：惠书；

麻烦别人应说：打扰；

请人帮忙应说：烦请；

求给方便应说：借光；

托人办事应说：拜托；

请人指教应说：请教；

他人指点应称：赐教；

请人解答应说：请问；

赞人见解应说：高见；

归还原物应说：奉还；

求人原谅应说：包涵；

欢迎顾客应叫：光顾；

老人年龄应叫：高寿；

好久不见应说：久违；

客人来到应说：光临；

中途先走应说：失陪；

与人分别应说：告辞；

赠送作品应说：雅正。

2. 称呼礼仪

在社交中，人们对称呼一直都很敏感。选择正确、恰当的称呼，既能反映自身的教养，又能体现对他的重视。

称呼一般可以分为职务称、姓名称、职业称、一般称、代词称、年龄称等。职务称包括经理、主任、董事长、医生、律师、教授、科长、老板等；姓名称通常是以姓或姓名加先生、女士、小姐；职业称是以职业为特征的称呼，如秘书小姐、服务生等；代词称是用"您""你们"等来代替其他称呼；年龄称主要以"大爷、大妈、叔叔、阿姨"等来称呼。使用称呼时，一定要注意主次关系及年龄特点，如果对多人称呼，应以年长为先，上级为先，关系远为先。

3. 握手礼仪

握手是沟通思想、交流感情、增进友谊的一种方式。握手时，应注意不用湿手或脏手，不戴手套和墨镜，不交叉握手，不摇晃或推拉，不坐着与人握手。握手时，一般讲究"尊者决定"，即待女士、长辈、已婚者、职位高者伸出手之后，男士、晚辈、未婚者、职位低者方可伸手去呼应。如果对方不伸手，点头示意即可。平辈之间，应主动握手。多人同时握手时，不要交叉。在握手时要相互问好，目视对方，不要后仰着身子。要把身子倾向于对方，表现出谦虚之意，让对方感到你主动与他们握手是一种良好的愿望。若一个人要与许多人握手，顺序是：先长辈后晚辈，先主人后客人，先上级后下级，先女士后男士。握手时，要用右手，目视对方，表示尊重。男士同女士握手时，一般只轻握对方的手指部分，不宜握得太紧太久。右手握住后，左手又搭在其手上，是我国常用的礼节，表示更为亲切，更加尊重对方。如果对方的人，有坐得较远的，不方便握手，你也不要忽视与他交流。当然，你不可能走过去握手，那样显得太做作了，你要用眼睛和手势向对方致意。

4. 介绍礼仪

介绍就基本方式而言，可分为自我介绍、为他人作介绍、被人介绍三种。在作介绍的过程中，介绍者与被介绍者的态度都要热情得体、举止大方，整个介绍过程应面带微笑。一般情况下，介绍时，双方应当保持站立姿势，相互热情应答。

为他人作介绍应遵循"让长者、客人先知"的原则，即先把身份低的、年纪轻的介绍给身份高的、年纪大的；先将主人介绍给客人；先将男士介绍给女士。

介绍时，应简洁清楚，不能含糊其辞。可简要地介绍双方的职业、籍贯等情况，便于不相识的两人相互交谈。介绍某人时，不可用手指指点对方，应有礼貌地以手掌示意。

被人介绍时，应面对对方，显示出想结识对方的诚意。等介绍完毕后，可以握一握手并说"你好！""幸会！""久仰！"等客气话表示友好。男士被介绍给女士时，男士应主动点头并稍稍欠身，等候女士的反应。按一般规矩，男士不用先伸手，如果女士伸出手来，男士便应立即伸手轻轻点头就合乎礼貌了。女士如愿意和男士握手，则可以先伸出手来。

自我介绍时可一边伸手跟对方握手，一边作自我介绍，也可主动打招呼说声"你好！"来引起对方的注意，眼睛要注视对方，得到回应再向对方报出自己的姓名、身份、单位及其他有关情况，语调要热情友好，态度要谦恭有礼。

5. 仪容和服饰

男士要每天剃须，女士化妆要根据情况来决定淡浓（白淡夜浓）。不留长指甲。手臂要保养保洁，特殊场合要按惯例戴手套。头发要大方整洁，符合脸型。站姿要优雅自然，坐姿要舒适端庄，走路身体要直，步履要轻盈，微笑要亲切。

仪容应端正整洁，不穿大胆夸张的衣服，正式场合不要暴露肩部。在公共场合应遵循国际公共场合穿衣原则，即TPO（Time、Place、Object）原则。

公关人员可能出席的场合主要有：会见、会谈、参观、展览、仪式、文艺演出、舞会。在这些公共场合的着装尽量符合场合要求，可咨询主办方服务人员的意见。

6. 谈话的技巧

与人谈话，表情要自然，语言要得体。交谈时身体要自然、优雅大方。不要打断别人，不要轻易补充和更正对方，给对方留面子。

此外要注意以下三个方面的问题。

第一，想想对方是否愿意听。与人交谈时，不要只考虑自己说得痛快，而不考虑对方听得高兴与否。

第二，该文即文，该俗即俗。是指用特有的用语来表达意思。"见什么人说什么话"，注意这一点不是为了讨好对方，而是尊重对方，为了与对方更好地交流。以对方喜欢的方式与对方交流，会让对方有一种被人接受、被人承认的感觉，他会感到亲切，愿意与你继续谈下去。

第三，他不说你说，他说你就听。人想说话的愿望都是一样的，只是要待对交谈者有了初步了解之后，才乐意谈。所以，一开始你自己讲，边讲边观察对方，看他有插话的欲望时就让他讲，千万不能不照顾对方的情绪不停地讲。如果对方一开始就插话，你就要认真地听，变换个角色，变成他讲你听。

在对方向你诉说的时候，若为了打断对方的思路，你要把对方所说的主要问题甩开不谈，专说次要问题，像原因、条件、要素等，并详细地问他一些并不重要的问题。在他解释时，再刨根问底问个没完。这样他的思路就会被打断，你的目的也达到了。

总之，在日常交往中，要注意身体语言的效用。美国洛杉矶大学的 Mehraian 在进行相关研究后认为，信息的影响力 55% 来自于视觉（非语言）因素，38% 来自于声音因素（包括音调、节律和语言的抑扬变化），只有 7% 来自于语言因素。也就是说，在人际交往中，大多数信息是以身体交谈的方式传递的。由此可见礼仪的重要性。

7. 名片使用礼仪

初次见到顾客，先要以亲切态度打招呼，并报上自己的公司名称，然后将名片递给对方，名片夹应放在西装的内袋里，不应从裤子口袋里掏出。

（1）递接名片时最好用左手，名片的正方应对着对方、名字向着顾客，最好拿名片的下端，让顾客易于接受。

（2）如果是事先约好才去的，顾客已对你有一定了解，或有人介绍，就可以在打招呼后直接面谈，在面谈过程中或临别时，再拿出名处递给对方。以加深印象，并表示愿意保持联络的诚意

（3）异地推销，名片上留下所住旅馆名称、电话，对方递给名片时，应该用左手接。但是右手立刻伸出来，两手一起拿着名片。

（4）接过后要点头致谢，不要立即收起来，也不应随意玩弄和摆放，而是认真读一遍，要注意对方的姓名、职务、职称，并轻读不出声，以示敬重。对没有把握念对的姓名，可以请教一下对方，然后将名片放入自己口袋或手提包、名片夹中。

名片除在面谈时使用外，还有其他一些妙用。

（1）去拜访顾客时，对方不在，可将名片留下，顾客来后看到名片，就知道你来过了。

（2）把注有时间、地点的名片装入信封发出，可以代表正规请柬，又比口头或电话邀请显得正式。

（3）向顾客赠送小礼物，如让人转交，则随带名片一张，附几句恭贺之词，无形中关系又深了一层。

（4）熟悉的顾客家中发生了大事，不便当面致意，寄出名片一张，省时省事，又不失礼。

第五章　公共关系主体、客体与手段

公共关系的三要素是组织、公众与传播，它们构成公共关系活动的主体、客体和手段。一旦某个组织确定了目标公众，就会借助媒介实施相应的公共关系活动，传播组织的相关信息。

第一节　公共关系主体——组织

公共关系是由组织具体实施的，换言之，组织是开展公共关系活动的主体，它处于公共关系的核心地位，决定着组织的公共关系活动。社会组织不同，社会组织所处的发展阶段和相应发展目标的不同，所要开展的公共关系活动的内容与方式也会有所不同。公共关系活动必须围绕组织所制定的目标来展开，才有可能取得有的放矢的积极效果，从而不断优化组织的生存与发展环境。

一、组织的基本特征

我们知道，组织是人们有计划、有目标、有系统地建立起来的一种社会机构。它具备如下几大特征：目的性、整体性、相关性、动态性、独立性和稳定性。

1. 目的性（目标性）

组织是要靠共同目标来维系的，或者说组织的目标是组织赖以生存的前提和基础。因此组织的每一个成员都要为达成这个目标而付出努力，否则组织就会无法生存。

2. 整体性（系统性）

组织的成员是由个成员共同组成的一个集合体，组织内部的各个部门、各个环节、各个成员是一种相互依存、相互协作和相互约束的关系，这种紧密联系是通过组织制定的具体规章制度和各成员的职责分工来维系的。组织对外是以一个整体的面貌出现的。

3. 相关性（关联性）

组织内部各成员的活动对其他成员和组织产生影响，组织的行为对每一个成员也会产生影响。

4. 动态性（变化性）

任何组织都不可能是固定不变的，它要随着周围环境、组织目标、内部人员的变化而变化。随着时间的变化，有的组织会由小到大、由弱变强，有的则可能不复存在。有的组织则因为目标的改变而改变了性质，比如石油公司变成了房地产企业。

5. 独立性（自主性）

每一个组织都是相对独立的一个群体，可以在所在国家和地区法律、政策许可的范围内独立开展活动。

6. 稳定性（恒常性）

一般情况下，组织都会按照既定的目标有条不紊地开展工作，都会有较长的生长周期，其运行也通常是稳定的。

二、组织的环境

组织环境是指所有潜在影响组织运行和组织绩效的因素或力量。组织环境对组织的生存和发展起着决定性作用。科学划分组织环境的类型，有利于我们更清楚地认识环境、把握环境。

1. 组织环境的分类

一般来说，以组织界线（系统边界）来划分，可以把环境分为内部环境和外部环境，或称为工作（具体）环境和社会（一般）环境；如果根据环境系统的特性来划分，则可将环境划分为简单—静态环境、复杂—静态环境、简单—动态环境和复杂—动态环境四种类型。

组织内部环境是指管理的具体工作环境。影响管理活动的组织内部环境包括物理环境、心理环境、文化环境等。

物理环境要素包括工作地点的空气、光线和照明、声音（噪声和杂音）、色彩等，它对于员工的工作安全、工作心理和行为以及工作效率都有极大的影响。物理环境因素对组织设计提出了人本化的要求，防止物理环境中的消极性和破坏性因素，创造一种适应员工生理和心理要求的工作环境，这是实施有序而高效管理的基本保证。

心理环境指的是组织内部的精神环境，对组织管理有着直接的影响。心理环境制约着组织成员的士气和合作程度的高低，影响了组织成员的积极性和创造性的发挥，进而决定了组织管理的效率和管理目标的达成。心理环境包括组织内部和睦融洽的人际关系、人事关系、组织成员的责任心、归属感、合作精神和奉献精神等。

组织的文化环境至少有两个层面的内容，一是组织的制度文化，包括组织的工艺操作规程和工作流程、规章制度、考核奖励制度及健全的组织结构等；二是组织的精神文化，包括组织的价值观念、组织信念、经营管理哲学及组织的精神风貌等。一个良好的组织文化是组织生存和发展的基础和动力。

组织外部环境是指组织所处的社会环境，外部环境影响着组织的管理系统。组织的外部环境，实际上也是管理的外部环境。外部环境可以分为一般外部环境和特定外部环境。

一般外部环境包括的因素有社会人口、文化、经济、政治、法律、技术、资源等。一般外部环境的这些因素，对组织的影响是间接的、长远的。当外部环境发生剧烈变化时，会导致组织发展的重大变革。

特定外部环境因素主要是针对企业组织而言的，包括的因素有：供应商、顾客、竞争者、政府和社会团体等。特定外部环境的这些因素，对企业组织的影响往往是直接的、迅速的。

外部环境从总体上来说是不易控制的，因此它对组织的影响相当大，有时甚至能影响到整个组织结构的变动。对外部环境作分析，目的是要寻找出在这个环境中可以把握住哪些机会，必须要回避哪些风险，抓住机遇，健康发展。组织作为一个开放的系统，必然时刻与环境进行物质、能量、信息的交换。

按照一般和特殊的分法，组织环境可分为两大类：

一类为一般环境，包括自然和社会文化环境、社会经济和技术的发展水平、社会制度、人口等。它们对所有的社会组织都发生作用，但又不是全部因素都对某一社会组织发生直接作用。其中，经济环境是影响组织生存与发展的最直接的因素。

另一类为特殊环境或具体环境，它具体地与某一组织发生作用，直接影响组织的结构特点和活动方式。不同组织的具体环境各不相同。在现代社会，组织环境的基本特征是变化速度加快，综合性的作用日益显著。

2. 组织与环境的关系

组织环境对组织的形成、发展和灭亡有着重大的影响。组织环境为某些组织的建立起到积极的促进作用，例如蒸汽机技术的出现导致了现代工厂组织的诞生。某些环境的变化为组织的发展提供了有利条件。相反，由于某些组织未能适应环境的变化，因而已不复存在。

在当代和未来，组织的目标、结构及其管理等只有变得更加灵活，才能适应环境多变的要求。

环境会影响组织，同时，组织对环境也具有积极的反作用。主要表现为：组织主动地了解环境状况，获得及时、准确的环境信息；通过调整自己的目标，避开对自己不利的环境，选择适合自己发展的环境；通过自己的力量控制环境的状况和变化，使之适应自己活动和发展，而无须改变自身的目标和结构；可以通过自己的积极活动创造和开拓新的环境，并主动地改造自身，建立组织与环境新的相互作用关系。

另外，组织对环境的反作用也有消极的一面，即对环境的破坏。这种消极的反作用又会影响组织的正常活动和发展。组织环境是相对于组织和组织活动而言的，只有相对于组织和组织活动的外部物质和条件才具有组织环境的意义。

在人类产生之前，自然界就客观存在，只有当人类通过分工协作形成了自己的社会活动，从而也产生了对这些活动的管理之后，自然界的一部分与人类的这种活动相关联，才成为组织环境。因而，组织环境的性质与内容都与组织和组织活动息息相关：与一定经济组织的经济管理活动相联系的是经济组织环境；与一定军事组织的军事管理活动相联系的是军事组织环境；与一定教育组织的教育管理活动相联系的是教育组织环境等。这些组织环境都是与一定的组织和组织活动相对应的。

三、组织的分类

由于建立组织的目标的不同，导致了组织的类型也不一样。在公共关系研究中，人们划分组织类型的主要目的，是为了有利于把握公共关系的行为方式和公众的类型区分。

按照不同的标准，组织会有不同的分类。

按照目标特点，即是否以为组织自身谋取利益为目的，以及获利的方式与范围作为基本标准，组织一般可以分为以下几类。

1. 营利性组织

这类组织以追求经济利益为主要目标，讲究资本的投入产出尤其是利润回报。工业企业（制造业）、交通运输业、商业贸易、文化传媒、服务业（餐饮、旅游、金融、保险、咨询等）等都属于此类。这类组织与公众的联系紧密，其提供的产品与服务能否得到公众的认可，组织是否有好的社会形象，关系到组织的命运。因此它们必须同组织的公众建立良好的关系，创造和谐的生存发展环境。

2. 非营利性组织

这类组织不谋求在市场中营利，而是以为服务对象谋利益为工作目标，学校、医院、慈善机构、学术团体等。事业单位都属于非营利性组织。

3. 互利性组织

这类组织也不谋求在市场中营利，只是为内部成员之间谋取利益，且不限于经济利益，如政党组织、宗教团体等。

4. 公益性组织

这类组织以国家和社会利益为目标，政府机构、军队、司法机构均属此类。严格来说也属于非营利性组织。

按照是否为竞争型的组织，公益性组织可分为以下四类：竞争性的营利组织（各类非垄断的工商企业）；竞争性的非营利组织（学校、医院等）；独占性的营利组织（如烟草公司、盐业公司等垄断性专卖企业）；独占性的非营利组织（如中国红十字会）。

根据社会职能来划分，公益性组织可以分为三类：政治组织（如政府机关、司法机关）；经济组织（如工商企业）；文化组织（如学校、科研机构）。

其中，政治组织是指具有政治职能的社会组织，经济组织是以经济活动为基本内容的组织，文化组织是以文化教育为基本内容的组织。

第二节　公共关系客体——公众

公众是公共关系的对象。在现代社会，任何组织的生存与发展，都需要公众的支持与信任。所以，研究并了解公众是组织开展公共关系的首要环节。因为只有在充分掌握了目标公众的特征、规模、构成及基本意愿或倾向后，才能有针对性地制定对策，开展相应的公共关系工作。

一、公众的特征

与通常所说的"民众"（政治术语）、"大众"（传播与政治术语）、"公民"（现代政治术语）、"人民"（政治术语）、"受众"（传播术语）等概念的内涵有所不同，公共关系学上的"公众"指的是那些与某个社会组织有某种联系或利益关系，对组织的生存发展具有一定影响力的社会群体。我国学者居延安认为，公众是因面临某个共同问题而形成并与社会组织的运行发生一定关系的个人、群体与组织的总和。也就是说，"公众"一定是指某个或某些组织的公众，并且组织与公众必须是相互产生影响，彼此关联的，他们之间存在着现实的或潜在的利害关系。

显然，不同的组织有不同的公众，甚至组织在不同的时期也有不同的公众。不同公众对于组织的重要程度也不相同。这要求组织在确定目标公众的时候要深入调查、科学分析、准确定位、区别对待。使得确定的公众具有权威性，使公关工作具备针对性。

公众具有如下特征。

1. 相关性

公众指的就是某个或者某些组织的公众。这里的相关性有两个含义。第一，公众与组织一定要有某种关系，组织的政策和行为会影响现实公众或潜在公众。这是组织寻求与确定公众的前提。第二，公众的态度和行为对组织有重要的现实或潜在的影响。并且这种影响是组织内外部公众根据自身需要和利益而主动施加的，组织必须慎重对待，加强与各界公众的坦诚沟通，必要时调整自己的政策和行为。简言之，组织与公众有某种程度的关联性。

2. 同质性

公众的形成，往往取决于所在组织的性质，相似的组织，其公众也相似。这里所说的相似，指的是公众具有某种内在共同性（相互之间的某种共同点），即他们因具有共同的问题（原因）、共同的需要（兴趣）、共同的利益、共同的目标而有相似的态度与行为，从而成了某个组织的公众。

3. 多重性

这里说的是身份多重性。在现实生活中，人总是处在一定的社会关系中，与他人和组织发生某种联系。一个组织可能有很多公众，一个公众也可能有很多组织。由于公众的爱好、利益、需求是多方面的，他必然会同多个社会组织产生利益关系，即每个公众完全有可能同时也是多个组织的公众，如某个人既可以是媒介公众，也可以是股东公众，也可以是媒介公众甚至更多。

4. 群体性

与传播学意义上的"大众"的孤立性特征正好相反，组织的公众呈现出群体性特征，既有如学校、医院这样的社会群体，也有某个时间段从事相同事务（如电影观众、商店顾客）的任务群体，以及从事相同职业或具有相同身份（如公务员、学生）的角色群体。任何组织的公众都不是清一色的，而是由各种群体相互交织构成的。组织面对这样的环境，必须用全面系统的观点来分析自己的公众，注意把握好组织与各类公众之间的关系平衡，不要怠慢任何一类公众。

5. 变化性

现代社会是一个开放的系统，社会环境在变化，组织条件在变化，其公众的性质、形式、数量和范围等也必然处在不断变化发展的过程中。此外，公众的这种变化也会反过来影响组织的变化。公众的变化对于组织来说非常重要，一定要及时采取应对措施，有针对性地改变原来的公共关系工作目标、方针、策略和手段，改善和维系与公众的良好关系。

二、公众的类别

由于公众具备上述五个方面的特征，若要在有限的时间、经费条件下开展有效的公共关系工作，就必须对组织的公众进行分类，针对不同类别的公众采取不同的对策。公众分类的方法很多，主要有以下六种。

（1）根据公众与组织的隶属关系划分。按照这种划分方法，可以把公众分为内部公众与外部公众。这个分类方法也称为空间位置法（即按照公众的相对空间位置），比较好操作，在公共关系实际活动中较为常见。

所谓内部公众，就是组织内部的部门、员工、员工家属和组织的股东（如果有的话）。他们与组织的关系最为直接、密切，他们对组织的评价最具震撼性。对于组织的生存发展来说，内部公众的态度是最为关键的决定性因素。毫无疑问，内部公共关系在组织所有的公关工作中，是非常重要的一个方面。

外部公众指的是除内部公众之外，与组织发生这样那样关联的各界公众。他们数量庞大，与组织的关系虽然不如内部公众紧密，但这些外部公众与组织之间、外部公众之间的利益格局十分复杂，在进行相关公共关系工作时要区别对待、审慎处理。

（2）根据公众对于组织的重要程度划分（重要程度法）。按照这种划分方法，可以把公众分为：首要公众、次要公众和边缘公众。

尽管从理论上讲，每个公众对组织的生存与发展都很重要，都有可能决定组织的命运，但是众所周知，不同的公众对组织的影响力是不同的，同一个公众对不同的组织的影响力也是有大有小的。

首要公众包括内部公众与部分外部公众，他们对组织有举足轻重的影响力，能决定组织的命运。例如，学校的师生、汽车制造公司的客户就是相关组织的首要公众。他们与组织的活动联系最为密切，是影响组织生存发展的关键性因素，因而也是组织公共关系工作的重点对象。

次要公众指的是能对组织的生存发展产生一定影响，但这种影响尚不够分量的公众。对次要公众公共关系工作的重要性略小于首要公众。

边缘公众指的是那些与组织联系很少、对组织的影响也不大，处于组织公众与非公众边界地带的公众，如同行就是典型的边缘公众。

必须指出，上述三类公众的角色定位并不是一成不变的，会随组织目标、时间与环境的变化而有变动。有时候首要公众会变成次要公众，有时候边缘公众会变成首要公众，甚至变成局外人，不再是组织的公众。因此，公关部门一定要根据自身的实际情况、发展需要来确定首要公众、次要公众和边缘公众，并要妥善处理好三类公众之间的关系，有针对性地开展公共关系工作，最大限度地发挥各类公众的正能量。

（3）根据公众与组织产生联系的次序划分。按照这种划分方法，可以把公众分为非公众、潜在公众、知晓公众与行动公众四大类。这种方法也叫段特点法，此法最早是从美国著名的公关专家格罗尼格和亨特开始使用的，在公共关系界影响巨大。

所谓非公众，就是指这样一类人，其态度与行为影响不到组织；同时，组织的政策与行为也影响不到他们。也就是说，非公众指的是与社会组织没有发生联系、无任何利益关系的群体或个人。

显然，非公众不属于组织的公关对象。对它们进行区分，有利于减少公关工作的盲目性，避免不必要的花费。但任何组织的公众都是由非公众发展而来，非公众是一个不断变化的主体，随时可能随着环境的变化、组织的行为而变成潜在公众甚至现实的行动公众。公关人员要想准确界定他们的范围并不容易。一旦有所界定，则需要对他们实施积极有效的策略，使之逐步变为潜在公众甚至行动公众，从而扩大组织在社会中的影响。

潜在公众指的是与组织有某种联系（面临共同的问题）但尚未意识到，也未明显影响组织行为的公众。及时发现潜在公众并积极促成他们变为知晓公众，是一项预见性很强又非常重要的工作。

> **案例 5-1：** 美国航空公司的 AYP 计划

美国航空公司为给未来的顾客——青年人留下一个良好的形象，每年都举办音乐大赛，为优胜者提供奖金，并辅助高中学校的音乐教育。每年5月，该公司在纽约市卡耐基纪念馆举办音乐大赛的颁奖典礼，并邀请世界著名的首席指挥为获奖人指挥。此外，还将音乐大赛的门票收入作为高中学校基金。这项活动在全美影响很大，由此更加深了美国航空公司在青年人心目中的"光辉形象"。

知晓公众指的是与组织有某种联系（意识到问题的存在）、即将或可能影响组织、但尚未采取行动的公众。他们是由潜在公众发展而来的，他们对任何与之有关的信息都感兴趣。组织要高度重视对知晓公众的公关工作，要及时介入，采用正确的做法，引导社会舆论，切实消除知晓公众对组织的误解，积极解决公众面临的那些需要组织解决的问题，防患于未然，并争取把更多的知晓公众变为行动公众。

行动公众由知晓公众发展而来，指的是意识到问题的存在又开始采取具体行动的那部分公众。由于他们已经采取了对组织的行动，势必影响组织的运转，这就需要公关部门正确面对，与他们进行认真、坦率的沟通，使他们的态度向有利于组织的方向转变，从而为组织营造和谐的生存发展环境。

从非公众到行动公众是一个持续发展的过程，公共关系人员要随时跟踪变化情况，确定工作重点，有针对性地开展工作。

（4）按照公众构成的稳定程度。按照这种划分方法，可以把一个组织的公众划分为临时公众、周期公众和稳定公众。

临时公众指的是因为某一临时性因素、突发事件（如空难造成的地面伤亡人员）或专题活动而形成的公众。

周期公众指的是按照一定规律和周期出现的公众，如假日游客。稳定公众指的是具有稳定结构与稳定关系的公众，如回头客。

(5)按照组织对公众的价值判断,可分为受欢迎公众、不受欢迎公众和被追求公众。这种分类法称为价值判断法。

受欢迎公众指的是那些与组织相互欣赏与吸引,能够满足组织需要并主动对组织表达兴趣和交往意愿的公众。

不受欢迎公众指的是违背组织的利益和意志,对组织构成现实或潜在危险的公众。

被追求公众指的是符合组织的利益与意愿,但对组织不感兴趣、不想交往的公众。

(6)根据公众对组织的态度来划分。按照这种划分方法,可大致把公众分为三类:左、中、右,即顺意公众、独立公众和逆意公众。由于这种分类法是按照公众与组织的态度的一致程度来划分的,所以也称为一致程度法。

组织面临的公众来自不同的地区、文化水平、价值与审美取向不尽相同,利益诉求也有差异,因此对于组织的行为,往往是"萝卜白菜,各有所爱",公众的态度出现分化是不可避免的。

顺意公众就是指对组织的政策和行为采取支持、合作和信任态度的公众。一个组织的顺意公众越多,说明其公共关系状态越理想。对于组织来说,顺意公众是值得信赖的主要力量,要认真做好他们的公关工作,经常保持与之沟通,以强化他们对组织的支持力度,尽量维持与扩大顺意公众的规模。

独立公众又称为中立公众,他们对组织的行为态度暧昧。独立公众越多,说明组织的知名度越小,其公关工作还有很大的提升空间。一般来说,由于社会组织很多,公众更多,独立公众的规模一般不会小,因此他们对组织的生存与发展有相当大的影响,是值得争取的重要对象。公关人员要采取适当的措施,努力营造氛围,争取改变他们的态度,使他们变为顺意公众。

案例 5-2： 诚招天下客　情满美食家

一双筷子上写着这样两行字："假如我的菜好吃，请告诉您的朋友；假如我的菜不好吃，请告诉我。"这两句富有浓厚情感的公关语言同"美食家"的名字一起传遍了整个杭州。

这家普通的餐厅所处的地理位置并不十分理想，既不是车站、码头，又不是风景区、闹市区。七年前，在餐厅刚刚开业时，这里生意清淡，门可罗雀。没有顾客的惠顾，就谈不上餐厅的生存，更谈不上餐厅的盈利。要使顾客青睐，餐厅就要有自身的吸引力。

这个吸引力在哪里呢？

"美食家"餐厅深深懂得：只有在顾客心目中树立起"美食家"的良好形象，才能吸引顾客的光顾。"美食家"的吸引力应放在一个令人亲切的"情"字上，依靠情感的传导来沟通顾客关系。只有把情感输入顾客心里，才能塑造"美食家"的形象。只有把诚心贴在顾客心里，才能建立"美食家"的信誉，从而产生一种"情感效应"，使企业获得良好的经济效益。

逆意公众，又称为敌意公众，顾名思义，就是指那些不与组织合作甚至反对组织的公众。如果组织的这类公众越多，就越表明其公共关系工作不理想。由于公共关系工作是对公众表达善意，尽量少树敌甚至不树敌，给组织营造和谐的发展环境，因此必须高度重视这部分公众，认真分析研究这些公众产生敌意态度的原因，做好对敌意公众的解释说服工作，必要时可以适度调整组织的政策和行为，以促使逆意公众的态度发生转变。当然，这项工作挑战性很大，但很有必要去做。

对于组织来说，顺意公众是主要依靠的公众，要保持和扩大顺意公众；独立公众是应该积极争取的公众，逆意公众是需要公关部门努力工作，转化其态度的公众，至少要把他们转化成独立公众。

任何组织都不会只面对一类公众，这些公众对组织的影响力有大有小、有先有后。公众公关部门要充分地了解和熟悉他们的情况和要求，并在此

129

基础上制定相应的公共关系活动策略与方案，有针对性地开展工作。

三、影响公众行为的心理因素

公共关系工作是组织通过采取某种政策或行为向社会表达善意，是一种"攻心"战，因此，了解并掌握公众的心理活动规律，对于有效开展公共关系工作很有必要。

人虽然是一个个体，但人类的群居性和其社会关系决定了每个个体的人又从属于某个群体，扮演着不同的社会角色。比如，诸葛亮是一个个体的人，但他属于蜀汉官僚集团这个群体，扮演着臣子、父亲、丈夫等社会角色。按照心理学的观点，不同的角色有不同的心理。同一个人有不同的角色，也就有不同的心理。人的行为取决于人的心理，不同的行为取决于不同的心理。

对于公众来说，他既是个体公众，也是群体公众，同时也是角色公众。其心理也就有个体心理、群体心理和角色心理。这三种心理相互独立又相互影响。一般认为，个体心理比较独立，群体心理较为稳固和排他，角色心理容易变化。

1. 影响公众行为的个体心理因素

影响公众行为的个体心理因素包括知觉、态度、需要、性格、兴趣等。

第一，知觉与公众行为。由于个体存在着差异，人们一般是按照不同的知觉来获取和理解信息的，不同的知觉必然导致不同的个体心理与行为。在实际生活中，由于社会上存在"刻板成见"（人们对特定的事物所持的固定化、简单化的观念和印象）等因素的影响，人们对于社会的感知和判断并不总是正确的，这就是心理定式。它包括首次效应、经验效应、晕轮效应和移情效应等。

所谓首次效应，指的是一个人第一次进入一个新环境，第一次和某个人接触，第一次品尝一种新的食品等，留下了深刻的印象，成为一种心理定式而难以改变，这种现象称为首次效应或第一印象。它有三个特点，即层次性、广泛性和推延性。

所谓经验效应，指的是在社会知觉中，人们经常受以前经验模式的影响，产生一种不自觉的心理活动的准备状态，在头脑中形成一定的思维定式，按照固定的思路去思考问题，这种现象称为经验效应。

晕轮效应指的是人们对他人的认知判断首先是根据个人的好恶得出的，然后再从这个判断推论出认知对象的其他品质的现象，又称"成见效应"。这种强烈知觉的品质或特点，就像月亮形式的光环一样，向周围弥漫、扩散，从而掩盖了其他品质或特点，所以就形象地称之为光环效应。人们对人的认知和判断往往只从局部出发，扩散而得出整体印象，常常以偏概全。晕轮效应会在一定范围内影响日常生活。

移情效应指的是把对特定对象的情感迁移到与该对象相关的人或事物上来的现象。"爱屋及乌"就是典型的移情效应。在公关活动中，设法把公众对名人的情感迁移到自己的产品上来，或是迁移到自己企业的知名度上来，是公共关系活动中常用的手段。公关人员应当"投其所好"，针对公众的兴趣、爱好开展宣传活动，增加"受"者对"投"者的好感，使公众喜欢自己、信任自己、帮助自己。

首次效应、经验效应往往妨碍公众全面正确地认识事物的本质及其发展变化；晕轮效应容易让人一叶障目、以偏概全，移情效应则容易让人爱屋及乌，或者城门失火殃及池鱼。

心理定式是一把双刃剑，如果组织运用得好，可以进一步强化与公众的沟通；如果运用得不好，反而会弄巧成拙，造成沟通不畅或者误会，不仅没有改善组织的形象，反而会损害组织的形象。对此，公关人员一定要慎重对待。

第二，态度与公众行为。态度是个体对特定对象（人、观念、情感或者事件等）所持有的稳定的心理倾向。这种心理倾向蕴含着个体的主观评价，以及由此产生的行为倾向性。这种个人对对象的认知和评判，能影响人们的行为。

因此，如果态度受到影响，其行为也可能会发生改变。公共关系可以开展相应的活动，达到强化与改变目标公众某种态度的目的，使敌对态度发生有利于组织方向的改变，支持态度继续得到维系与强化。

第三，需要与公众行为。需要是人在缺乏某种东西或者受到某种刺激时所出现的一种主观状态。需要是人的主动性与积极性的原动力，强烈的需要强烈地促成人的行动，不同的人其需要也不尽相同。组织的公关人员在开展公关活动之前，要经过认真调研、深入分析，找出不同公众的需要所在，从而有针对性地提出对策，尽可能地满足公众的各种需要。

第四，性格与公众行为。性格是指表现在人对现实的态度和相应的行为方式中的比较稳定的、具有核心意义的个性心理特征，是一种与社会相关最密切的人格特征，在性格中包含有许多社会道德含义。性格主要体现在对自己、对别人、对事物的态度和所采取的言行上。性格表现了人们对现实和周围世界的态度，是个人品质特点和特点的综合。公共关系工作可以帮助公众形成积极和健康的性格，从而使组织在公众中赢得好感。

第五，兴趣与公众行为。兴趣是人们对有愉悦感觉与体验的东西的一种留恋，它在很大的程度上可以指导人们的行为，但兴趣是可以变化的。公关人员要想与公众进行有效沟通，就必须了解其兴趣爱好及变化情况，有针对性地开展工作。

2. 影响公众行为的角色心理

角色心理是指公众在社会生活中，由于扮演不同的社会角色而在行为上表现出稳定的、经常的心理特点。任何公众在社会中都扮演着一定的角色。角色又有自然角色和社会角色之分，自然角色是指自然形成的角色，如性别角色和年龄角色；社会角色是指社会生活中逐渐形成的角色，如职业角色和文化角色等。自然角色和社会角色的区分是相对的。

心理学认为，角色心理决定人的行为方式。而人在现实生活中担当的角色越多，其行为也就越丰富多彩。尽管人可以扮演多重角色，但所有的角色都具有年龄、性别、职业和文化的基本心理特征，这些特征有利于人们了解他们的心理状态。

公众的复合角色及其综合性的角色心理特征是公共关系心理研究的重要内容。进行这种研究有以下四点意义。

其一是注意公众角色的复合性、角色心理特征的综合性，反对以偏概全；其二是注意这种复合性、综合性的构成要素，反对含糊笼统；其三是注意角色心理特征和个性心理特征的关系，反对机械割裂；其四是注意特定情境对角色心理特征的影响，反对照本宣科。只有对公众的角色心理特征进行辩证的、唯物的、历史的分析，才能使这种研究具有指导公关实践的意义。

因此，做公共关系工作，要研究和把握公众的角色心理，包括同一公众的同一角色心理，同一公众的不同角色心理，不同公众的同一角色心理，以及不同公众的不同角色心理。应在此基础上有针对性地策划与实施符合某一类公众心理的公共关系活动。

3. 影响公众行为的群体心理

群体心理是群体心理的群体成员共有的价值、态度和行为方式的总和。群体心理人们在群体生活中形成的同其他成员一致的心理特征，这种心理可以大致解释群体行为的产生原因和形成机制。

群体心理分为两种：一种是有组织群体心理，另一种是无组织群体心理。在有组织的群体里，人们会因为群体压力而容易产生从众心理和逆反心理。在组织日常管理工作中，要高度重视这一现象，采取有效预防措施，增进组织内部的团结。

无组织的群体心理主要有时尚、舆论、谣言和集合行为（又称"集体行为"或"大众行为"或"集群行为"，指在特殊背景或条件下，不受现有社会规范控制的人数众多的自发的无组织行为）。其特点是短期内因相互感染而流行，但持续时间都不长。

公关工作可以利用人们追逐时尚的特点，有针对性地提供相关产品、服务和观念,引领消费,以及进行符合"流行风"的组织形象宣传活动。对于舆论,首先要尊重舆论、顺应舆论,最后要适时引导舆论,努力让公众采取与组织一致或相似的立场。

对于谣言,组织不要惊慌失措,先调查谣言的来源,分析谣言的内容和意图,然后在可能的情况下与造谣者进行沟通。谣言之所以能被疯传,都是因为抓住了公众的心理。一般来说,制造谣言的动机有四个:蓄意报复、浑水摸鱼、哗众取宠、谋求暴利。无论是哪一种动机,组织的公关部门都可以通过及时在权威媒体发布事实证据等方式,让公众了解真相,从而平息谣言。

对于具有突发性质的集合行为,公关人员要冷静对待,选择适当的时机多做解释与沟通工作。

第三节 公共关系手段——传播

公共关系的手段是传播,如前所述,所谓传播就是社会信息的传递。社会信息的本质是减少或消除事物中和事物间任何"不确定性"因素的内容。社会信息包括消息、资料、情报、数据、图像、知识和思想等。

一、传播的要素

传播有两大要素,即基本要素和隐含要素。其中基本要素如下。

(1)传播者。传播有即信源,信息发出者、个人、群体或组织皆可是传播者。

(2)受众。受众即信宿,信息接收与反应者,个人、群体或组织皆可是受众。

(3)信息。信息由一组相互关联的有意义的符号组成,能表达某种完整意义的讯息,它是传方和受双方社会互动的介质。

(4)媒介。媒介即传播渠道、信道、手段或工具。它是信息的搬运者，连接传播过程中各种因素的纽带。

(5)反馈。受传者对接收到的信息的反应或回应，受传者对传播者的反作用。体现社会传播的双向性和互动性。

传播的隐含要素包括时空环境、心理状态、文化背景和信誉意识等。

二、传播的基本类型

传播大致可以分为两大类：一类是人际传播，即人与人之间的传播。人际传播是一种社会的活动，任何人的生存都离不开和他人之间的交往。在人们之间的交往活动中，人们相互之间传递和交换着知识、意见、情感、愿望和观念等信息，从而产生了人与人之间的互相认知、互相吸引、互相作用的社会关系网络。我们将其称为"人际传播"。基于人际传播媒体形式的差异，我们还可以进一步把人际传播划分为直接传播和间接传播两种形式。所谓直接传播，指的是古来已有的传播者和受体之间无须经过传播媒体而面对面地直接进行信息交流的过程。直接传播主要是通过口头语言、类语言、体态语的传递进行的信息交流。间接传播是指在现代社会里的各种传播媒体出现后，人际传播不再受到距离的限制，可以通过这些传播媒体进行远距离交流。这就大大拓展了人际传播的范围。

人际传播具有明显的社会性特征。个人独白或自言自语等仅仅为了满足自己的需要而发出的语言，不会构成人际传播。人际传播的语言是具有社会性的语言。每个人都是信息的发出者，同时又是信息的接收者，既在影响别人的同时，也受到他人的影响。

人际传播的特点是比较传统、自然，传受双方地位大致平等，富有人情味，点对点的交流是其基本特点。

另一类是大众传播。所谓大众传播，是指媒体组织采用现代机器设备（大众传媒），通过大批复制并迅速地传播信息，从而影响庞杂的受众的过程。对社会有潜移默化的作用，它改变了人们的工作方式和生活方式，以及传统观念。其特点如下。

（1）具有组织性。它的传者通常是一个庞杂的机构，内部有精细的分工，如以报纸传递信息的报社，由采访、编辑、评论、广告等许多部门组成。

（2）在传播内容上具有公开性和易逝性。大众传播与密码、旗语、信鸽、书信等传播现象不同，它不带有保密的性质。这就决定了各种社会制度下的政府部门，往往以不同的方式或在不同的程度上，对传播内容加以审查和控制。报纸刊登的消息，广播、电视播送的节目，通常只具有一次性阅读、视听的价值，除非受传者为了某种用途，以剪报、录音、录像等方式将信息贮存起来。这就迫使传者必须注重信息传递的时效性。

（3）具有很强的选择性。一是传播工具对受众有一定的选择；二是受众对传播工具有一定的选择，年龄、性别、职业、文化素养、个人兴趣等可以使受众分为不同的读者层、听众层或观众层而偏爱某种传播工具；三是受众对传播的内容可以任意选择；四是受众对参与大众传播的时间可以自由选择。受众的选择性表明，大众传播并不意味着对每个人的传播。

（4）受众具有不知名和参差不齐的特点。传者可能了解受众总体的某些情况，但对具体的受传者往往是不熟悉的。

（5）在信息流通上具有单向性。受众无法对大众媒体当面提问、要求解释，整个传播过程缺乏及时而广泛的反馈。

（6）具有快速性。不断吸收最新科学技术，提高传播信息的速度，是大众传播的一个发展趋势。

大众传播的最大特点是点对面，即媒体直接面对大众。

以上两类传播具体可分为五种形式，即人内传播（自我传播）、人际传播、群体传播、组织传播、大众传播。有的学者把组织传播与群体传播合并为一类，这样传播就有四大类型，即自我传播、人际传播、组织传播和大众传播。

三、传播的特点

（1）社会性。人是社会关系的总和，传播是在一定的社会关系中进行的以交换意义、建立社会联系为主要目的社会化行为，传播又是一定社会关系的体现。传播行为离不开社会，人类社会也离不开传播行为。

（2）普遍性。传播行为无处不在，无所不有。

（3）工具性。人类的传播行为是利用传播工具来监测环境、适应环境和改造环境。

（4）互动性。传播是在人与人之间进行的，它主要表现为一种双向的社会互动行为。

（5）符号性。符号是信息的表现形式，如语言、文字、图画、形象、表情和动作等。传播本质上是信息符号化和符号解读的过程，传播就是用符号来传递信息。

（6）共享性。传播双方须有共通的意义空间。传播者传播信息的目的就是要与受众共同分享信息内容。有效的传播就是能够共享信息、立场、观念，并成功地建立某种共同性。

四、公共关系传播的定义和特点

公共关系所讲的传播，就是组织在一定的社会环境里，围绕建立和维护社会公众的公共关系而通过媒介（主要是大众传媒）进行的一系列信息传播和信息交流活动。一方面，组织把自己的政策和行为信息通过媒体或其他渠道传递给目标公众；另一方面，公众把自己的意见、建议反馈给组织，然后组织再与公众进行沟通。如有必要，这个传播活动还可以继续循环反复，最终目的是为了组织与公众之间进行有效的沟通，使公众认可并赞许组织的政策和行为。

公关传播按照其表现形式大致分为两大类：一是公关宣传，二是公关活动。公关传播具体有如下几种：记者招待会，展览会（展销会、博览会等），开放参观，宴会，舞会，庆典活动，赞助活动，联谊活动，社会服务，公共关系广告，新闻策划，内部会议等。

公共关系传播除了上述一般意义上传播的特点外，还具有如下特点。

（1）文化性。文化性是指组织自身的文化与外在的文化氛围。一个社会组织的内外公众与组织的沟通行为，主要表现在文化这一层次上。如果组织的公关活动商业交易色彩太浓，就会让公众感觉不舒服，组织与公众之间的沟通就会出现障碍。所以，市场意识和文化意识是公共关系传播活动所不可或缺的。

（2）情感性。在经济发达、选择多样、商品同质化十分明显的现代社会，人们选择商品、接受服务或某个观念，不再主要关注自己在物质上所获得的满足，而更在乎精神情感上的愉悦。市场营销、广告、公关活动都需要注意在提供优质产品和服务的前提下，以情动人，只有让消费者从心里亲近和信赖组织，才能够获得成功。

（3）道德性。社会组织在从事公关活动时，应当遵循所在社会基本的道德价值规范和行业准则，表现出对社会义务、对人类共同价值观的热心。只有这样，社会组织才能获得社会的认同，从而赢得较高的美誉度、和谐度。

（4）创新性。相关研究表明，社会公众往往"喜新厌旧""见异思迁"，喜欢关注那些与众不同的言行或事物。组织要想吸引公众的眼球，就需要不断创新自己的产品、服务、观念和相关公关活动。

五、公共关系传播媒介

公共关系传播媒介是公共关系传播的载体。一般认为，因为传播对象的关系，公共关系传播类型主要是人际传播、大众传播。其中，对内部公众或者小范围的活动主要依靠人际传播。如果组织要开展大规模的公关活动，必须借助于大众传媒来大范围地迅速传递有关信息。近年来，学术界对公共关系传播媒介的研究有了新的进展。按照学者熊源伟等人的观点，公共关系传播媒介可分为四大类。

1. 大众媒介

大众媒介大众媒介包括印刷媒介与电子媒介，如广播、电视、报刊和互联网等。不过严格来说，大众媒介属于典型的符号媒介。

报纸和书刊都是以视觉为主的媒介。报纸的特点是覆盖范围大、价格低廉、版面灵活、内容繁多、容易保存。刊物的特点是印刷精美、种类繁多、发行量大、读者范围广且稳定，内容专业有深度，容易保存。缺点是出版周期较长（至少一周），时效性差。

广播是以听觉为主的媒介，传播速度快、覆盖面广、感染力强、成本低；缺点是内容浅、不易保存。

电视是兼具视听的媒介，具备时间上同步，空间同位，受众广泛，感染力强等优点，但制作成本相对较大。

互联网是最近二十年兴起的新媒介，它兼具广播、电视、电话等媒体的优点，在世界各国发展迅速。其优点是信息丰富、开放度高，可以双方互动，是典型的多媒体，发展前景广阔。缺点是信息交流的随意性较大，真实性和安全性偏低。

2. 符号媒介

这是现代社会运用极为广泛的媒介，也是公共关系传播中最主要的媒介。符号媒介可分为语言符号媒介和非语言符号媒介。如果进一步细分，它又可分为有声语言媒介、无声语言媒介、有声非语言媒介和无声非语言媒介。

有声语言就是自然语言，由于其具有形式灵活、反馈快捷、传播效果突出的特点，因而在公共关系传播中被大量使用。有声语言的具体运用场合包括联谊会、新闻发布会、座谈会、茶话会、团拜会、谈判、各类演说等。

无声语言媒介是有声语言的文字符号形式，文字有各类形态，既有印刷的，又有网络的、电子的。由于其比较正式，表达庄重严谨，传播速度快，且容易存储，也被广泛使用。除了大众传媒外，小众性质的各类通知、通告、通讯、调查报告、社交书信、会议简报、会议纪要、谈判决议、声明，以及公共关系简报都属于此类。

有声非语言媒介即语言符号的伴生符，或者称为类语言、副语言。例如，声音的高低大小、速度的快慢、笑声、掌声等。它不仅对语言有辅助作用，其本身也具有自己的意义。例如，语气的平和或生硬，其意义就很不同。

无声非语言媒介是指体态符号或者人体语言，如动作、手势、表情、视线、姿势等，这种无声伴随语言可以传递信息。体态符号既可以独立使用，"此时无声胜有声"，也可以和语言并用，能明显增大有声语言媒介的表达效果。作为一种重要的沟通方式，无声非语言媒介在形成传播情景方面起着重要的作用，因而在公共关系传播活动中的运用十分广泛。

必须指出，无声非语言媒介在不同的国家和地区、不同的民族、不同的文化背景下有不同的含义。于同一个动作，在不同的民族文化（包括亚文化）中所代表的含义是不一样的。例如，点头和摇头在不同的国家所代表的意思就正好相反。对于这一点，在进行公共关系传播工作的时候尤其要注意。

3. 人物媒介或人体媒介

人物媒介是借助人的行为、服饰、素质和社会影响来作为传达信息的载体。它包括组织的员工形象、社会各界名流、新闻人物、舆论领袖等。员工形象的好坏直接关系到社会公众对与组织的观感，而社会名流等与组织的交往合作则会扩大组织的社会影响，提高公众对组织的关注度。

4. 实物媒介

实物媒介指的是包含有组织相关信息的实物。这些实物在社会上的非市场流通，可以有有效传递组织的信息，包括品牌、理念、商标、质量、外观设计等（有学者认为某些具有某种象征性的物化符号如徽章、旗帜、建筑物等也是一种实物媒介）。常见的实物媒介有公关礼品、象征物、产品、购物袋等。这类媒介的信息反馈虽然不快，但因为真实，可以有效增加组织的产品或服务的可信度。

以上四类媒介，都不同程度地发挥传播的作用。至于具体如何运用这些媒介才能产生最佳效果，需要组织的公关人员根据组织面临的实际情况、公关目标来灵活掌握。

六、公共关系传播的基本内容和基本任务

现代社会是一个传媒发达、信息爆炸的社会，由于交际手段和交际范围的扩大，人们每天都在接收和传播大量的信息。公共关系信息也属于这些信息中的一种。不过，公关信息与一般的商务信息有所不同，它的内容有其特别之处。这是因为组织一般会根据自身情况、传播目标、传播对象的不同而传递不同的信息。其目的可以从以下五个方面来概括。

（1）制造新闻。通过实践营销的方式吸引媒体和社会的关注，扩大组织的影响。

（2）为促销服务。制造有利的营销气氛，淡化推销色彩，公众从感情上接受一种新产品、新观念、新服务，为销售创造有利条件。

（3）制造喜庆气氛，对社会表达善意，改善舆论环境和关系环境，改善企业内部的人际关系。

（4）扩大社会交往，联络感情，广结善缘。

（5）挽回不利影响。

根据组织的成长周期，各个阶段任务的具体内容如下。

（1）组织开创期间信息传播的内容。组织的基本建情况，如性质、规模、资金、建设设想和风格等。

（2）组织成长、成熟期间的信息传播内容。介绍组织的经营管理方针、

政策、特色、新产品或新服务、价格变化、商标或组织的变动情况等，积极维护组织已经形成的良好信誉和社会形象。

（3）风险时期的信息传播内容。组织产品、服务特色；危机出现时，及时地、实事求是地披露问题产生的根源及真相，向公众道歉，并把解决问题的过程随时告知公众，以获得公众的理解和支持。

（4）低谷时期的信息传播内容。向社会公众说明组织出现滑坡的主要原因，回击社会流言，诚恳要求公众提供支持。

公关传播活动的基本任务就是正确使用各种传播媒介，将以上几方面的相关信息及时传递给目标公众，并收集公众的各种意见和态度，为组织的公共关系决策提供准确的事实依据，帮助组织健康发展。公关传播的目的就是改变影响公众的态度，获得他们对组织行为的理解和支持，并使他们形成对组织的良好印象。

简言之，公关工作的内在要求决定了组织的公关人员要熟悉传播规律，掌握传播技巧，科学组织传播活动，使组织传递的相关信息有效到达公众，传播具备一定的效能性。为了让信息成功地促成公众的支持行动，组织必须设法能够让相关信息被公众收到、被公众注意、被公众了解、被公众信任、被公众记忆，最后让公众根据组织传播的信息而采取支持组织的行动。

七、公共关系传播与沟通原则

公共关系工作的核心是传播沟通，目的是增进了解、实现信息互换、协调误解和矛盾、加强协作，创造和维持公众对与组织政策与行为的认同感，并通过增强组织对于环境的预测力，提高组织效能。

学术界对这一问题的研究比较多。例如，我国著名品牌专家、公关专家游昌乔提出了"公关传播5B"原则，其主要内容如下。

公关传播是否有效，取决于是否具备以下五点，即传播与组织或品牌形象的结合点（类似于和谐度）、具体实施措施对传播活动的支撑点（组织与公众保持互动，以及各类营销活动要整合一致）、传播活动的亮点（有创新，能引起公众共鸣）、沸点（有效的传播需要足够的传播量）、保护点（在事前找到各个层面及各个环节的关键保护部位，做好可能出现问题的应对预案）。

该理论在学术界影响很大，不仅适用于公共关系传播，也适用于品牌传播。不少学者认为，该理论不仅是一种理论，更是一种思维模型和解决问题的工具。

目前学术界比较一致的看法是，公共关系传播需要遵循以下四项基本原则。

1. 互动原则

互动原则也称为双向沟通原则，指的是组织与公众双方互相传递、互相理解的信息互动原则。双向沟通有两个阶段，即传递阶段和反馈阶段。沟通的双方互为角色，沟通能让彼此认知不断提高，逐步在更多的问题上达成共识，最大限度地快速消除沟通障碍，提高沟通质量，确保沟通活动连续、顺畅。

2. 整合原则

公关的整合原则也称为正分合原则，是指在整体规划下，将沟通过程的各相关部分进行有效综合的原则，其目的是使沟通过程中的各个部分排列有序。

公共关系相对于组织而言是一个群体关系，是组织利益点的集合。针对不同公众，组织应选择不同的信息载体，推行多种沟通方式，使沟通能形成立体的整合效应。同时，要善于将分散的信息进行汇总，采用垂直、横向的沟通渠道，使各公众之间的资源实现共享。

3. 共感原则

共感原则也称为平衡原则，指的是传播者利用"相似性"的人际吸引为中介，通过有效沟通，使受众产生认同，达到双方关系协调的原则。所谓"相似性"的人际吸引，指的是传播者与受众在兴趣、观念等方面具有相似性，使得受众喜欢传播者，进而倾向于接受其观点，最后取得沟通效果。平衡理论的核心观念是最小努力原理，即选择一条捷径去平衡双方的关系。

在日常生活中，我们常看到这样的现象，物以类聚，人以群分。有共同爱好、志趣和价值取向的人往往会聚集在一起，否则关系就会疏远。这一现象同样也出现在公共关系活动中。

一般来说，公共关系沟通能否融洽和顺畅，并不取决于传播者与受众双方的认识和交往程度，而是取决于双方沟通信息内容的共感程度，即兴趣、信仰、价值观等的契合度。如果某一方的观念、意见引起另一方的争议或抵触，就会破坏双方的情感，产生误会，影响关系的紧密。所谓"道不同不相与谋"就是这个意思。为此，针对沟通中出现的那些不协调的信息，组织应采取慎重的处理方式。一方面可以通过演讲发表主张，或采用座谈交流等方式给予积极引导，作进一步的沟通，以便让公众转变原来的观点和评价标准，促进彼此达成共识；另一方面要分清沟通出现障碍的焦点所在，权衡改变公众意见、态度的可行性程度，对那些暂时无法调和的分歧，应适当作出让步，寻求妥善的解决途径，以最大限度地取得双方的平衡。

4. 有效原则

有效原则是指传播者与受众双方的沟通要取得预期的效果的原则。这一原则要求传播者充分利用信息，提高沟通的有效度和有效率，以便达到最佳的沟通效果。

沟通的有效度是指沟通对信息接受者影响的效果与程度；有效率是指依据利益点，选择适当的时间、方式、手段，快捷、准确、及时传递信息产生的实效性和节奏感。

在实际工作中，公共关系沟通对受众的影响效果主要分为正向效果与逆向效果。

正向效果是指沟通使关系双方的情感、志趣、认知、价值观等共性因数产生共鸣，通过群策群力、紧密合作而形成的积极效应。共性因素的共鸣程度越高，正向效果值就越大。

逆向效果是指沟通无法吸引公众兴趣、热情、共识，甚至导致抵触、偏见、反感与敌对情绪而形成的消极效应。抵触、敌对情绪越大，逆向效果值就越大。

针对正向效果，组织应不断改进沟通方式，可通过贴近公众情感来强化共性因素。针对逆向效果，组织应调整原来的沟通方式，转变沟通态度，可通过尊重公众情感，弥补共性差异来尽力实现"逆向转化"。

第六章 公共关系工作程序

任何工作都有一定的运作程序。我们知道，公共关系不仅是一门艺术，同时也是一门科学。艺术工作需要有创造性思维，而科学工作需要有严密的逻辑思维，遵循客观规律，运用有效的方法，按照严格规范的程序展开。

通常认为，公共关系工作有四个步骤，即公共关系调查、公共关系策划、公共关系实施和公共关系评估。这个观点是在有"公关圣经"之誉的《有效公共关系》一书中最先出现的。后来，又有学者提出，应该在公共关系策划之后加上一个"论证"步骤，从而使之成为"五步工作法"。这种观点是有一定道理，而且这个方法已经在实践中得到了推行。本书依然坚持传统的"四步工作法"。

第一节 公共关系调查

开展公共关系，首先要知己知彼。了解本组织的公共关系状态，需要掌握相关的一系列信息，因此开展公共关系调查就成为首要选择。公共关系调查是社会调查的一种形式，但与其他的社会调查的关注点有所不同。它根据公共关系管理的需要，通过收集相关信息、分析各种问题及其相互关系，考察组织的公共关系状态，尤其是公众对与组织形象的评价，确立公共关系目标，或者检验某一项公共关系活动的实际运作效果。公共关系调查是一项专门的技术，它不仅可以有效地管理组织的相关信息，同时也是组织开展公共关系活动的必要前提。

一、公共关系调查目的和意义

1. 为组织的形象定位与塑造服务

组织的社会形象是由公众的评价来决定的。通过公共关系调查，组织可以准确地了解其在公众中的形象地位，公众对组织的知晓程度和对组织的看法，从而找出组织自我期望的形象与其在公众心目中的实际形象的差距，进而让组织能够有针对性地开展相应的公共关系活动的策划工作，有利于提升公共关系活动的实效性。

2. 强化组织与公众的联系，及时把握公众舆论

公共关系调查的结论是在统计分析具体、真实的数据基础上得出的，具有很强的权威性；而且，取得这些数据需要公共关系调查人员同调查对象进行多种形式的交流。因此，公共关系调查的过程实际上也是组织与公众沟通的过程，借此可以进一步强化彼此间的联系。更重要的是，公共关系调查能够准确、及时地监测与把握公众的意见和看法，这就是公众舆论。众所周知，在现代社会，公众舆论具有巨大的社会影响力。积极的公众舆论有利于组织的发展，消极的公众舆论有损于组织的形象，甚至会造成组织的危机。通过公共关系调查，监测公众舆论，组织可以及时采取适当措施来扩散积极舆论、减少负面舆论，这对于组织的形象塑造来说意义重大。

3. 为组织的科学决策提供重要依据

没有调查就没有发言权，没有调查也就无法进行决策。公共关系调查的主要任务，是借此获得全面、真实、准确的组织形象与公众意愿方面的相关数据，防止组织纠结于并不存在或不重要的问题，以及公众不感兴趣的公共关系项目，浪费组织宝贵的时间、人力、物力和财力资源，以供组织管理层进行相关决策时参考，并能有效检验决策的正确与否。那些建立

在周密调查基础上的、符合公众意愿的决策自然会产生积极和预期的效果，组织的良好形象也能得到提升。

4. 提高公共关系活动的有效性和成功率

组织的公关活动如果建立在全面、真实、准确的调查研究基础之上，再加上相关对策的谋划科学，公共关系工作计划就会有很强的针对性、切实可行，其实施的效果也会相当理想。

二、公共关系调查的原则

调查工作是一项复杂的系统工程，对数据的真实性要求很高。因此，相关的准备工作要充分，参与人员要精干，实施程序要科学、合理。考虑到调查对象的数目巨大，为了保证数据的可靠性，公共关系调查要求所选调查对象必须具有较高的代表性、能反映总体现象的全面情况，因此抽样调查的方法被广泛采用。

公共关系调查的基本原则如下。

1. 事前规划原则

这里所说的事前规划实际上是指公关调查工作要有计划性。它包含两个方面的意思。第一，公共关系调查是一项重要而复杂的经常性工作，必须体现在组织的季度和年度的工作计划中，并有一套科学、规范的工作程序。第二，在开始一项具体的公共关系调查之前，应该制订周全的调查计划，对任务指标、人员安排、工作进度和可能出现的问题和对策拟一个详细的方案。

调查计划在实施前，需要进行可行性评估和优劣评估。可行性评估方法通常有逻辑分析法、经验判断法和试点调查法，检查调查计划是否符合逻辑和实际情况，存在哪些问题，以及是否切实可行。优劣评估有三个角度：一是计划是否准确体现了调查的目的和要求；二是计划的科学性、操作性如何；三是计划可否使调查的质量明显高于以往类似调查的质量。

2. 实事求是原则

公共关系调查的目的需要全面真实的数据。限于条件，一般的社会调查中运用普查或全面调查的比例不大，采用抽样调查、问卷调查、新闻调查和重点访谈等方法比较常见。因此，在确定调查对象时，首先，要注意其代表性。这些代表必须能真实反映出其所代表的公众的整体态度和全面情况，既有全面性，又有代表性。其次，在调查过程中，要准确把握公众对于组织的客观态度，不能把公众的主观臆想当作客观态度，使数据失真。最后，调查数据必须尽可能地全面，各个方面公众的各种意见都要真实、客观地反映出来。

此外，实事求是的原则也要求公关调查人员立场要客观，不能因为自己是组织的员工就对公众对于组织的某些看法有所偏重，既要如实宣传组织的成就，对组织存在的问题也要实事求是，不掩盖、不回避。

总之一句话，公共关系调查所取得的数据要能真实反映目标公众的真实态度。

3. 尊重公众原则

公共关系调查是组织的常规性工作，公关人员在此过程中的表现也代表组织的形象。因此，在整个调查工作中，调查人员都要举止文雅、态度谦和、细致耐心，尊重公众的生活习惯、宗教信仰、生活方式等，以此获得公众的积极配合，从而获得真实可靠的信息；否则，就会既会损害组织的形象，也会妨碍调查工作的顺利进行。

4. 讲求效益原则

这里的效益原则包含两个意思。第一是讲求经济效益，第二是要使调查有时效性。

公共关系调查是一项费时费力的工作，花费较大。只有科学规划、统筹安排、勤俭节约，才能取得"花小钱办大事"的效果。此外，要注意调查工作的时效性。公共关系调查都是在一定的时间内进行的，公众的态度随时会因各种因素发生改变。既要做到公关调查实施的全面准确，又要做到处理公关调查数据处理快捷、高效。只有这样，才能够把调查报告及时提供给组织决策层，便于组织及时采取相应的对策。

三、公共关系调查的方法

任何调查都会采用一定的方法，调查方法是实现调查目标的途径，科学的方法是获得科学结论的重要前提。在公共关系调查工作中，常用的方法有以下几种。

1. 抽样调查法

抽样调查又称样本调查，是根据部分实际调查结果来推断总体调查对象情况的一种方法。其原理是，按照一定的科学程序、方法和步骤，从若干单位组成的事物总体中，抽取部分样本单位进行试验、观察，并用所得到的调查数据来代表样本总体，推断总体情况。科学地抽取样本是公共关系调查中的关键环节。如果调查样本抽取不科学、不具有代表性，那么调查结果就会失真。

抽样调查一般分为随机抽样（概率抽样）、非随机抽样（如重点调查）两大类。随机抽样又可以分为简单随机抽样、系统抽样（等距抽样）、分层抽样、聚类抽样（整群抽样）等；非随机抽样又分为判断抽样、定额抽样、典型调查、个案调查等。

所谓随机抽样，就是调查对象总体中每个部分都有同等被抽中的可能，是一种完全依照机会均等的原则进行的抽样调查，被称为一种"等概率"。随机抽样有四种基本形式，即简单随机抽样、等距抽样、分层抽样和整体抽样。

（1）简单随机抽样又称为纯随机抽样，是事前对总体数量不做任何的分组排列，完全凭偶然的机遇从中抽取样本加以调查的方法。简单随机抽样一般可采用抽签法、摇码或查随机数表等方法抽取样本。采用这种抽样方式，比较适合于总体单位之间差异较小的状况。

简单随机抽样的实施步骤为：取得总体单位名录，即所有被调查对象；为总体单位编号；利用抽签法、随机号码表等抽取样本。

（2）等距抽样。等距抽样也称机械抽样或系统抽样。这种抽样方法要求先将总体各个单位按照空间、时间或某些与调查无关的标志排列起来，然后等间隔地依次抽取样本单位。抽样间隔则等于总体单位数除去样本数所得的商。这种抽样方法在用于被调查的总体数量较多时，更为方便，易于操作。

等距抽样的实施步骤为：取得总体抽样框架；为总体单位排队编号；计算抽样距离间隔；在抽样距离间隔数中，随机抽取一个样本单位；按照间隔数依次抽取其他样本单位。

（3）分层抽样。分层抽样也称分类抽样或类型抽样。它适用于总体量大、差异程度较大的情况。分层抽样是先将总体单位按其差异程度或某一特征分类、分层，然后在各类或每层中再随机抽取样本单位。分层抽样实际上是科学分组、或分类与随机原则的结合。分层抽样有等比抽样和不等比抽样之分。当总数各类差别过大时，可采用不等比抽样。除了分层或分类外，其组织方式与简单随机抽样和等距抽样相同。

（4）整体抽样。整体抽样即按照某一标准将总体单位分成若干"群"或"组"，从中抽选"群"或"组"，然后把被抽出的"群"或"组"所包含的个体合在一起作为样本。被抽出的"群"或"组"的所有单位都是样本单位，最后利用所抽"群"或"组"的调查结果推断总体。抽取"群"或"组"可以采用随机方式或分类方式，也可以采用等距方式来确定；而"群"或"组"内的调查则采用普查的方式进行。整体抽样又可分为一段抽样和分段抽样两种类型。

非随机抽样是指非随机抽样的样本是由调研者凭经验主观选定的，因而其代表性依赖于调研者的经验，具有主观性。其调研结果误差较大，不能正确地反映总体和实际情况。相比较而言，随机抽样能够比较精确地估计抽样误差，但必须获得严格的抽样框和其他的条件。在实际工作中，非随机抽样比随机抽样更多。非随机抽样无法估计抽样误差，但简单易行，适用于探索性研究。

其中，常用的有判断抽样，就是按照人员的意愿、经验和知识，从总体中选择被认为具有代表性的样本进行调查。选取样本的方法有两种：最能代表普遍情况的调查对象；按照一定的标准，主观选择样本。判断的意图在于选择更能具有代表性的样本。在许多的调查中，使用判断抽样的效果并不好。

此外，还有定额抽样法（配额抽样、计划抽样），即分层、层内样本分配的数额，在每组中用任意抽样的方法选取样本单位的一种抽样方法。配额抽样与分层抽样的分层一样，但在层内抽取样本时，方法不一样。该抽样法是非随机抽样中最流行的，此法简便易行，比其他的非随机抽样具有更大的代表性，可以进一步划分为独立控制配额抽样法、相互控制配额抽样。

典型调查是指根据调查研究的目的，在若干同类调查对象中选取一个或几个有代表性的对象进行系统、周密地调查研究，从而认识这一类对象的本质特征、发展规律，找出具有普遍意义和有价值的经验和值得借鉴的经验，是一种定性调查，此法又叫"解剖麻雀"，其优点是事物了解的生动具体，资料详尽，对问题的研究深入细致，调查方法灵活多样。这种方法可以深入实际，直接观察，也可开调查会或个别访问，投入的人力也不多，但典型调查的面较窄，难以反映事物的全貌。在调研时要注意要选好典型，要有代表性；不能以偏概全；要具体分析典型经验产生的环境和客观条件；要充分收集和占有材料，反映典型的本来面目，揭示事物的本质和发展变化规律，不能浅尝辄止；要根据事物发展的需要、组织管理目标和实际工作的善和趋势，注意典型的推广和借鉴价值；为制定重大决策服务的典型调查，为制定重大决策统计调查或抽样调查等方法，以便更加充分全面地占有资料，为制定重大决策提供更为翔实的资料。

典型调查适用于调查总体同质性比较大的情形。同时，它要求研究者有较丰富的经验，在划分类别和选择上有较大的把握。实施典型调查的主要步骤是：根据研究目的，通过多种途径了解研究对象的总体情况；从总体中初选出备选单位，加以比较，慎重选出有较大代表性的典型；进行（典型）调查，具体搜集资料；分析研究资料，得出结论。

该种调查法较为细致，适用于对新情况、新问题的调研。使用典型调查法时，须注意所选的对象要具有代表性，能够集中、有力地体现问题和情况的主要方面。典型调查法具有省时、省力的优点，但也有不够准确的缺点。典型调查一般用于调查样本太大，而调查者又对总体情况比较了解，同时又能比较准确地选择有代表性对象的情况。

个案调查也称个案调查法，是对一个人、一个群体、一件事、一个社会集团或一个社区所进行的深入全面的调查。

个案调查的优势如下。

（1）形式灵活多样，方法不拘一格。个案调查既可以从"静态"的角度入手，查阅调查对象的日记、文件、自传、著作等文献资料，也可以从"动态"入手，调查者与被调查者同吃、同住、同劳动，从而搜集对方的生活习惯、爱好、心理特征、精神状态等方面的资料。既可以进行实地观察，也可以当面自由交谈，并能同时运用观察法、访问法、文献法等多种方法，形式灵活多样，方法不拘一格。

（2）深入把握个案全貌。个案调查的最大优势是可以对调查对象全面地、深入地、系统地调查研究。既可弄清楚调查对象的来龙去脉，又可以追踪其发展变化的情况，掌握其规律，全面、具体、深入地把握个案的全貌。

个案调查的局限性主要有以下两点。

（1）对调研人员的要求高。个案调查应用比较广泛，无论是机关个案，学校个案，还是企业个案、城市建设个案等社会、政治、军事、经济领域的情况，均可立案调查，因而它对调查研究人员的素质要求颇高。如果没有专门的知识和丰富的实际经验的调查者，就很难深入细致地进行调查。如要进行企业个案调查，调查人员既不懂企业法，也不懂企业的管理经营、市场经济等方面的专业知识，那么就无法顺利进行个案调查，更难弄清企业发展、开拓的规律，因而很难得出正确的结论。

（2）缺乏代表性。个案调查的调查对象不一定是典型的。作为"特殊"和"个别"，个案对象虽然可以在一定程度上反映"一般"，但个案调查主要是调查研究"这一个""特殊"和"个别"问题的解决方法，因此，不能简单地用解决个案问题的方法去解决"面"上的问题。它只能为解决"面"上问题提供一定的借鉴。

抽样法在公共关系调查中最为常用。

2. 普查法

普查法也称为全面调查法，指的是在规定的时间内，按照一定的方法，统一的项目、统一的调查表和统一的标准时点，对全体样本普遍进行无遗漏的、一次性的调查登记的方法。例如，我国的人口普查采用的就是此法。普查法通常是由专门的普查机构来主持，需要组织统一的人力和物力，确定调查的标准时间，提出调查的要求和计划。这种调查方法的基本特点，是具备全面性、精确性、相对稳定。不过，普查法的工作量较大，这种调查法仅适合于调查对象总体数目不大、调查成本不高的情形。

普查法有十分明显的优势，能够借此获得全面、准确和完整的信息资料，其结论具有相当的权威性，便于调查者从宏观上、整体上掌握情况。在调查对象数目较小时，它是获取调查对象全面信息的最佳选择。但这个调查法的缺点也很明显，主要就是当调查对象数目较多时，不仅需要投入的成本太高，而且很难获得更深入的资料。因此，在公共关系调查过程中，这种调查法不常被采用。

3. 媒介调查法

媒介调查包括两种具体操作法：一种是新闻调查法，另一种是网络媒介调查法。

所谓新闻调查法，就是调查人员根据各类新闻媒介上出现的相关新闻报道，了解并研究调查对象（公众）的意见和态度的方法。

网络媒介调查法指的是调查人员通过网络获取调查对象（公众及其他群体）信息的方法。公关调查人员可以通过点击访问、传递电子邮件和在线沟通等方式同公众交流。由于网络具有传播范围广、传播速度快、亲和度高等特点，不仅可以使公关调查的数据来源广泛，且能使获取数据更加及时。

现在的新闻调查方法是人工走访、文字叙述、摄影摄像、互联网获取等多种方式并行的，多种方式的结合不仅让新闻调查可以全方位地进行搜查，还可以让新闻媒体可以在最短的时间内获取相关新闻的各种文字、图像、影像信息，从而不断地丰富新闻的内容。此外，通过互联网传播的方式还可以让新闻调查可以在最短的时间内获取更多的新闻。

4. 重点访谈法

重点访谈法是通过人际交往的方式进行调查的一种方法。它是选择关键人群或重点人物（政府官员、社会名流或舆论领袖）作访谈，直接向他们提出问题让其直接回答，以调查和了解他们的意见和态度，然后分析这些态度和意见的形成原因，探究改变这些意见和态度的途径的一种方法。之所以选择这些重点人物，主要是考虑到他们有一定的知名度和社会号召力，能左右公众意见和态度。

重点访谈法可分为访谈法、信访（通信调查）和电话访问这三种形式。这种方法对调查人员的综合素质特别是社会交往能力的要求比较高。此外，如何确定合适的重点人物，也是一个挑战性很强的工作。

重点访谈法一般流程如下。

（1）接收任务书。

（2）制订约人方案。确认被访者条件，确认甄别问卷，制定劳务费标准（约人、礼金等），购买礼品，准备礼金。

155

（3）预约被访者。

①培训联络者。说明被访者条件、公司的介绍信及访问说明、劳务费标准、访谈时间、约人注意事项、约人终止时间。

②为避免预约到有重大变故的被访者，要求访问员在约定的时间内将被访者的情况及时反馈给公司。

③根据被访者背景情况，对预约被访者进行甄别。多约几人备用（具有相同背影的人选）；可以采用突然发问等形式的侧面甄别技术；同一个访问员所约的被访者之间不能相互认识，并且不能是同一单位的；最后确认深访时间。

④控制被访者配额、行业、职务、从业工龄、生活背景应该均匀分布。

⑤将时间安排、访问安排传真给客户，如有变动及时取得联系。

（4）正式访问。访问员整理现场问卷、录音；访问员一对一地与被访者进行现场访问；对回收的问卷、录音督导要亲自过目；及时将回收的问卷、记录、录音等寄给客户。

（5）访问后的整理工作，记录存档留底。

（6）访问后续工作。

5. 问卷调查法

问卷调查法很好理解，它指的是调查人员向特定调查对象发放事先设计好的含有一组问题的调查问卷，在调查对象填写完并由调查人员收回做统计分析的一种调查方法。凡是属于第一手资料收集的公共关系调查，都要经过问卷调查这一环节。这种调查法要求调查人员科学、严谨地设计问卷，如此才有可能让调查获得成功。

由于调查是一项目的性很强的工作，因此在开始之前，公关人员首先要明确调查的目的，并把它用前提假设和理论框架表述出来。前提假设是调查问卷的基础，如果调查结果与之相吻合，那么调查得出的数据结果就是为前提假设提供的证据。理论框架由被调查者基本情况、动力因素、态度和行为构成，建立理论框架的目的是为了采用相应的理论将调查的内容加以深化。

一般来说，问卷调查法成本较低，获取的数据较为客观，但回收率难以保证（能达到50%以上即属于不错的情形）。此外，由于公共关系本身是一门科学与艺术，调查问卷中常常会出现相对高级、复杂的问题，这对调查对象的文化素质提出了较高的要求，因而选择恰当的调查对象也比较费精力。

根据对问题和答案设计的不同，问卷可分为封闭式问卷和开放式问卷。

开放式问卷实质上是一个没有提供答案的调查提纲，提问的答题者可以自由选择答案。此种问卷适合于素质较高的被调查者，多用于探索性研究，适合讨论一些比较复杂、有一定深度的问题。调查人员可能会因此得到颇有见地的看法和其他有价值的信息。但这种调查方法也有缺点，主要是答卷率、回收率难以保证，且不方便对回收的答卷进行统计。

封闭式提问答题者只能在调查人员提供的多项答案中选择一种或多种答案。在实践中，封闭式问卷因其具有答案规范、统一，以及便于调查人员统计分析的优势而广受欢迎。其不足之处是可能会遗漏一些尚未被调查人员认识到的重要问题和答案。如果这类答案的比例偏大，势必会影响调查的整体质量。

上述两种问卷在实际操作过程中各有利弊，调查人员要根据调查对象的客观情况和工作的实际需要灵活选用。通常的做法是，将两种问卷综合使用，能获得比较客观、真实和全面的数据，调查效果比较好。

一般调查问卷包括引言或导语、调查项目和相关信息这三部分内容。

引言或导语主要用于简要说明调查意义和目的，以及有关事项的说明，如调查者是谁，调查结果如何使用，有哪些保密措施（个人隐私和涉及敏感问题时）等。它还包括解释某些项目的意思，提示如何填写问卷等内容；调查项目也就是具体的问题及其回答方式，一般分为开放式、封闭式两类；相关信息包括问卷编号、调查对象基本情况、问卷使用日期、问卷各部分序号等，这些主要供统计资料时用。

6. 现场观察法

观察法指的是根据一定的研究目的、研究提纲或观察表，安排有敏锐观察能力和分析判断能力的调查人员到现场，以公开或隐蔽的身份，利用用自己的感官和辅助工具，如现代影像器材，来观察调查对象的态度与行为，并形成记录资料的一种方法。

科学的观察具有目的性和计划性、系统性和可重复性。常见的观察方法有核对清单法、级别量表法和记叙性描述。观察一般利用眼睛、耳朵等感觉器官去感知观察对象。由于人的感觉器官具有一定的局限性，观察者往往要借助各种现代化的仪器和手段，如照相机、录音机、显微录像机等来辅助观察。

现场观察法的效果直接，被经常采用。但对环境的要求较高。现场观察法的种类如下。

（1）自然观察法。自然观察法是指调查员在一个自然环境中（如超市、展示地点、服务中心等）观察被调查对象的行为和举止。

（2）设计观察法。设计观察法是指调查机构事先设计模拟一种场景，调查员在一个已经设计好的并接近自然的环境中，观察被调查对象的行为和举止。所设置的场景越接近自然，被观察者的行为就越接近真实。

（3）掩饰观察法。众所周知，如果被观察人知道自己被观察，其行为可能会有所不同，观察的结果也就不同，调查所获得的数据也会出现偏差。掩饰观察法就是在不为被观察人、物或者事件所知的情况下，监视他们的行为过程。

（4）机器观察法。在某些情况下，用机器观察取代人员观察是可能的，甚至是所希望的。在一些特定的环境中，机器可能比人员更经济、更精确和更容易完成工作。

现场观察法对调查人员的要求如下。

第一，养成观察习惯，形成观察的灵敏性；集中精力勤奋、全面、多角度进行；观察与思考相结合。

第二，制定好观察提纲。观察提纲因只供观察者使用，应力求简便，只需列出观察内容、起止时间，观察地点和观察对象即可。为使用方便，还可以将提纲制成观察表或卡片。

第三，按计划（提纲）实行观察，做好详细记录，最后整理、分析、概括观察结果，做出结论。

应用观察法时应注意以下原则。①全方位原则。在运用观察法进行社会调查时，应尽量以多方面、多角度、不同层次进行观察，搜集资料。②求实原则。观察者必须注意下列要求：密切注意各种细节，详细做好观察记录；确定范围，不遗漏偶然事件；积极开动脑筋，加强与理论的联系。③必须遵守法律和道德原则。

观察法可以在以下情况下使用：对研究对象无法进行控制；在控制条件下，可能影响某种行为的出现；由于社会道德的需求，不能对某种现象进行控制。

为避免主观臆测和偏颇，应遵循以下四条：每次只观察一种行为；所观察的行为特征应事先有明确的说明；观察时要善于捕捉和记录；采取时间取样的方式进行观察。

7. 控制实验法

实验方法是在传播学的研究中经常会用到的一种研究方法。实验方法是人们根据一定的科学研究目的，运用一定的物质手段，主动干预或控制研究对象，在典型的环境中或特定的条件下进行的一种探索活动。实验方法一般可分为控制实验法（室内实验法）和自然实验法（室外实验法）。

美国著名传播学家 P. 坦南鲍姆曾给控制试验法下过一个严密的定义："实验是系统地操作一至数个假定有关的自变量，并在客观状态下，以及在其他自变量的可能影响的条件下，观测其对某些因变量的独立效应和交互效应。"也就是说，控制实验法是根据一定的目的，选择一组研究对象，设计一个特定的、非自然状态的环境，人为地改变和控制某些因素，然后观察其后果的一种科学研究方法。

控制实验法是由调查人员在事先设置的环境里，并在研究进行时，对某些实验因素加以人为地控制。它适用于微观的、探究因果关系的研究。因此，其实验对象人数不多，常为几十人。现场观察被调查人员的态度与行为，进而获得相关信息资料。

控制实验法是传播学研究中的一种最古老的方法，为了显示传播因素间的直接的因果关系，利用实验室的控制实验往往是行之有效的方法。不少公共关系调查活动也采用此法。

控制实验的实质在于控制或消除一些次要因素，选择可能产生影响的重要因素置于实验条件下，观察其对因变量的作用，揭示其因果关系。控制实验与其他研究方法的区别在控制上，运用问卷调查和内容分析方法，只是对实施进行描述、解释，整个研究过程不改变观察对象（无论是受众还是信息），观察对象始终处在自然状况中，而控制实验的特征是在控制的前提下，显示一个或多个自变量于一个或多个因变量之间存在的因果关系。具体来讲，它有以下三方面的控制。

（1）控制实验环境。在控制实验中，为了尽可能地排除外部因素的干扰，研究者可以根据研究课题的需要，把实验环境在模拟现实时做简化处理，使实验环境和现实生活的影响分离开，并通过设计特定的实验环境，如场所、噪声等，来达到对特定条件的控制。

（2）控制研究变量。控制实验法的特点在于能主动引起所要研究的现象，不必等它们自发出现。因此，研究者可以控制自变量和因变量的数目、类型、刺激强度和操作方式等。

（3）控制实验对象。控制实验法对研究对象具有更强的控制能力。研究者可以对参加实验的对象的人数、类型和结构等进行控制，还可以很好地控制他接触特定的实验情境，使实验结果更加有效。

控制实验法的基本运作程序大致由以下四个环节组成。

（1）选择课题，确立研究假设。同其他的研究方法一样，控制试验首先要有明确的研究目的；其次是简化众多的影响因素，选择具有重要重要影响的因素；最后确立自变量和应变量，并在假设的描述中详细地说明所要探测的变量之间的关系。

（2）选择实验对象。运用随机抽样的方法，把固定群体或现成的群体作为样本对象，从中抽取实验对象。

（3）设计实验方案。根据实验目的的不同，传播学研究常用到三种类型的实验。

第一种是"单一事后测试控制实验"（Posttest-only controlled experiment）。其做法是将实对象随机地分成两个等质的小组，对其中一组实施信息刺激，而对另一组则不实施信息刺激。对两组均不作事前测试，只进行事后测试，实验目的是为了观察两组之间因信息刺激提示的有无而产生的差异。

第二种是"前后测试控制实验"（Pretest-posttest controlled experiment）。其做法是对第一组实施两次测试，以观察比较信息刺激提示前后的变化。对第二组同样实施前后两次测试，但不提示信息刺激，以观察无刺激条件下的自然变化，并对两组进行比较。

第三种是"所罗门4组控制实验"（Solomon 4-group controlled experiment）。其做法是把实验对象随机分成4组，给予不同的实验条件，目的是对测试结果进行多方面的比较。

这三种类型只是控制实验的基本做法，在从事具体课题的研究时，可以根据需要做一些变更，设计出更为科学有效的实验方案。

（4）实施测试。将实验对象置于特定的实验控制环境里，按既定程序实施测试，收集反应数据。

整理分析实验数据、得出结论、检验假设，形成实验报告对控制实验法的有效性和科学性控制，这种方法在学界存在争论。持否定观点的人认为，人的社会行为是由众多的变量决定的，控制试验法仅能操作其中的一个或少数几个变量，使实验过程过于"纯粹"和"简化"，因此所得出的结论存在较大的误差。实验环境与自然环境有很大差异，因此在人为控制的

161

实验条件下所得出的结论，也并不一定适用于现实。同时，这种方法不受自然环境中所产生的特定变量值及其组合的限制，其结果可用于推测一般人的行为。尽管人们的看法各不相同，但控制实验法仍作为一种重要的研究方法在教育传播学研究中得到了广泛的应用，不少实验结果对深入研究教育传播现象具有很大的启发。

控制实验具有两大鲜明的特点。

第一，研究对象较少。调查法一般都是对数量庞大的调查对象进行大量的观察和访问，其研究对象往往被称为"大样本"；而实验法则主要是探求少数变量与传播效果之间的因果关系，其研究对象通常只有数十人，因而是"小样本"。

第二，研究环境是在实验室的人为的环境中，而调查法的则是在广泛的社会环境中进行的。

控制实验法的优势在于，控制试验逻辑程序严密。研究者可以对实验因素加以控制，从而突出某些变量的作用。但是，其实验环境终究是人为设置的，与实际生活中复杂多变的状况有一定的距离，因此实验的结果往往会有误差。

鉴于此，作为弥补这一缺陷的一种手段，传播学界的传播实验已经开始转向"自然实验法"或"社会实验法"。这种方法就是将整个社会环境作为"实验室"，采用多元分析的方法来进行控制试验。

8. 文献研究法

文献研究法主要指搜集、鉴别、整理别人的调查研究成果（文献），并通过对文献的研究了解和分析情况，形成对事实的科学认识的方法。文献法是一种古老而又富有生命力的科学研究方法。文献分析法通过对文献的定量分析，统计描述来实现对事实的科学认识。这些文献包括出版物，档案（政府相关文件、各类统计材料、相关会议记录、大事记等），个人资料（日记、信函、回忆录和合同等）。

文献研究法的主要优点如下。

（1）文献法超越了时间、空间限制，通过对古今中外文献进行调查可以研究极其广泛的社会情况。这一优点是其他调查方法无法比拟的。

（2）文献法主要是书面调查，如果搜集的文献是真实的，那么它就能够获得比口头调查更准确、更可靠的信息，可避免口头调查可能出现的种种记录误差。

（3）文献法是一种间接的、非介入性调查。它只对各种文献进行调查和研究，而不被调查者接触，不介入被调查者的任何反应。这就避免了直接调查中经常发生的调查者与被调查者互动过程中可能产生的种种反应性误差。

（4）文献法是一种非常方便、自由和安全的调查方法。文献调查受外界制约较少，只要找到了必要文献，就可以随时随地对其进行研究。即使出现了错误，还可通过再次研究进行弥补，因而其安全系数较高。

（5）文献法省时、省钱、效率高。文献调查是在前人和他人劳动成果基础上进行的调查，是获取知识的捷径。它不需要大量研究人员，不需要特殊设备，可以用比较少的人力、经费和时间，获得比其他调查方法更多的信息。因而，它是一种高效率的调查方法。

文献法的一般过程包括五个基本环节：提出课题或假设、研究设计、搜集文献、整理文献和进行文献综述。

文献法的提出课题或假设是指依据现有的理论、事实和需要，对有关文献进行分析整理或重新归类研究的构思。

研究设计首先要建立研究目标，研究目标是指使用可操作的定义方式，将课题或假设的内容设计成具体的、可以操作的、可以重复的文献研究活动，它能解决专门的问题，具有一定的意义。

搜集文献、整理文献和进行文献综述的实施步骤是：建立索引，根据调查对象开列文献清单；根据索引查阅和记录文献资料；核实文献并分类登录。

核实文献就是去伪存真、避轻就重的过程,其目的是获取那些有价值的文献。经过鉴别的文献,要根据调查任务和提纲的要求进行分类,然后把分类后的每一份文献都标上编号并保存备用。

文献综述是最关键最有价值的一个环节。文献综述是文献综合评述的简称,它是指在全面搜集有关文献资料的基础上,经过归纳整理、分析鉴别,对一定时期内某个学科或专题的研究成果和进展进行系统、全面的叙述和评论。综述分为综合性的和专题性的两种形式。综合性的综述是针对某个学科或专业的,而专题性的综述则是针对某个研究问题或研究方法和手段的。

文献综述的特征是依据对历史和当前研究成果的深入分析,指出当前的水平、动态、应当解决的问题和未来的发展方向,提出自己的观点、意见和建议,并依据有关理论,研究条件和实际需要等。文献综述可并对各种研究成果进行评述,为当前的研究提供基础或条件。对于具体科研工作而言,一个成功的文献综述,能够以其严密的分析评价和有根据的趋势预测,为新课题的确立提供了强有力的支持和论证。在某种意义上,它起总结过去、指导提出新课题和推动理论与实践新发展的作用。

文献综述具有内容浓缩化、集中化和系统化的特点,可以节省同行科技工作者阅读专业文献资料的时间和精力,帮助他们迅速地了解有关专题的历史、进展和存在的问题,做好科研定向工作。

文献综述的内容决定文献的形式和结构。由于课题、材料的占有和资料结构等方面的情况多种多样,很难完全统一或限定各类文献综述的形式和结构。但总体而言,文献综述的形式和结构一般可粗略分为绪言、历史发展、现状分析、趋向预测和建议、参考文献目录这五个部分。

文献综述的质量要求主要有以下几点:搜集文献应当客观、全面;材料与评论要协调、一致;针对性强;提纲挈领,突出重点;适当使用统计图表;不能混淆文献中的观点和作者个人的思想。

案例6-1： 中国公共关系业2013年度行业调查报告

为反映2013年度公共关系服务市场的运行态势，正确评价中国公共关系业的发展状况，为专业机构提供积极的行业指引，2014年2月20日至3月12日，中国国际公共关系协会（CIPRA）对中国境内主要公共关系公司进行为期21天的调查活动。该项活动由协会研究发展部具体实施。

项目组采用问卷调查的方法，对2013年度全国主要公关公司进行抽样调查，内容涉及运营管理、业务发展和可持续发展等方面。本次调查向行业主要规模公司发送问卷100份，收回问卷81份，其中有效问卷80份。

项目组对问卷所取得的数据进行了科学统计，并依据行业经验和历史数据进行了相关核实和判断，在科学分析基础上形成本调查报告。本报告由年度排行榜、行业调查分析、TOP25公司研究、国际性公司研究、最具成长性公司研究，以及行业发展与挑战六个部分组成。

报告说明：

（1）本报告所涉及的调查内容仅涉及中国内地的公共关系服务，不包括被访者的广告及其他制作业务。

（2）本报告所依据的调查数据为被访者所提供的数据，尽管访问者对这些数据做了相关核实，但本报告并不为这些数据的真实性提供保证。

（3）本报告所访问的对象为公司主要负责人，他们在接受调查时均声明代表公司的意志，所提供的信息均是真实、准确和有效的。

（4）本报告所发表的数据和结论以被访者提交的数据为基础，经过统计分析和行业判断，并加以测试和修正，这些数据不一定完全符合真实情况但能反映行业发展基本面的情况。

（5）本报告相信，有关数据和分析确实具有非常好的参考价值，能为中国公共关系市场的健康发展提供积极的引导和推动力。

年度排行榜

2013年度，公司排行榜包括TOP25公司和最具成长性公司两个榜单。其中，TOP公司25家，最具成长性公司10家。该榜单以自愿参与调查活动、提交完整数据、能够接受考察核实的公关公司为评选对象，以"TOP公司评选标准"为评选依据，通过加权指数计算产生最终结果。

榜单统计分析由CIPRA研究发展部执行，CIPRA公关公司工作委员会常委会审议。

关于"营业收入"注释

本调查中所使用的"营业收入"一词，专指公共关系服务收入（不含广告、制作等业务），Fee或称毛利润。该收入为含营业税的服务收入，须扣除第三方费用（包括外购劳务、媒体购买等）。

2013年度TOP 25公司榜单

（按公司品牌英文名排序）

Across China	信诺传播
APR	注意力
Blue Digital	蓝标数字
Burson-Marsteller	博雅公关
CHUAN	传智传播
CYTS Linkage	中青旅联科
D&S	迪思传媒
Daniel J. Edelman China Group	爱德曼中国
EVISION	时空视点
Fleishman Hillard	福莱希乐
Genedigi	际恒集团
HIGHTRAN	海辰恒业
High Team	海天网联
Hill+Knowlton	伟达公共

HRH	恒瑞行
KEYPOINT	关键点
Linksus	灵思营销
Marketing Resource	嘉利恒源
MSL China	明思力中国
NTI	新势整合
Ogilvy	奥美公关
Ruder Finn	罗德公关
Shumya	宣亚国际
Weber Shandwick	万博宣传
Zenith-Utop	哲基友拓

2013年度最具成长性公司榜单

（按公司品牌英文名排序）

Cenbo	森博公关
Energize	英智传播
GlobalRaytru	环球瑞都
Linksense	联华盛世
Revo	睿符品牌
SDPR	深度传媒
TIMESLEADER	上海德沪
Topline	尚诚同力
Waggener Edstrom	万卓环球（北京）
WINS	汪氏整合

行业调查分析

2013年，中国公共关系市场继续保持稳定增长。据调查估算，整个市场的年营业规模约为341亿元人民币，年增长率为12.5%左右。调查显示，TOP25公司的年营业额增长达到10.3%，略低于行业平均增长速度。相比上一年度，行业增长速度有所放缓，这表明公共关系行业也受到了整体经济增长放缓的影响，见图1。

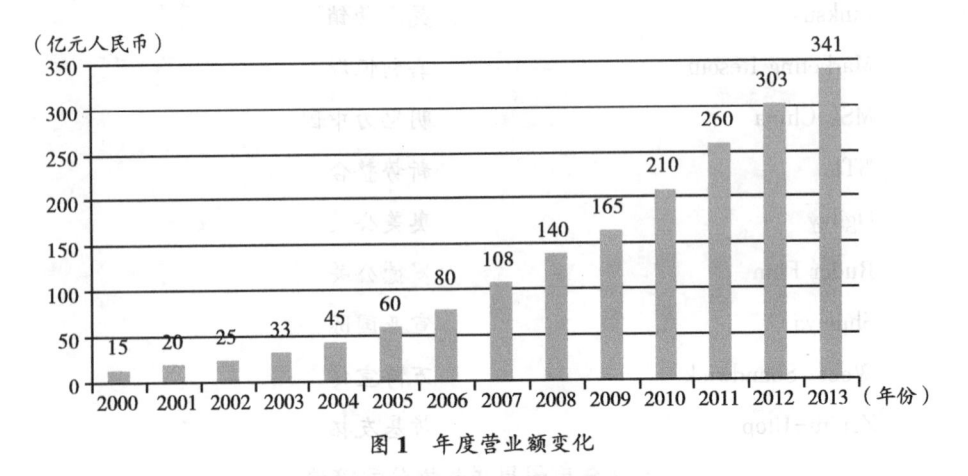

图1 年度营业额变化

随着新媒体时代的来临，公共关系业务正在发生结构性变化。传统公关形态业务增速放缓，而新兴公关业务（如数字化传播、新媒体营销等）出现了迅猛发展的势头。总体而言，作为新兴产业的公共关系行业，行业的成长速度仍然要高于整体经济发展的增速。

调查显示，2013年度中国公共关系服务市场的前四位为汽车、快速消费品、制造业、房地产，市场份额分别为25%、15.5%、7.5%和6.9%，制造业和房地产与往年相比，在本年度首次位列服务市场前四位；IT、金融和政府及非营利机构业务呈现明显下降趋势，分别由8.2%、6.8%和4%下降到6.3%、3.1%和2.2%；通信、医疗保健、互联网等行业呈现稳步增长趋势，见图2。

行业市场份额	2013年	2012年
汽车	25.0%	19.0%
快消	15.5%	13.5%
制造业	7.5%	5.5%
房地产	6.9%	5.4%
通信	6.3%	8.2%
	5.8%	5.4%
医疗保健	3.3%	2.6%
互联网	3.2%	3.0%
金融	3.1%	6.8%
政府及非盈利机构	2.3%	2.3%
	2.2%	4.0%
文化	1.9%	1.1%
体育	1.0%	0.8%
公用事业	0.8%	0.2%
其他	2.6%	

图 2 2012 年和 2013 年行业市场份额对比

根据表格分析可以看出，2013 年度中国公共关系服务市场中，汽车行业一扫 2012 年度的颓势，市场份额迅速增长，占据整个行业市场份额的 1/4；除此之外，其他服务范围越来越广，且业务分布较为均衡。

鉴于 TOP 25 和 TOP 10 家最具成长性公司数据的相对准确性，我们依据这 35 家公司数据从业务领域、业务类型、业务潜力和区域市场等方面加以统计分析。

35 家公司中，25 家开展汽车业务（71%），25 家开展快消业务（71%），14 家开展制造业业务（40%），11 家开展房地产业务（31%），12 家开展 IT 业务（34%），11 家开展通信业务（31%），11 家开展医疗保健业务（31%），11 家开展互联网业务（31%）。

行业市场份额

在 35 家公司中，8 家（23%）以顾问咨询为主，9 家（26%）以传播代理和执行为主，6 家（17%）以活动代理和执行为主，12 家（34%）以网络公关为主。上述数据表明，网络公关成为公关公司的主要业务，传统的公关业务在逐渐减少，见图 3。

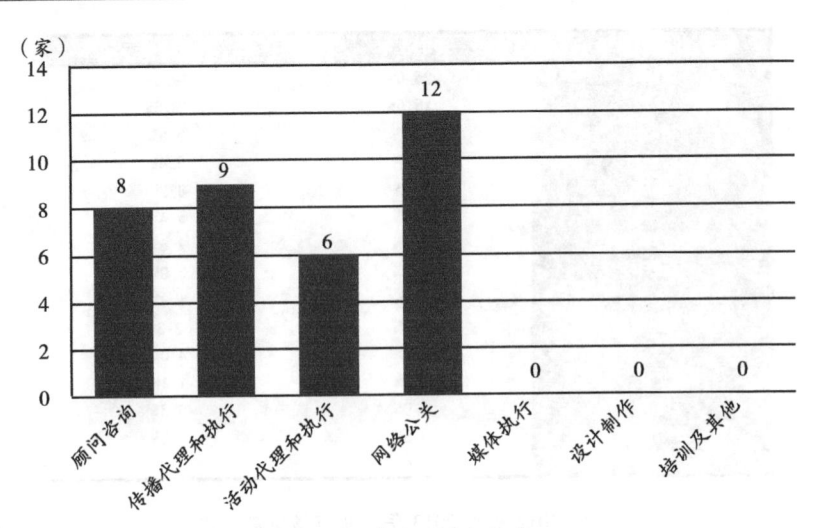

图 3 业务类型市场构成

35家公司在新的服务手段应用进展方面,21家(60%)开展事件营销业务,7家(20%)开展娱乐营销业务,4家(11%)开展体育营销业务,22家(63%)开展网络公关业务,13家(37%)开展危机管理业务,5家(14%)开展议题管理,9家(26%)开展政府关系业务,8家(23%)开展CSR项目,3家(9%)开展城市营销业务,2家(6%)开展其他业务,见图4。

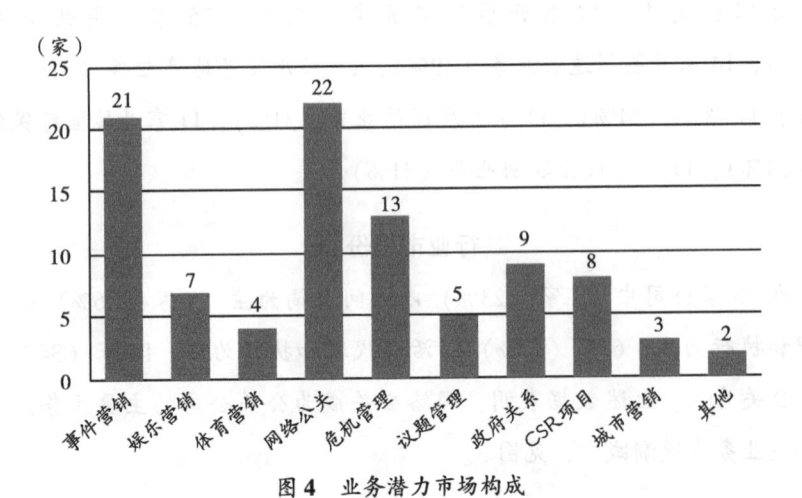

图 4 业务潜力市场构成

据统计，35家公司中网络公关业务营业收入在3000万元人民币以上的公司为10家，比去年增加4家。在整个市场中，新媒体业务占公关总体业务的27.5%，网络公关的收入占总营业收入的19%。

35家开展网络公关业务的公司中，19家提供舆情监测服务（54%），15家提供危机处理服务（43%），30家提供产品推广服务（86%），25家提供企业传播服务（71%），21家提供事件营销（60%），23家提供口碑营销服务（66%），26家提供整合传播服务（74%），见图5。

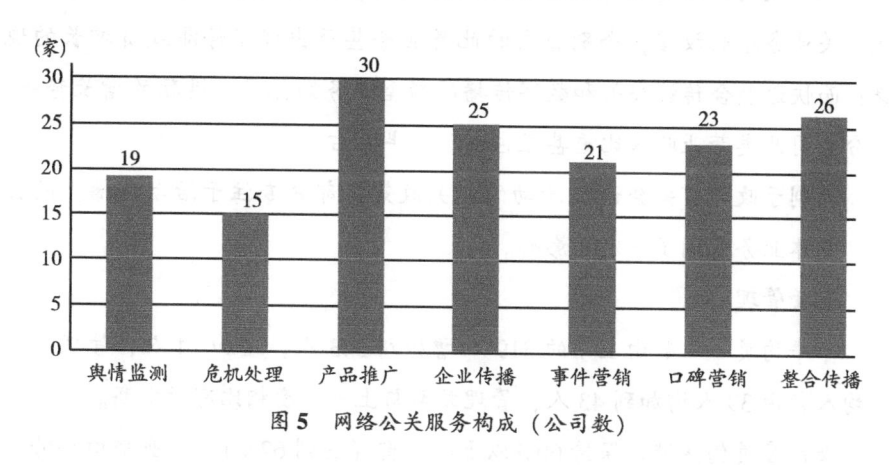

图5 网络公关服务构成（公司数）

调查显示，TOP25榜单公司全部在2个或2个以上城市设办公室。在35家公司中，有10家公司在超过5个以上城市设立了分公司或办事处，比去年增加了2家。

TOP25公司研究

营业情况

TOP25公司平均年营业收入13583万元人民币，比上年的12416万元人民币增长了9.4%；平均年营业额31142万元人民币，比上年的28234万元人民币增长了10.3%。19家公司年营业收入超过1亿元人民币，比去年增加5家。

行业龙头公司蓝标数字凭借上市公司的优势，年增长率高达40%以上，远超行业的平均增速。2013年，蓝标数字的营业额达137250万元人民币，营业收入达 68625 万元人民币，大幅领先于 TOP25 榜单的其他公司。这表明，龙头公司在行业的发展过程中，体现了强者恒强的竞争优势。

TOP 公司人均年营业收入与去年相比有所增加，达到 49.7 万元人民币/年。

签约客户数和日常代理客户比重分别达到 43 个，合 71.3%，与去年相比略有下降。外资客户比重则由上年度的 56% 上升为 60.6%，连续签约客户数达到 39 个，战略客户数 21 个。

统计表明，除受整体经济环境的影响外，随着数字化时代的到来，传统公关业务增长放缓，个别公司的此类业务甚至出现了停滞或负增长的现象；而快速整合传统公关和数字传播的新型业务则保持了迅猛的增长势头，部分公司此类营业收入比重甚至占到了一半左右。

受制于政府有关会议及活动的相关政策，部分专注于活动传播类的公司，整体业务受到了一定的影响。

运营管理

年平均员工人数由上年的 319 人增加到 343 人，增加 24 人；管理团队平均人数由 39 人增加到 43 人，管理效率与上一年度相比有所提高。

女性雇员仍然继续保持 60% 以上的比重（达到 62%），职业平均年龄维持在 28.9 岁左右；平均留任时间为 3 年（人员流动率达到 26.9%），周平均工作时数为 43.3 小时。

年人均培训时数为 121 小时（增加 50.6 小时），年培训预算超过 70 万元人民币，主要培训集中在专业技能、业务认知、岗位技能和业务管理四个方面，主要的培训方式有内部业务交流、部门岗位培训和公司课程训练等。

年平均工资水平为 8134 元人民币/月（2012 年 9442 元人民币，下降 13.9%）。客户经理平均月薪 10888 元人民币（2012 年 11390 元人民币，下降 4.4%），大学生转正平均月薪 3818 元人民币（2012 年 3835 元人民币，下降 0.4%），人员成本与上一年相比略有下降。

TOP 公司更加重视公司 CSR 建设，同时积极参与行业及社会公益事业。

CIPRA鼓励各公司积极发挥自身优势，积极参与行业CSR建设，不断提高公共关系行业社会认知度，为促进行业可持续发展、促进社会经济的和谐做出贡献。

国际性公司研究

国际性公司得益于全球化的布局，营业成本控制得较好。

顾问咨询服务仍是国际性公司的主营业务。

年签约客户数及连续签约客户数稳定发展，平均有43家，外资客户比重达到87.4%。

国际性公司网络公关客户的主要需求为舆情监测、危机处理、产品推广和企业传播业务。

最具成长性公司研究

营业情况

最具成长性公司平均年营业额为9695.6万元人民币，人均年营业收入与TOP公司相比略低。

平均签约客户数29个，日常代理客户比重占69.3%。

在网络公关方面，最具成长性公司主要提供舆情监测、产品推广、企业传播及整合传播的业务。

运营管理

年平均员工数108.8人，管理团队平均人数18.4人。

女性雇员60.8%，职业平均年龄维持在29岁左右；平均留任时间为2.8年（人员流动率达到13.9%），周平均工作时数45.2小时。

年人均培训时数62.6，年培训预算超过19万元人民币，主要培训集中于专业技能、业务认知、岗位技能和业务管理四个方面，一般通过内部业务交流、部门岗位培训和公司课程训练来解决。年人平均工资水平为7273元人民币/月，客户经理平均月薪为9398元人民币，大学生转正平均月薪为3455元人民币。

TOP25 公司对照统计表

	TOP25 2013（均值）	TOP25 2012（均值）	TOP25 公司变量
年营业额（万元人民币）	31142	28234	10.3%
年营业收入（万元人民币）	13583	12416	9.4%
年增长率	10.3%	15.5%	-5.2%
年人均营收（万元人民币）	49.7	43.2	6.5
年签客户比重	43	47	-4
签约客户比重	71.3%	75%	-3.7%
外资客户比重	60.6%	56%	4.6%
年平均员工人数	343	319	24
管理团队人数	43	39	4
女性雇员比例	62%	60.8%	1.2%
员工平均年龄	28.9	28.6	0.3
人员流动率（%）	26.9%	19.6%	7.3%
平均留任时间（Y）	3	2.7	0.3
周劳动强度（H）	43.3	41.7	1.6
年培训时间（H）	121	70.4	50.6
平均工资（元人民币/月）	8134	9442	-13.9%
客户经理工资（元人民币/月）	10888	11390	-4.4%
大学生转正工资（元人民币/月）	3818	3835	-0.4%

2013年中国公共关系行业发展分析

2013年中国公共关系行业发展呈现如下特点。

一、行业保持稳定增长态势，但增速有所放缓。通过对提交问卷的80家公司数据分析，2013年无论是在营业额，还是营业收入方面，都有一定增长。但相比上一年度，其增速有所放缓，这与整体经济环境有密切的关系。根据调查数据测算，2013年度全行业营业额达到341亿元人民币，增幅约为 12.5%。

二、调查显示，2013 年度中国公共关系服务市场的前四位为汽车、快速消费品、制造业和房地产，市场份额分别为 25%、15.5%、7.5% 和 6.9%。与 2012 年相比，制造业、房地产市场，首次在本年度首次位列服务市场前四位；IT、金融、政府及非营利机构的业务呈现明显的下降趋势，分别由 8.2%、6.8%、4% 下降到 6.3%、3.1% 和 2.2%；通信、医疗保健、互联网等其他行业均呈现稳步增长趋势。由此可见，2013 年度中国公共关系服务市场服务范围越来越广，继续呈现出行业扩散化的趋势。

三、汽车行业份额在经历了大幅度下滑后恢复快速增长。数据显示，在 2013 年的中国公共关系服务市场中，汽车行业一扫 2012 年度的颓势，市场份额迅速增长，从 2012 年的 19% 增加到 2013 年的 25%。尽管这个数字还没有达到 2011 年的 32.9%，但依然占据整个行业市场份额的 1/4。这表明，汽车行业在经历中日关系低潮影响后，开始恢复增长。

四、2013 年的公共关系市场业务分布较为均衡。数据显示，通信、医疗保健、互联网等其他行业均呈现稳步增长趋势。尽管 IT、金融、政府及非营利机构业务呈下降趋势，但依然占据了一定的市场份额。这表明，中国公共关系市场业务呈现均衡分布格局。

五、新媒体环境对公共关系市场产生明显影响。随着数字化时代的到来，传统公关业务增长放缓，个别公司此类业务甚至出现停滞或负增长的现象；而快速整合传统公关和数字传播的新型业务则保持了迅猛的增长势头，部分公司的此类营业收入比重甚至占到了一半。这表明，公共关系市场与传播环境的关系越来越紧密，公关公司必须适应传播环境的变化，实现转型并寻找新的机会。

六、国际公关公司继续加大在华战略布局。随着中国经济占全球比重的不断增加，2013 年国际公关公司继续加大在华拓展力度，继续在一线和二线城市尝试开展业务。调查显示，本次参与调查的国际公司的营业成本控制得较好，个人平均绩效很高。另外，这些公司的年签约客户数及连续签约客户数非常稳定，均在40家以上。这表明，国际公关公司在客户资源和专业化服务水平有其独到的优势，国际公司和本土公司互相竞争的趋势也将更加明显。

七、中国公关行业面临的挑战与机遇

第一，人才问题仍然是影响行业发展的瓶颈。由于行业整体稳定增长带来的人才需求，与2012年相比，中国公关市场人才专业化问题，并没有得到缓解。人才频繁流动、无序流动、供需脱节等问题依然困扰着公关行业。调查显示，公关行业人力资源成本上升较快，也影响了公关公司的营业收入和业务拓展。除人才外，资金也是制约从业公司做大做强的因素之一。

第二，把握公关行业的趋势。目前的公关行业开始呈现一些新的趋势，如公关与广告的边界开始消失，业务出现竞争。另外，大数据时代来临，业务模式会随之发生相应的变化。因此，公关行业在业务模式、管理方式、新媒体应用等方面，都需要不断地进行创新，进一步提升行业的整体水平。

第三，随着行业逐步走向成熟，行业集中度的趋势开始进一步显现。行业强势公司依靠资金优势和规模优势，市场份额进一步加大，体现了强者恒强的竞争格局。行业的兼并整合趋势，未来将会进一步加强。

第四，展望2014年，公共关系行业仍将保持稳定增长势头。调查显示，80%的公司看好2014年的公关市场。未来的房地产、通信、医疗保健、互联网，特别是城市的公共关系服务需求将成为新的增长点。

为了更加积极地推动中国公共关系行业的可持续和健康发展，中国国际公共关系协会将继续推进公共关系行业的专业化、规范化和国际化建设；继续加大力度，提升行业的社会影响，改变社会对公共关系行业的负面认知；继续与政府相关部门沟通，让政府更加重视公共关系的作用，并使行业获得应有的地位；继续推进公共关系的业务整合和资本运作，推动更多的优秀公关公司做强；鼓励它们在通过创新模式、兼并收购等手段发展壮大的同时，承担更多的行业责任和社会责任。

(资料来源：中国公关网)

四、公共关系调查的内容

1. 组织形象调查

组织形象包括的内容有很多，如组织精神、价值观念、行为规范、道德准则、经营作风、管理水平、人才实力、经济效益和福利待遇等，组织形象是这些要素的综合反映。

组织形象具有以下几个方面的特征。

（1）整体性。组织形象是一个有机的整体，形象是由组织内部诸多因素共同作用的结果。以一个企业为例，企业形象包括企业历史、社会地位、经济效益、社会贡献等综合性因素；员工的思想、文化、技术素质，以及服务方式、服务态度、服务质量等人员素质因素；产品质量、产品结构、经营方针、经营特色、基础管理、专业管理、综合管理等经营管理因素；技术实力、设备、地理位置等其他因素。

这些不同的因素形成不同的具体形象，但这些具体形象只是构成企业整体的基础，而完整的企业形象是各个形象要素所构成的具体要素的总和，这才是对组织具有决定性意义的宝贵财富。当然，对有些组织而言，可能会因某一方面的形象比较突出，进而掩盖其他方面的形象，导致组织形象片面性或不完整性。其实，这也是正常的，因为组织宣传有侧重点，公众也不可能全面了解组织的所有情况。

他们的印象大部分都是源于所能接触到的组织的一个或少数几个方面的情况，这就要求组织要认真对待每一个方面、每一个环节，从而在公众心目中树立良好形象。

（2）主观性。组织形象是公众对组织的意见或看法，因而是一种主观的东西。因为社会公众本身具有差异性，他们的社会地位、价值观念、思维方式、认识能力、审美标准、生活经历等各不相同，他们观察组织的角度、审视组织的时空维度也不相同，这样社会公众对同一企业及其行为的认识和评价就必定会有所不同。此外，在形象塑造和传播过程中，必然要发挥组织员工的主观能动性，渗透企业员工的思想、观念和心理色彩，因此，组织形象是主观的。

（3）客观性。形象是一种观念，是人的主观意识，但观念反映的对象却是客观的。也就是说，组织形象所赖以形成的物质载体都是客观的。建筑物是实实在在的，产品是实实在在的，组织的员工也是具体的，组织的各种活动也是实实在在的。因此，组织形象作为客观事物的反映，是不以人的意志为转移的，不能在虚幻的基础上构筑组织形象。

我们说组织形象是客观的，是基于一种统计规律。组织形象是公众的意见或看法，这个公众不是单个的人或少数群体组织，而是一个公众的集合。个人的意见是主观的、可变的，但作为一个整体的公众或大多数公众的意见则是客观的。虽然大多数人也可能被误导或因其他原因而产生错误看法，但这也正是公关状态的一种反映。但如果不从整体公众来理解组织形象，便无法形成完整的组织形象。因为做得再完美的企业也会有反对者，而再蹩脚的公关也会有人拍手叫好。

（4）相对稳定性。当社会公众对组织产生一定的认识和看法以后，一般会保持一段时间，而不会轻易改变或消失，这就是组织形象的相对稳定性。要在公众心中留下一个印象并不容易，特别是在当今产品众多、广告泛滥的年代。然而，要改变一种产品或一个组织在公众心中的形象就更难了。比如，中国人到了国外，常会碰到一些令人啼笑皆非的提问。例如，凭票购物、统一服装，甚至还有小脚女人之类的问题。反倒是中国近 20 年来发生的巨大变化在外国人（特别是没来过中国的外国人）心中并未留下什么印象。组织形象的这种相对稳定性可能会产生两种结果，其一是组织因良好形象被维持而受益，其二是组织因不良形象难以改变而受损。当然，形象不是一成不变的，但要改变一种形象总是不容易的。

组织形象调查包括两个方面的内容，一是组织的自我形象调查，另一个是组织的社会形象调查。

第六章 公共关系工作程序

组织的自我形象就是组织期望确立的组织形象，它是组织开展公共关系活动的内在动力和努力方向。一般来说，期望值越高，组织所付出的努力就越大，否则就越小。但这种期望必须建立在可能实现的基础上。

组织自我形象调查主要涉及两个内容，即组织的主观愿望和客观条件，调查对象是组织的管理层和一般员工。具体涉及以下几个问题：管理层对组织自身形象的目标定位、对组织目前的工作的满意程度、对组织公关活动的基本设想和期望值；员工对组织现状的看法，以及对组织的要求。

组织的客观现实情况（包括组织的历史、目标、政策与措施、社会贡献、经营管理情况、公共关系意识、存在的亟须解决的问题等）。

通过上述几方面的调查，从主观愿望和实际可能的结合上，基本可以确定本组织的自我期望形象。组织的社会形象是社会公众对组织综合评价后所形成的总体印象。组织的社会形象调查所针对的是组织的目标公众。可分为三个步骤进行。

首先分析公众对象；其次测定组织形象；最后，是分析形象要素（如经营方针、规模、产品质量、管理效能等）。调查的具体内容包括公众范围、公众分类、公众需求、公众对组织形象（包括社会声誉、产品、服务、员工素质、管理水平、效能等）的评价。公众对组织的认知度、美誉度和和谐度，是调查的重点，应尽量量化这些指标。

最后，要根据调查得来的数据进行分析，把组织的实际公众形象与组织的自我期望形象进行对比，找出差距，并分析产生这些差距的主要原因。

2. 公众舆论调查

所谓舆论是社会中相当数量的人对于一个特定话题所表达的个人观点、态度和信念的集合体。

舆论是大众社会中的一种普遍存在的心理现象，对个人或群体发生一定的影响，它既可以约束个人或群体的行为，同样也可以鼓励个人或群体的行为。

舆论作为公众意见（公共意见）是社会评价的一种，是社会心理的反映。它以公众利益为基础，以公共事务为指向并因此具备许多独有的个性，其特征为：公开性、公共性、急迫性、广泛性和评价性的特征。

所谓公众舆论调查，指的是对公众的态度倾向进行统计分析，用数据来显示公众的整体意见。公众舆论对于组织的生存发展关系重大，组织应该充分尊重公众的权利，高度重视公众的需要和关注点，并据此塑造组织的形象。

公众舆论调查包括以下三方面的内容。

第一，知晓公众的构成，包括知晓公众数量和比例、种类、地区和行业分布。

第二，知晓公众对组织的需求，对有关问题的了解程度和他们所掌握的组织信息的基本情况。

第三，公众对组织的态度或倾向，包括公众对组织的认知与公众对组织的评价两部分。

其中，公众对组织的认知指的是公众在了解组织后所做出的带有主观色彩的判断。进行公众舆论调查需要有较扎实的专业知识，要按照一定的指标体系（舆论测量模型）来测量、调查舆论。虽然公众舆论是由各种意见和态度构成的整体，但也是可以分解的。分解后的舆论，其倾向和影响力可以测定出来。不过，公众舆论往往是变化的，这一点需要特别注意。

3. 传媒调查

传媒调查主要包括各传媒分布（地区、行业、类型分布等），覆盖范围，传播内容，传播特色，传播重心，传播动向，传播效果和社会影响等方面的调查。

4. 社会环境调查

社会环境调查调查范围包括政治环境、经济环境、社会环境、科技环境、竞争环境等。

政治环境调查包括所在国家和地区的政治结构、政治气氛和变化趋势，国家和政府有关部门近期已颁布或有可能颁布的各项政策和法令，以及这些政策与法令对组织的发展有可能产生的影响。

经济环境调查包括世界经济发展现状和走向、国家经济发展战略、经济发展趋势、资源和能源的储量和开发情况、当前国民经济发展的整体水平。经济环境调查还包括国民收入的现状和发展趋势、社会购买力的特点，以及居民消费结构的变化特点和发展趋势。

社会环境调查包括社会观念和行为规范的变迁、社会流行思潮，以及它对公众行为的可能影响、人们的价值观念、行为方式、消费倾向、宗教信仰、文化素质、道德规范等方面的变化，以及上述因素对组织发展的制约和影响。

科技环境调查包括目标市场的技术水平、技术特征、技术要求、技术标准、技术类型，以及国际市场创新的趋势和值得关注的问题。

竞争环境调查包括组织所在的行业情况、组织在竞争中所处的地位、竞争对手的现状和动向，以及竞争对手的公共关系活动情况。

五、公共关系调查的程序

1. 调查准备阶段

首先，明确调查任务，确定公共关系调查活动的课题，即研究要解决什么问题，达到什么目的。一般来说，组织所能选择的调查课题很多，这主要取决于组织的现实的或长远的需要。调查课题一般分为两类，即描述性课题和解释性课题。前者通过具体数据来描述对象的轮廓和细节，后者则解释某些现象之间的因果关系并提出解决方案。

其次，制订调查方案。调查人员根据组织形象的现状和目标要求，分析现有条件，设计出最佳行动方案。它具体包括设计调查指标、选择调查对象和规划调查活动等部分。

再次，准备调查条件，调查条件主要包括人员、物资和交通等方面的准备。

2. 资料收集阶段

此阶段最主要的工作就是文件资料的收集。要合理地运用多种手段，尽可能地保证问卷的回收率达到较高水平。

3. 整理分析阶段

首先，整理调查资料，即对调查中所取得的全部资料进行检验、归类、统计。

其次，分析调查结果，即用图表等方式显示统计数据，并进行必要的分析。

4. 报告完成阶段

撰写调查报告是公关调查活动的最后一个环节，也是最重要的一个环节。它可以准确地反映组织的公共关系状态，特别是公众舆论情况，检验公关活动的完成情况及其社会影响，总结公关工作经验与教训，以便于今后进一步开展工作。

调查报告包括的内容一般有：调查题目（标题），导言（调查委托人、调查主持人、调查日期、调查原因和目标、调查对象、调查方法），调查结果和数据，结论，建议，署名（调查单位和报告完成时间），以及附件（调查表、统计数据及表格、背景资料等）。

调查报告应按照标准格式写作，在写作时注意以下问题：第一，使用通用的普及词汇，尽可能地避免出现行话和专门术语；第二，要考虑读者的立场、观点、阅历和阅读习惯；第三，尽可能用统计图、统计表来直观展示材料；第四，注意合理安排各部分之间的篇幅比例，重要的项目可以深入展开。

一份合格的调查报告应做到内容简明、体例系统、数据准确、分析严谨、重点突出、结论可靠。

5. 总结评估阶段

调查报告形成后，还必须对调查过程与调查结果进行总结评价，重点说明调查中的资料收集情况、技术手段的运用、调查程序等，以便组织的相关人员更清楚地了解调查的完成情况，准确地掌握调查成果，总结过去公共关系工作中的经验教训，为以后的公共关系调查活动提供借鉴。

案例6-2：为艾伦·路易斯综合医院所做的定位调研

艾伦·路易斯综合医院的经营者遇到了一个难题，他希望可以通过调研来解决。虽然艾伦·路易斯综合医院是一家很好的医院，但比起缅因州班戈地区的其他医院，它的规模较小而且缺少名气。仅在当地，它就要与20家医疗机构竞争。因此，艾伦·路易斯综合医院需要一个独特的市场定位来吸引病人。

长期以来，艾伦·路易斯综合医院的经营者斯文·拉普科恩一直相信，真理终将获胜，酒香不怕巷子深，只要医院好，病床使用率就能保持在98%左右。不幸的是，拉普科恩逐渐认识到，在真实的世界里，很少有人一开始就能认清真理所在。

在现实社会中，往往是感受决定一切。因为人们根据自己的感受采取行动，他们的感受就变成了现实和现实世界中的真理。拉普科恩认识到，要想成功地给自己的医院定位，就要了解和应对人们的感受和认知。因此，拉普科恩根据人们目前对艾伦路·易斯综合医院的感受，开始进行调研。

一、访谈过程

第一步，拉普科恩与本院的医生和理事交谈，收集他们对艾伦·路易斯综合医院和当地其他医院看法的资料。他这样做的目的是想清楚地了解在有学问的人眼中各家医院的竞争性排名。

例如，大学附属医院能满足各种病人的需要——特殊护理、专门护理和基础护理服务；班戈综合医院是一家规模很大且享有盛誉的医院，除非发生重大事故，它在社区的地位是很难被动摇的；另一家慈善医院则以外伤中心而闻名等。

至于艾伦·路易斯综合医院，医生和理事都认为这里的工作条件很好，提供的医疗服务堪称一流，医护人员的态度非常友善。大家都同意的问题是"没有人知道我们"。

二、特性调查

拉普科恩调研的第二步是测试医疗机构的重要特性是什么，他这样做是为了了解社区居民在评估医疗机构时最看重的因素有哪些。

应答者被要求将8个选项按照重要程序排序，并告诉拉普科恩及其员工每家被调查的医院在各项因素上分别可以得多少分。调研采用1~10的数值代表语义差别：1表示最差，而10表示最好。问卷被发放给两组人员，他们分别是1000名当地居民和500名艾伦·路易斯综合医院以前的病人。

三、结果列表

调研的第三步是把结果统计出来。根据当地居民的回答8个特性按排序排列如下：

（1）外科护理：9.23。

（2）医疗设备：9.20。

（3）心脏护理：9.16。

（4）急诊服务：8.96。

（5）医疗服务的种类：8.63。

（6）态度友善的护士：8.62。

（7）适中的费用 8.59。

（8）地理位置：7.94。

将特性进行上述排序后，再针对每项特性接受调查的所有医院打分和排序。在"外科护理"这一当地居民最重视的特性上，班戈综合医院排名第一，大学附属医院紧随其后，而艾伦·路易斯综合医院的排名则非常靠后。其他方面的特性情况也非常类似。事实上，在"态度友善的护士"这一项上，员工们原以为艾伦·路易斯综合医院会胜出，但实际上它在当地居民的心目中却位于最后。对此，拉普科恩并未感到吃惊。当地最大的几家医院在大部分特性上都得到了高分，而艾伦·路易斯综合医院则排在了队尾。

然而，再来看看艾伦·路易斯综合医院以前的病人这一组的情况。他们给出的排名和分数与当地居民给出的截然不同。

例如，在"外科护理"上，虽然班戈综合医院仍然排名第一，但艾伦·路易斯综合医院紧随其后。而且它在其他特性的排名上也有显著提高。事实上，在"态度友善的护士"方面，艾伦·路易斯综合医院在当地居民的调查中被排在最后，而在以前的病人的排名中则高居榜首，超过其他所有医院。在"地理位置"方面，艾伦路易·斯综合医院也排名第一。在"费用""医疗服务的种类"和"急诊服务"等方面，艾伦·路易斯综合医院均排名第二。

四、结论和建议

拉普科恩调研的第四步是得出部分结论，从而明确数据揭示了什么。

他得出了以下三个结论。

（1）班戈综合医院在当地医院中仍是最好的。

（2）根据在艾伦·路易斯综合医院接受过医疗护理的人的看法，该医院在大部分特性上是排在前面或接近前面的。

（3）艾伦·路易斯综合医院以前的病人对医院的评价明显高于当地普通居民。

换句话说，拉普科恩认为，来过艾伦·路易斯综合医院的人大多会喜欢这家医院，因此现在最需要做的是说服更多的人来医院就诊。

然而，对于一家医院来说，这该如何完成呢？其他行业的营销人员可以通过邮寄免费样品、提供打折优惠券，以及举办免费展示等方式，吸引消费者的关注，但医院在这方面受到很大的限制。拉普科恩应对这一挑战的策略是发动一系列的沟通攻势,说服有希望成为日后顾客的人,让他们换种眼光重新审视当地的其他医院;或者干脆给人们一个具体的理由,让他们来艾伦·路易斯综合医院进行体检。换句话说,他需要一个沟通策略,虽然承认它是当地医院中规模最小的,但能清楚地将艾伦·路易斯综合医院与当地其他规模较大但不够个性化的医院区别开。拉普科恩对此很有信心,他从调研项目中收集到的资料刚好满足了他制定一套获胜方案的需要。

他于是着手提出相应的建议。

(资料来源:[美]弗雷泽·P. 西泰尔(Fraser P. Seitel). 公共关系实务(第10版). 潘艳丽,陈静,等译. 北京:清华大学出版社,2008.)

第二节 公共关系策划

策划的含义是谋划,是一种智慧创造活动。公共关系策划指的是组织的策划人员为了达到公共关系活动目标,根据组织的现有条件,事先对公共关系活动方案进行的科学构思和设计,从而制订出最佳活动方案的过程。它以客观的公众分析为基础,以最佳活动效果为目标,是公共关系工作程序的一个重要环节。

公共关系策划提高了信息传播的科学性,有利于推动组织的目标管理,它是公共关系价值的集中体现。正因为如此,有学者认为,作为一种较高层次的工作,策划在公共关系中的地位应该是最重要的,它不仅是一切公共关系活动的先导,同时也应当是公共关系活动的核心。应该说这种观点不无道理,但有点偏激。事实上,公共关系活动有一整套科学严谨的运作程序,每一个环节都非常重要,不可或缺。那种不考虑客观环境因素、脱离组织和公众实际的所谓超级"点子",并不适用于公共关系活动。

一、公共关系策划的特征

1. 目的性

公关策划具有明确的目的，所有的公关策划都是围绕公关目标展开的。公共关系目标既是公关策划的起点，同时也是它的归宿。

2. 计划性

公关活动要按照组织自身发展的特点、现实和未来的需要，以及公众接受信息的客观规律，有计划、有步骤地展开的。

3. 科学性

公共关系策划是一项专业化程度很高的技术工作，它拥有丰富的专业技能和手段，因此必须立足于组织的现实，立足于公众的意愿，立足于所处的环境，要符合客观规律，按照严格规范的科学程序与方法来进行。决不能随心所欲，异想天开。

4. 全局性

策划是对组织整体公共关系活动的规划，涉及面广，既要考虑社会利益、组织利益，也要纵观全局，结合组织的长远目标、近期目标来统筹考虑。

5. 创新性

公共关系策划必须突破常规，依靠创造性和表现力所形成的"亮点"，吸引公众的兴趣，引起公众的共鸣。创新是公关策划的灵魂。

6. 灵活性

组织赖以生存的环境随时都可能发生变化，组织本身也在不断地变化发展过程中。相应地，公关目标及其公关活动也要随之变化。

当代策划已经发展到了多学科、多方人力共同合作、完成的群体策划阶段，从经验决策变为科学决策，这是一个里程碑式的进步。

二、公共关系策划的基本原则

1. 实事求是原则

任何策划都要以客观事实为依据，尊重客观事实和客观规律。塑造组织形象必须做到真实、全面和公正。此外，还要根据客观环境、组织目标、组织资源的变化，随时调整公关策划方案。

2. 开拓创新原则

独创性是组织形象竞争的需要，公关策划只有包含独特新颖的因素，才能令人耳目一新，从而吸引公众的注意力。

3. 顺应公众原则

在现代社会，公众的态度与行为对于组织的发展至关重要。组织要想获得良好的生存发展环境，必须适应公众的要求，处处为公众利益考虑，还要与公众保持密切的关系。要吸引公众，当然是"攻心为上"，适应公众需求，进而以产品、服务和观念去引导公众，在此过程中巧妙地树立组织的良好形象。

关于这一原则，熊源伟认为应该强化为"公众利益优先"，而且应把它作为公共关系策划的首要原则。他认为组织除了为社会作贡献，还要重视公众对组织的反应，关心整个社会的进步与发展。组织只有坚持公众利益至上，才能使自身获得更大的利益。这一观点无疑是正确的。

4. 注重效益原则

公关活动本质上是组织的一项投资，是要讲究回报的。策划工作要充分意识到这一点，既要考虑经济效益，也要考虑社会效益。

三、公共关系策划的程序

根据熊源伟等人的研究，作为对公共关系活动的性质、内容、形式和行动方案进行谋划与设计的思维过程，公共关系策划大致有八个步骤，即制定目标、确定类型、确定公众、拟定主题、选择媒介、编制预算、审定方案和撰写计划书。应该说，这个观点基本概括了该环节的要素。本书认为，可以在确定公众之后再加一个环节：确定类型（周安华等认为这个环节应置于公共关系实施中），这样共有九个环节，现分述如下。

1. 制定目标

公共关系活动的目标，指的是组织通过实施公关活动而希望达到的某种状态、预定成果及其衡量标准（具体指标）。一般来说，在结束公共关系调查之后，公共关系策划人员就要根据调查中发现的问题和机会，进一步收集并处理相关信息（政府决策信息、国家相关政策法律、法规信息，新闻媒介信息、市场信息、产品或服务形象信息、组织形象信息、同行信息、顾客信息等），进而确立公共关系的策划目标。

制定公共关系目标时，一定要结合组织和公众的实际，要有很强的针对性和一定的灵活性。目标要具体、明确，具有可行性与可控性，既要突出重点，又要做好各部分与环节的平衡；还应努力追求公关目标与组织目标的统一、组织利益与公众利益的统一。

英国当代最负盛名的公共关系专家弗兰克·杰夫金斯认为，一个组织的各个方面都可以成为公共关系的计划目标。至于编制哪些公共关系目标，则要根据组织的具体情况来定。根据他的概括，组织公共关系目标共有以下十六种。

第一种，新产品、新技术、新服务项目开发之中，要让公众对它们有足够的了解。

第二种，在开辟新市场、新产品或服务推销之前，要在新市场所在地的公众中宣传组织的声誉，提高知名度。

第三种，转产其他产品时，要调整组织的对内对外形象，以便让新的组织形象与新产品相适应。

第四种，参加社会公益活动，并通过适当方式向公众宣传，增加公众对组织的了解和好感。

第五种，开展社区公共关系活动，与组织所在地的公众沟通。

第六种，本组织的产品或服务在社会上造成不良影响后，进行公共关系活动。

第七种，为本组织的新的分公司、新的销售店、新的驻外办事处进行宣传，使各类公众了解其性质和作用。

第八种，让组织内外的公众了解组织的高层领导关心社会、参加各种社会活动的情况，以提高组织的声誉。

第九种，发生严重事故后，要让公众了解组织处理的过程、采取的方法、事故的原因，以及正在做出的努力。

第十种，创造一个良好的消费环境，在公众中普及同本组织有关的产品或服务的消费方式、生活方式。

第十一种，创造股票发行的良好环境，在本组织的股票准备正式上市挂牌前，向各类公众介绍产品特点、经营情况、发展前景和利润情况等。

第十二种，通过适当的方式向儿童介绍本组织产品的商标牌号、企业名称等。

第十三种，了解行政组织性质、发展前景、需要得到支持的情况，协调组织与政府的关系。

第十四种，赞助社会公益事业。

第十五种，准备同其他组织建立合作关系时，对组织的内部公众、组织的合作者及政府部门宣传合作的意义和作用。

第十六种，处在竞争危急时刻，通过联络感情等方式，争取有关公众的支持。

应该说，弗兰克·杰夫金斯把组织在各种情况下的公共关系目标都考虑到了，只不过他没有把这些目标进行归类。

组织目标的分类有多种方法，如果按照公关目标实施的时间跨度来划分，可以分为长期目标和近期目标；如果按照规模来划分，可以划分为总目标和分目标；如果按照公关目标的性质来划分，可以分为一般目标和特殊目标。最常见的做法是按照组织目标的功能来划分，有以下四种类型。

（1）信息传播。组织通过媒介传递有关产品、服务、观念、政策和措施的信息给目标公众，增加他们对组织的认知，提高组织的知名度，从而达到沟通的目的。这是组织的公共关系目标中最基本的目标。

（2）联络感情。公共关系工作实质上是向社会公众表达善意，因此对目标公众进行感情投资是组织公关部门经常性的工作。它既是组织的长期目标，也是组织的短期目标。一般来说，感情投资所针对的目标公众，往往是对组织的生存发展有重要影响力的特定公众，甚至是关键公众。

（3）改变态度。公众的态度一般分为两种：积极态度和消极态度。积极态度包含支持、亲近、好感和信赖等心理倾向，也称为正面态度。消极态度包含反对、怀疑和冷淡等心理倾向，又称为负面态度。在一定期限内，开展公共关系活动的目的，就是为了改变目标公众对组织形象的某一方面的看法和态度。

传播学相关研究表明，人们接触信息的目的是为了满足他们的特定需求，这些需求有一定的社会和心理根源。通常，传播所造成的最明显的倾向不是引起受众态度的改变，而是作为影响因素之一对既有态度的强化。在一般情况下，组织的信息传播活动能强化公众对组织的原有态度，而不容易改变公众的既有态度，特别是负面态度。

传播学的"沉默的螺旋"理论认为，舆论的形成是大众传播、人际传播和人们对"意见环境"的认知心理三者相互作用的结果，大众传播通过营造"意见环境"影响和制约舆论。因此，要想使公众的态度发生改变，就需要有效地使用多种传播手段和信息，形成社会舆论，潜移默化地影响这些对组织持消极态度的公众，努力使他们逐步加深对组织的了解与好感，形成积极态度。

（4）改变行为。公共关系的最终目的是让目标公众采取组织所期望的行为。态度的改变并不意味着行为的改变，这就需要组织的公关人员进一步研究目标公众的基本情况、对组织认知程度、目前态度，通过开展相应的工作促进这些公众改变态度。

2. 确定公众

在确定公共关系目标之后，下一步的工作就是根据实现目标的需要，确定具体的公关活动应该关注、沟通的目标公众，一般是根据公关活动所覆盖的范围、对组织的重要程度和组织的现实需要等来确定。目标公众的确定，不仅有利于策划人员收集信息，开展进一步的工作，也有利于组织资源的合理利用，以及媒体的正确选择。

在确定公众的过程中，首先要对公众进行分类，确定哪些是顺意公众，哪些是独立公众，哪些是逆意公众，然后鉴别公众的权利要求，最后根据相关公众权利的轻重缓急来确定下一步开展哪些公共关系活动。下面是《有效公共关系》总结的一般股份公司公众的权利要求，颇有参考价值。

一般股份公司公众的权利要求

1. 员工公众。其权利要求为：就业安全和适当的工作条件；合理的工资和福利；培训和上进的机会；了解公司的内情；社会地位、人格尊重和心理满足；不受上级专横对待；有效地领导；和谐的人事关系；参与和表达的机会等。

2. 股东公众。其权利要求为：参加利润分配；参与股份表决和董事会的选举；了解公司的经营动态；优先试用新产品；有权转让股票；有权检查公司账目、增股报价、资产清理；有合同所确立的各种附加权利等。

3. 顾客公众。其权利要求为：产品质量保证和适当保用期；公平合理的价格；优良的服务态度；准确解释各种疑难或投诉；提供完善的售后服务；获取必要的产品技术资料及增进消费者信任的服务；必要的消费教育指导等。

4. 同业公众。其权利要求为：有社会或本行业确立竞争规则；平等的竞争机会和条件；竞争中的相互协作；竞争中的现代企业家风度。

5. 协作者公众。其权利要求为：遵守合同；平等互利；提供技术信息和援助；为协作提供各种优惠；共担风险等。

6. 社区公众。其权利要求为：向当地提供健康的就业机会；保护社区环境和秩序；关心和支持当地政府；支持文化和慈善事业；赞助地方公益活动；正规招聘公平竞争；扶持地方小企业等。

7. 政府公众。其权利要求为：保证各项税收；遵守各项法律、政策；承担法律义务；公平竞争；保证安全等。

8. 媒介公众。其权利要求为：公平提供信息来源；尊重新闻界的职业尊严；有机会参加公司重要庆典等社交活动；保证记者采访的独家新闻不被泄露；提供采访的方便条件等。

3. 确定类型

确定公众之后，还需要确立公共关系活动的类型。根据组织的不同发展阶段来划分，可分为以下四种公共关系活动类型。

（1）建设型公关活动。建设型公关活动一般是指在组织初创时期或新产品、新服务首次推出时，为打开局面而采用的公共关系工作模式。其目的是迅速提高产品服务的知名度和塑造组织美好"第一印象"。这种公关模式的工作重点是正面宣传，向社会公众介绍组织及产品或服务，使公众对新组织、新产品、新服务有所认识，引起公众兴趣。应尽量让更多的公众知晓，并通过公关人员的活动，取得公众的信任与支持。主要做法有开业庆典、新产品促销和赠送宣传品等。

（2）维系型公关活动。维系型公关活动也称巩固性公共关系活动，是组织在稳定发展过程中，为巩固组织良好形象，保持公众关系的持续性协调发展而进行的专项公关活动。通过维系性公关活动的开展，可以确保组织能及时适应内外环境的变化，巩固和优化组织对内对外公众关系，使组织的公众关系保持动态平衡。

维系型公共关系是针对公众心理特征而精心设计的，它通过比较平淡地持续传递信息，使社会组织长时期中对公众起潜移默化作用，具体可分为"硬维系""软维系"两种形式。

"硬维系"是指那些"维系目的"明确，主客双方都能理解意图的维系活动，其特点是通过显露的优惠服务和感情联络来维系同公众的关系。例如，许多西方航空公司明确宣布，凡乘坐本公司航班多少次以上者或累计飞行里程达多少者，公司可提供免费旅行一次，其目的是同顾客建立较长期联系。有些国内外厂商还利用一些节日、纪念日，向长期客户赠送一些小礼品，搞一些联谊活动，来加强感情联络，发展厂商与顾客之间的关系。

"硬维系"一般用于已经建立了购买关系或业务往来的组织和个人。它的具体方式灵活多样，可利用各种传媒进行一般的宣传，如定期刊发有关组织情况的新闻、播出广告、提供组织的新闻图片、实行会员制、提供累计消费折扣等；也可以向常年客户赠送小礼物，邀请用户联谊，定期或不定期地发布提醒性广告，经常在媒体露面，经常派发企业小型纪念品或礼品。

"软维系"是指那些活动目的虽然明确，但表现形式却比较超脱、隐蔽的公共关系活动，其目的是在不知不觉中让公众不忘记组织。一般是对广泛的公众开展的公共关系活动，其具体做法可以灵活多样，但要以低姿态宣传为主，如定期广告、组织报道、提供组织的新闻画片、散发印有组织名称的交通旅游图等。保持一定的媒体曝光率，使公众在不知不觉中了解组织的情况，加深对组织的印象。

例如，1986年的圣诞节，北京长城饭店公共关系部请了一批孩子来饭店装饰圣诞树。除供应他们一天的吃喝外，临走时还特地送给每人一份小礼物。这些孩子分别来自各国的驻华使馆，他们的父母都是使馆的官员。长城饭店是五星级豪华饭店，顾客主要是各国的来华人士。邀请这些孩子来饭店，表面上是为孩子们举行了一次符合西方习惯的传统活动，但"醉翁之意"是希望通过孩子来维系长城饭店与各使馆的关系。孩子在饭店玩了一天，长城饭店的豪华设施在他们幼小的心灵中留下了深刻的印象。他们的父母也一定会问孩子圣诞节在长城饭店过得是否快乐，还可能看看赠送给孩子的礼品，对长城饭店的好感便会油然而生，对长城饭店来说随之而来的必然是宾客盈门了。

(3) 进攻型公关活动。进攻型公关活动是用于组织与环境发生冲突、摩擦的时候即采取以攻为守的策略，抓住有利时机和有利条件变换决策，迅速调整，改变对原环境的过分依赖，开辟新的环境和新的机会。这是一种主动争取公众、创造良好环境时采用的一种公共关系模式。这种模式要求组织利用一切可以利用的手段，抓住一切可能的机会和条件，以积极主动的姿态调整自身行为，改变环境，摆脱被动局面，创造有利于组织发展的新局面。

进攻型公共关系的特点是：内容形式新颖，能迅速吸引有关公众的注意和兴趣，可迅速提高本组织的信誉度与知名度。

进攻型公关活动模式在实际生活中可通过宣传新的营销理念、发布新产品上市消息、优化现有产品品质、运用价格战、服务战，与优势企业联合等方式来实现。

(4) 防御型公关活动。防御型公关活动是组织为防止自身的公共关系失调或有潜在危机时所采取的一种公共关系活动模式，也是组织与外部环境出现不协调或与公众发生轻微摩擦时所采用的公共关系活动模式。其特点是防御与引导相结合，变消极为积极。防御型公关活动特别适用于组织发展过程中的战略决策，是战略型领导最重视的公关活动之一。防御型公关的重点其实不在于"防"而是"引"，在于利用一切不利时机开创有利局面。从这个意义上讲，防御型公关活动也可以看成是在不同背景和不同环境条件下的一种"建设型公关活动"。

防御型公共关系的方法主要有采用调查、预测手段，了解潜在危机，提出改进方案。

公共关系活动还有另外一种分类法，那就是根据公关活动的不同功能来划分，可分为以下五种类型。

（1）社会公益型公关活动。社会公益型公关活动以提供各类义务服务、社会公益赞助为主要内容的公益性公共关系。其目的是通过积极的社会活动，扩大组织的社会影响，提高其社会声誉，赢得特定公众的理解、赞赏和支持，为树立良好的社会形象创造条件。

社会公益型公关活动模式主要有三种：一是以组织本身的重要活动为中心，旨在增进沟通的庆典活动；二是以支持社会福利事业为中心而开展的，旨在树立本组织承担社会责任和提高美誉度的赞助活动。三是旨在提高组织的知名度的资助大众传媒举办的各种活动。这类公益性活动属于组织战略层面的举措，虽然暂时付出了相当的费用，而且短期内也不会给组织带来直接的经济效益，但因为它潜移默化地加深了公众对组织的良好印象，因此从长远来看，它的积极作用会逐步凸显。

（2）宣传型公关活动。宣传型公关活动是运用各种媒介以单纯的信息传播为中心内容，面向组织的内外公众开展宣传工作的公关活动方式。通过对组织内外的传播，让社会公众知晓组织的特定信息，了解组织、理解组织，树立良好组织形象，进而形成有利于组织发展的社会舆论，使组织获得更多的支持者和合作者，达到促进组织发展的目的。比较常见的方式有举办新闻发布会（记者招待会）、展会、公共关系广告、印发组织宣传材料，以及各类竞赛、演讲和颁奖活动等。

（3）交际型公关活动。交际型公关活动是以获得关键公众或重要公众对组织的支持而实施的社交型公关活动。其目的是通过人与人的直接接触与联络，增进组织的关键公众对组织的感情，为组织的发展广结良缘，以提高本组织的社会地位，形成有利于组织发展的人际环境。这种类型的公共关系具有灵活、直接、人情味浓的特点，效果往往较为理想。

开展交际型公关活动常见的形式有招待会、座谈会、联谊会、恳谈会、舞会和开放参观等。

（4）服务型公关活动。服务型公关活动是一种以为公众提供完善、优质的服务为主要手段的公共关系活动方式。其目的是以实际行动来密切与公众的关系，换取社会公众的了解和赞许，为组织树立良好的形象。组织要想获得公众的真正认可，除了强化信息沟通外，还要提高服务水准。服务型公关活动方式对所有的社会组织具有普遍意义。国内外优秀的组织都坚持"公众至上""顾客是上帝"的理念，把服务好公众放在第一位，不断地丰富服务内容，提高服务技巧，对公众提供真诚、实际、有效的服务，从而为组织赢得了更大的经济效益和社会效益。

（5）征询型公关活动。征询型公关活动是通过信息采集、舆论调查、民意测验等手段，了解公众意愿乃至社会发展趋势，以备组织决策咨询的公共关系工作类型。其目的是使组织的行为尽可能地与国家的整体利益、市场的发展趋势，以及公众的意愿、需求和利益一致。征询型公关活动能够让组织深入、全面地了解目标公众，公众能及时有效地反馈相关信息给组织，组织的政策和行为能得到及时调整。

4. 确定主题

主题是公关活动的高度概括，对整个公共关系活动起主导作用，能够有效地吸引公众的注意力，获得社会的好感。公共关系主题尤其适合在大型专题性公共关系活动中使用。正确确立公共关系活动的主题，是公关策划活动成败的核心因素，而要推敲、提炼主题，必须经过创意环节。

所谓创意指的是创出的新意或意境，也称为创意思维，是具有新颖性和创造性的想法。它是对传统的叛逆，是一种打破常规的哲学，是破旧立新的创造与毁灭的循环，是思维的碰撞和智慧的对接。创意过程可分为五个阶段，即准备阶段、酝酿阶段、启发阶段、成型阶段和验证阶段。常用的创意方法有垂直思考法、水平思考法和头脑风暴法等。

垂直思考法即案例排列法，是指在一定的范围内按一定的套路，依照传统经验（对过去相关案例的回顾）向上或向下垂直思考（激发新的构想）的方法。这种思考法容易导致思路狭窄，局限性较大，目前这种方法在公共关系策划、广告策划活动中，已较少采用。

水平思考法也叫横向思考法,其最大特点是立体扩散思维,有开阔的思路,比较容易产生新的创意。

头脑风暴法(多人会商法),指的是由多人组成的策划小组按照各自分头调研(收集、整理、研究基本的调查资料)、共享信息(收集的资料在小组成员间互相通报,形成第一次信息冲击效应)、独立思考、小组讨论(依次发言,形成第二次信息冲击效应),以及专人提炼的步骤产生创意的方法。关键步骤是第二小组、第四小组讨论中的脑力激荡过程。在此过程中,个体与群体知识互补,互相启发(不能批评别人的构思),有利于创意的产生。这是一种运用群体智慧的策划方式。

不难看出,好的创意需要有独创的观点、天才的思维和艺术的天赋,此项工作非一般人所能胜任。通过创意思维不仅可以实现知识或信息的增值(即以新的知识来增加知识的积累,从而增加信息量),还可以通过方法上的突破,分解组合现有知识,实现知识或信息的新功能。但由于创意所针对的目标对象的模糊性、潜在性,实际运用效果的未知性,以及创意本身能否被人们很快接受这些因素的共同作用,往往会造成在确立和应用创意的时候面临大的风险。

设计公共关系活动的主题要考虑四个因素:公共关系目标、信息个性、公众心理和审美情趣。这实际上也是提炼公关活动主题所要坚持的基本原则。

(1)主题必须与组织的公关目标相一致。选择主题的目的是为了更好地凸显公共关系目标,因此主题要服务于公共关系目标。偏离公共公关目标的主题容易误导公众,反而起了副作用。

(2)主题要言简意赅、形象生动、朴素优美、易于传播。人们对语言的音节的有效记忆是有限制的。主题的表述一定要通俗易懂。只有言简意赅的主题,才容易被公众欣然接受并能得到迅速传播。

(3)主题要新颖独到、个性鲜明、富有激情。现代社会是一个信息爆炸的社会,公众每天都接触海量的信息,对于那些没有特色、没有个性的

第六章 公共关系工作程序

主题，公众很容易产生视觉疲劳，更不用说打动他们了。

（4）主题要便于操作，讲究实效。主题要符合公共关系活动的客观实际，符合公众的心理需要。此外，主题还应而且还要具备可行性，不能让公众感觉"口惠而实不至"。

（5）主题要迎合、引导公众心理。主题设计不仅要适应公众的心理，还要有意加入促进社会文明进步的因素，积极引导公众心理。

5. 选择时机

选择时机就是选择机会。现代社会发展日新月异，机遇稍纵即逝。完全可以说，时机就是组织的金钱，时机就是组织的生命。因此，优秀的公共关系活动的策划者一定是善于抓住时机的。

时机包括两类，一是自身时机，即组织自身的活动所提供的机会；二是社会时机，即社会提供的重大机遇。抓时机实际上就是搭便车、借势和借题发挥。

选择时机最关键的考虑因素就是公众的关注点。如果经过调研，某个时机目标公众会关注、又有新闻报道价值，那就一定要抓住。一般来说，节假日、国内外重大事件发生日会吸引公众关注，这个时候尽量避免开展公关活动（除非所开展的活动与节日、重大事件密切相关，或者可以借题发挥）。

6. 选择媒介

公共关系的手段是传播，而媒介是传播公共关系信息的主要载体。从理论上讲，公共关系活动可以利用所有的媒介进行传播。但每种媒介的特性、覆盖范围、传播效果、社会影响力各不相同，这就需要公共关系策划人员熟悉各种媒介，熟悉目标公众的兴趣所在、接受信息的渠道、习惯和方式，懂得何种媒介适合传播何种信息，特别是懂得如何利用媒介组合有效地传播组织的信息，如何选择媒介又管用又省钱等。

简而言之，选择媒介时要综合考虑公共关系目标、传播对象、传播内容、经费预算等因素。只有恰当选择好媒介，才能够取得最佳的传播效果。

7. 编制预算

兵马未动，粮草先行。开展任何公共关系活动都需要有一定的物质条件，都需要足够的经费加以保障，否则活动就无从启动。而编制经费预算是公共关系策划过程中的一个重要的、不可或缺的环节。编制预算不仅可以保证公共关系策划方案的顺利开展，而且还可以作为公共关系活动结束后的评估依据。

公共关系活动的预算构成简单来说分为行政费用和项目费用，一般包括劳务费，办公费（日常行政开支），专业器材和成品制作费（制作各类宣传品、纪念品所需的设备及材料费用），宣传费（媒介使用费），具体活动费（开展具体的公关活动如庆典活动、培训、调研、差旅、招待等费用、赞助费）。

确定公共关系活动预算的一般方法如下。

（1）固定比率法。按照一定时期内的经营流水（销售额）或利润额的多少，以某种固定百分比提取公关活动经费。这是一种最省心但也最不靠谱的方法。

（2）投资报酬法。事先设定某一数额的公共关系经费并视之为一项投资，按照相同数额的资金投入的投资回报率的高低来分配经费。此法注重投资回报，但最大的难点在于如何才能准确计算投资效益（因为公关活动的效果一般是滞后的），因而也就难以确定投资回报率。鉴于此，有的组织常常用知名度、美誉度的指标来检测公共关系活动的效果。

（3）量入为出法。以组织的经济实力与财务状况作为公关活动经费的支出依据，简言之就是"有多少钱办多少事"。这种方法简单，但略显随意。能提供的公关活动经费的多少，在很大程度上取决于组织决策层对公共关系的认知程度。

（4）目标先导法。根据公共关系活动的预定目标，测算出各个具体环节所需基本费用；简单汇总后，再加上一定的机动费后就构成了公共关系活动总费用。这种方法是否可行，取决于组织财务状况和公关活动计划制订的合理程度。

8. 审定方案

所谓审定方案，指的是对初步完成的公共关系策划草案（一般都有备选方案）的再分析，其目的是选择、优化和完善方案。审定方案通常是由组织决策层、相关专家组成一个小组，先听取制定方案的策划人员的汇报；然后由这个小组的成员发表意见，提出问题，让策划人员答辩；最后由小组成员对各个草案进行可行性认证。如合格，则提出具体的修改意见以备完善；如问题较多，则推倒，另选其他方案或让策划人员重新制定新方案。

审定方案要重点考虑公关目标和费用的合理性，以及在实施方案过程中各环节（时间、资金、人员、传媒等）可能存在或出现的风险，因为这些因素决定方案最终能否可行。

9. 撰写策划书

方案审定后，就进入公共关系策划的最后一道程序——撰写策划书。公共关系策划书是一种规范的、反映最终策划成果的书面文件。一份完整的策划方案应当具备 5W、2H 和 1E，即：What（什么）——策划的目的、内容；Who（谁）——策划组织者、策划者、策划所涉及的公众；Where（何处）——策划实施地点；When（何时）——策划实施时机；Why（为什么）——策划的缘由；How（如何）——策划的方法和实施形式；How much（多少）——策划的预算；Effect（效果）——策划结果的预测。

公共关系策划计划书一般由封面，摘要，目录，前言（导言、序言），正文，署名和附录等部分组成。封面应有策划项目名称、策划主题名称、完成计划数的日期、计划书编号等。摘要应包含计划书的精华部分。前言是计划书的大纲，内容包括策划计划书的指导思想、此次公共关系活动项目的背景概述、社会意义、操作的可能性等。正文部分描述此次公共关系活动的宗旨、活动的目标、公共关系活动项目、传播方式、开展时间、开展地点、实施步骤、费用估算（以表格形式将各项详尽列出）、策划进度表、各人员责任分配表、效果预测等。这部分是写作重点，要求行文流畅、层次分明、逻辑性强，篇幅长短适宜。

公共关系策划书撰写程序为：第一，撰写大纲，列出各部分的标题和要点；第二，补充调整大纲和写作要点，增添具体内容，形成初稿；第三，修改完善初稿并定稿。

公共关系策划书对写作的要求比较高，既要有丰富的想象力，又要有扎实的写作功底和严密的逻辑思维。此外，在必要时，还需要有保密意识（涉及对外招商时）。只有如此，才有可能使策划书打动组织的决策层，让其接受并同意实施。

四、公共关系策划的一般方法

1. 审时、借时

这里的"时"指的是时机、时间。由于公共关系活动的实效性很强，策划人员要善于审时度势、抓住机遇实施开展公关活动，提升传播效果。常用的手段有争先、乘机和后发。

争先就是趁别人不注意或者没有意识到的时候，自己先行一步。一般来说，先行者总是能占据有利地位的。

乘机就是把握最佳机遇，及时策划对路的公关活动。一般有三种时机可资利用：周期循环之机（如每年七夕、每个周末、十年纪念日等），可预料之机（如学校开学、店铺开业、工程竣工等），突如其来之机（如重要人物突访、重大事件发生之时）。

后发，即后发制人，是指在别人开展相关公共关系活动的基础之上，通过分析竞争对手和其他社会信息之后，精心策划出更有针对性、更为成熟的公共关系活动，有后来者居上之效。

时机或机遇往往是可遇不可求，但它对每个组织、每一个策划人员都是公平的。因此，进行公关活动策划时，一定要敏锐地观察组织内外环境的变化情况，及时发现机会并果断采取行动。对于现代组织来说，抓住机会就能赢得先机。

案例6-3： **求新求异结硕果**

美国实业界巨子华诺密克参加了在芝加哥举行的美国商品展览会。遗憾的是，他被分配在一个极偏僻的角落，这个角落是很少有游客光顾的。因此，为他设计摊位布置的装饰工程师萨孟逊劝他索性放弃这个摊位，等待明年再来参加商品展览会。华诺密克却回答说："萨孟逊先生，机会要靠自己去创造，不会从天而降。"

华诺密克随即向他的公关部求援。公关人员明白了他的处境和要求之后，召开会议、集思广益，最后得出一条妙计，即设计一个美观而富于东方色彩的摊位。萨孟逊不负所托，果然为他设计了一个古阿拉伯宫殿摊位，那摊位前面的大路，变成了一个人工做成的大沙漠，人们走到摊位前面时，就仿佛置身于阿拉伯一样。华诺密克对这个设计很满意。他让雇来的两百多名男女职员，全部穿上阿拉伯的服装，并且特地派人去阿拉伯买回6只双峰骆驼来运输货物。他还派人去做了一大批气球，准备在展览会开始时使用。这一切都是秘密进行的，在展览会开幕之前，不许任何人说出去。

这个阿拉伯式的摊位设计，引起了参加展览会的商人们的兴趣。不少报纸、电台的记者都报道了这个新奇的设计。这些报道引起了市民们的注意。

展览会开幕那天，有很多人都怀着好奇心前来参观。这时，展厅内升起无数个彩色气球，升空不久，便自动爆破，落下来一片片印着一行很美观的小字的胶片，上面写着："当你拾到这小小的胶片时，亲爱的女士或先生，你的好运气就开始了，我们衷心地祝贺你。请你拿着这胶片到华诺密克的阿拉伯摊位去，换取一件阿拉伯的纪念品。谢谢！"

这消息马上传开了，人们纷纷挤到华诺密克偏僻的摊位，而冷落了那些开设在黄金地段的摊位。第二天，芝加哥城里又升起许多华诺密克的气球，引起了更多市民的到来。45天后，展览会结束了，华诺密克谈成了2000多笔生意。其中，有500多笔是超过100万美元的大交易，他的摊位成为展览会中顾客最多的摊位。

孟繁荣在其《公关策划》一书中列举了开展公共关系活动的十六个一般时机，颇有参考价值。

这十六个一般时机又可分为两类。一类是组织可预先选用的时机（八个）：组织创办或开业之时；组织更名或与其他组织合并、兼并、资产重组之时；组织内部改组、转型、品牌延伸之时；组织迁址之时；组织推出新产品、新技术、新服务之时；组织周年庆典或周期性活动之时；组织股票上市之时；国内外各种节日或纪念日之时。

另一类是不易把握、需要组织尽力捕捉的时机（八个）：重大的社会活动和社会事件出现之时；组织形象出现危机之时；组织或社会突发性灾难爆发之时；国际或地方政府新政策或新领导人上台之时；公众观念和需求发生转变之时；组织经营发生困难之时；国际国内政治经济大环境大气候转变之时；组织内部资源条件发生变化之时。

以上十六个时机中，有五个可以算作开展公关策划的最佳时机，它们是：组织创办或开业之时；组织推出新产品、新技术、新服务之时；组织更名或与其他组织合并、兼并、资产重组之时；组织或社会突发性灾难爆发之时；组织形象出现危机之时。

2. 度势、运势和造势

这里的"势"指的是事物本身及其周边环境共同形成的一种无形的倾向性力量。度势就是观察、估计形势，运势就是借助一定的形势开展活动。造势就是造声势，营造有利于自身的气氛。策划公共关系工作，除了前面所说的要善于审时借时外，还要善于审时度势，借时造势。

其中，借势指的是借用那些能牢牢吸引公众的人、事物和事件，使之融组织的公共关系活动中来，进而达到让公众关注组织的目的。常用的手法有借名人之势（因为名人出新闻、名人影响舆论、名人受公众追捧），借热点之势（原因是公众对社会热点如体育比赛、重大活动、重大事件的关注度高）。

案例 6-4："请留心你家的后窗"

20世纪50年代，好莱坞影片《后窗》曾风靡香港地区。该片描写了一个脑部受伤的新闻记者，在家养伤时闲极无聊，买来一架望远镜，每日坐在屋子里从对面楼层的后窗窥视住户的家庭隐私，从而卷入了一场谋杀案。影片上映后，市民竞相观看，形成了"后窗热"。

这时，香港地区的一家生产百叶窗的企业成功地抓住了这一事件。他们在报上连续刊登题目为"请留心你家的后窗"的销售广告，其生意一下子兴隆起来。

造势则是利用某种契机，通过天才构思，为组织烘托出一个有利的发展势头。造势常用的手法有无中生有、小题大做等。无中生有指的是，公共关系策划人员不借助任何事物，经过精心策划，造就出有利于宣传组织形象的舆论势头。小题大做则是，公关人员深入挖掘一件小事或其中的细节，抓住某些丰富而动人的点并加以传播放大，打动公众，进而形成对组织有利的舆论氛围。

3. 择术

择术简单地说，就是在策划过程中如何选择和运用合理的技术与战术。常用的有以下几种。

（1）以攻为守。这种方法指的是在面临不利局面时，组织主动调整公关策略与手段，达到改变自身处境的目的。

（2）自扬家丑。这种方法的具体做法是，组织适度地向目标公众坦诚组织的管理、产品或服务等方面的某些无伤大雅的缺点或不足，借以赢得公众的同情和谅解，进而树立组织诚实可信的社会形象。

（3）凸显特色。这种方法的具体做法是，向目标公众传递组织的独特个性、鲜明特色的信息（包括管理理念、经营特色、产品与服务的独特性等），进而确立良好的社会形象。

（4）以诚换诚。这种方法即说真话、做实事，不吹嘘成绩，不隐瞒缺点，不投机取巧，不坑蒙拐骗，以此赢得公众的信赖。

（5）借尸还魂。这种方法就是利用公众恋旧、崇尚传统的心理需求，重新包装那些已到衰退期的或已停产多年的老产品，通过有效的公共关系传播使之重返市场。我国的哈德门香烟、红旗轿车就是通过这种方式复活的。

总之，公共关系策划是一项艺术性、创造性很强的工作，没有固定的模式，在具体操作过程中需要结合组织与公众的现实情况、传播需要去灵活把握。

第三节　公共关系实施

公共关系实施指的是公共关系策划方案被组织决策层采用后实施方案的过程。它不仅是解决组织相关问题的关键环节，同时也能决定公关策划方案的实现程度，并对实施之后组织的相关后续手段的选择具有关键性影响。我们常讲"说起来容易做起来难"，这句话对于公共关系实施来说尤其适合。

之所以这样说，是因为公共关系活动对组织、对公众、对舆论甚至社会文化，都或多或少地产生某些影响。这就要求公关人员在实施公共关系活动方案的过程中，非常谨慎、密切关注社会公众对该活动的各种反应特别是态度和行为方面的变化情况。此外，在公共关系活动的具体实施过程中，通常会遇到新情况和新问题，计划的实施存在很多变数，因此这些都需要公关人员随时修改和调整原来的方案中的某些方法、指标和策略等，并针对不断变化的具体情况创造性地开展工作。

一、干扰公共关系方案实施的主要因素

1. 目标障碍

目标障碍指方案本身的目标障碍。有时候公共关系活动的策划书所选定的公共关系目标不清晰甚至不正确，不符合社会公众或员工的利益，就会给公共关系实施带来障碍。因此，在公共关系活动策划过程中，一定要充分听取各方面的意见，让大家形成目标共识。此外，还有必要对公共关系目标进行可行性论证。

2. 沟通障碍

沟通障碍指在公共关系实施过程中，由于语言、观念、习俗和心理等方面的差异，以及组织本身的原因造成的传播不畅通。要做好公共关系工作，就必须要克服这些障碍，还要尊重公众，入乡随俗，顺应公众的心理。

3. 突发事件的干扰

突发事件的干扰指的是人为的纠纷危机和自然灾害对组织的影响，如地震、媒体曝光、公众投诉、政府批评等。面对突发事件，一定要冷静，不可惊慌失措；要认真分析原因，正确选择对策；要加强与媒介的沟通并选择合适的时机，用统一的口径告知公众真相及组织将要或已经采取的措施，以争取公众的理解和支持。

二、公共关系方案实施的原则与方法

1. 目标导向原则与方法

目标导向原则指的是，在公共关系的实施过程中，要时刻以策划书中拟定的公共关系目标为参照的原则。

在这一原则指导下有两种工作方法，第一种方法是线性工作法。该法

是按照各个公共关系具体活动的内在联系的先后次序，完成前一个步骤后，再开始下一个步骤，一步一步逼近目标的方法。这种方法比较稳妥，也比较节省资源。第二种方法是多线性工作法。该法是把几个行动同时展开、共同奔向目标的方法。此法在一般情况下可以加快实施进度，但对组织的资源动用得较多。

2. 进度控制原则与方法

进度控制原则也称为控制进度原则，指的是按照一定的程序掌握公共关系活动的实施进度，以免出现工作脱节的情形。这一原则不仅仅体现在公共关系实施这一环节，还贯穿于公共关系的所有活动中。公共关系调查、公共关系策划、公共关系评估都要坚持进度控制的原则。

进度控制的具体方法是，在明确控制目的和重视反馈信息的基础上，公关人员经常检查各方面的工作，及时发现超前或者滞后的情况并加以调整，使公共关系各项工作保持同步和平衡的发展。

3. 整体协调原则与方法

整体协调原则指的是，在公共关系活动实施过程中，要做到让相关方面保持彼此协调、互补、和谐和一致的状态。

一般的协调方法有两种，即纵向协调（上下级之间的协调）和横向协调（职能部门间、同事间的协调）。协调的主要方式就是加强信息和情感沟通，最终消除误会，使各方面的工作相一致。

4. 反馈调整原则与方法

反馈调整指的是，通过监督机制及时发现公共关系实施中的方法偏差或错误，及时对其加以调整与改正。这是一种根据过去的错误调整未来行为的原则。

反馈调整的具体做法是，依靠各种形式的信息反馈渠道，把公共关系实施方案的各种信息及时准确地收集上来，经过研究分析后，作为调整行动的依据。然后，运用"测试工作法"，把公共关系活动方案在小范围内或者部分公众中实施，取得经验后在井陉反馈调整，最后全面推行。

5. 时机选择原则与方法

时机选择的该原则指的是，在开展公共关系活动的时候，正确选择恰当的时机和正确的策略。

关于这一点，前面已有说明，不再细述。需要补充的是，不宜同时开展两个以上的重大公共关系活动，以免效果互相抵消。重大节日、重大事件既有可能适合利用，也有可能不宜利用，需要仔细权衡后再作定夺。

第四节 公共关系评估

公共关系评估是根据与提升组织的知名度、美誉度和和谐度相关的特定标准，按照一定的程序与方法，对公共关系计划、实施及效果进行检查和评价，以判断其优劣并提出修改意见的过程。其目的是不断地调整组织的公共关系目标、公共关系政策和公共关系行为，使组织的公共关系更有计划且更有成效。

一、公共关系评估的目的和意义

公共关系评估的目的是根据组织所开展的公共关系活动的不同需要、不同的侧重点，提供相应的信息。公共关系评估的目的是取得关于公共关系工作过程、工作效益信息，并将其作为决定开展公共关系工作、改进公共关系工作和制订公共关系计划的依据。公共关系活动是主观见之于客观的一种社会实践。组织的公共关系活动是一个组织长期进行社会交往、沟通信息、广结良缘、树立自身良好形象的过程。

其意义和作用如下。

（1）公共关系评估是改进公共关系工作不可或缺的重要环节，对公关工作具有"效果导向"的特殊作用。

（2）公共关系评估能有效强化内部沟通，鼓舞士气。公共关系是一种开放的、需要员工积极支持、主动配合的工作。评估不仅可以让组织的管理层看到开展公共关系的诸多益处，也能让员工看到本组织的利益和实现途径，从而让组织领导重视公共关系工作，激发员工的工作热情，增强他们对本组织的凝聚力。

（3）公共关系评估是开展后续公共关系工作的必要前提。公共关系工作是为塑造和维系组织形象服务的，它具有连续性的特点。一般来说，一项公共关系活动计划的制订与实施，总是以原来的公共关系活动及其效果为背景的。如果没有对原有公共关系工作的评估，新的公关工作计划就没有决策依据，因而也就不可能把它制订好。

二、公共关系评估的主要内容

公共关系评估虽然从程序上来讲，是公共关系工作的最后一个环节。但从其发挥的作用来看，公共关系评估贯穿于公共关系工作整个过程，每一个环节都要进行评估。其主要内容包括以下三项。

1. 公共关系调查工作评估

公共关系调查工作评估包括背景材料是否充分、信息内容是否充实，以及公关调研的方案设计、调研方法、信息表达方式、调研结论等方面的方案，还包括它们是否合理和合理程度如何。

2. 公共关系活动策划工作评估

公共关系活动策划工作评估包括是否合乎社会的法律道德要求、计划的公关目标设置是否合理、实施的方法与程序是否需要调整，实施公共关系计划所需资金是否恰当、是否留有余地等，尤其是要进行项目的可行性评价，这个最为关键。

3. 公共关系计划实施的过程与效果评估

公共关系计划实施的过程与效果评估包括准备工作的情况、既定目标的实现程度、传播范围和效果如何。具体有公众的态度变化情况、组织的社会形象改善情况、传播的具体效果（信息发送数量的多少、媒体采用的信息数量的多少、公众接收、注意到的信息量的多少、改变观念态度行为的公众数量、达到的目的和解决的问题、对社会文化的影响等）。这项内容简单来说就是评价公共关系计划实施是否达到了预期目标。

以上从公共关系活动过程的角度概述了公共关系评估的基本内容，从其他角度也可以进行评估。这些常见的角度有公共关系状态（分为内部公共关系状态与外部公共关系状态两方面）、传播沟通情况、专项公共关系活动、公关人员工作绩效等。

三、公共关系评估的依据

评估需要有相关的材料和标准作为参照。公共关系活动评估的依据主要包括以下几个方面。

1. 媒体报道情况

媒体报道情况包括参与报道的媒体的权威性及其社会影响力、媒体对组织及其活动的报道频率及其总数量、报道的质量（正面宣传与反面宣传的数量及其比重）。一般来说，权威性媒体的正面报道越多，影响力越大，公众对组织的好感就越多，越有利于塑造和维系组织的良好形象；否则，效果就越差。

2. 组织内部的相关材料

组织内部的相关材料包括组织的决策管理层、股东和一般员工对组织开展的公共关系活动成效的评估材料，以及组织经营管理方面的资料，如统计报表、财务报表、公众来信、会议记录等。

3. 组织外部的相关材料

组织外部的相关材料主要包括客户反馈信息、相关机构（主要是合作者、竞争者）的反馈信息、社区公众对组织的态度与评价、政府对组织行为的态度等。

案例6-5： 巧借菜博会扬美名

第三届中国四川（彭州）蔬菜博览会接近尾声，彭州大地蔬菜借着盛会闪亮登场，吸引了南来北往客商的目光，成为展场当之无愧的明星。彭州正以举办国家级蔬菜博览会为契机推进"北有寿光、南有彭州"的全国蔬菜产业格局形成，以红黄绿产业为主导，带动相关产业共同发展呈现磅礴之势。

围绕"一红"奔高端，铸成五彩猕猴桃

依托灾后重建打下的坚实基础，以及龙门山脉独特的地理条件和气候优势，彭州全力打造世界级猕猴桃研发中心。其猕猴桃产业起步即腾飞，栽培面积迅速扩大，三年实现从400亩到40000亩的跨越式发展。依托中国科学院武汉植物所猕猴桃研究中心、四川省资源研究所等科研院所和国内外知名专家，引进成都中际公司，在彭州市小鱼洞镇建设了高起点、高标准的农业科技创新转化平台中际公司成都猕猴桃资源基因库与科研示范基地。目前，基因库已经建成科技研发核心区及示范区1200亩，在全球范围内引进品种83个，收集保存了42份野生品种资源。3～5年后，彭州市将建成一个拥有一支一流的科技研发队伍、一批有自主知识产权的品种和一整套标准化集成技术的猕猴桃基因库，为成都猕猴桃占领高端市场、走向全球提供更强大的科技支撑。

当地还采用土地股份合作模式，建成弘大猕猴桃股份合作社（农户以土地承包经营权入股，占25%股份），实现了企业与农民利益共同化。目前，合作社已规模流转土地12600多亩，发展社员1218人（户），建成8个规模化、标准化生产园区，种植红心、绿心、黄心猕猴桃8400多亩。据合作社社员老杨介绍，他入股3.5亩土地进合作社，加上在合作社务工，年收入两万余元，比没入社前多收入一万余元；而且还帮助腾出家里的剩余劳动力，使儿子可以安心外出打工。

围绕"一黄"开天地，打造中华川芎城

在彭州，让以川芎产业为代表的黄色中药材产业正步入电子商务快车道。中药材天地网敖平站点的建立，一方面为农户、合作社提供种植技术指导、市场信息资讯；另一方面通过对全国的中药材种植信息收集、分析、建立了信息预警机制，使农户、合作社等基层生产单位及时掌握中药材市场风向标，了解市场动态，实现了农户有序生产，降低了市场风险。此外，通过信息平台的快速导航，提供网络供求信息平台、交易平台，实现资源的有效配置，减少了营销中间环节，保障了农民收益。

以彭州市敖平川芎产购销合作社为核心培育发展营销组织，已有营销大户120人，与国内外100余家客户、客商建立了长期稳定的合作销售关系。对外，销川芎统一使用"敖平"牌川芎品牌，办理运输绿色通道卡及外运川芎货物检疫证；同时，派质检员对川芎等级、质量、水分等进行检测，规范中药材购销市场秩序，实现可追溯生产，在源头上保证质量。最终，这些举措提升川芎的品牌形象，促进彭州川芎品牌价值向经济效益的转化，赢得了外商客户的好评和赞誉。据敖平镇兴泉村2组村民胡兵介绍，中药材天地网入驻后，2011年每亩川芎收入7000元人民币左右，在川芎收购季节短短20天打工收入3000余元人民币。

围绕"一绿"全链条，锻造西部菜都

通过着力打造国家级蔬菜名片，铸造了"种子种苗商品蔬菜生产质量监管精深加工市场流通"的蔬菜产业链条，极大提升了彭州蔬菜产业水平。按照一镇一园区的产业发展思路，当地采取园区示范、带动产业基地发展的办法，统筹运用国家资金、拉动社会资金，先后投资11.07亿元人民币，实施43个农业产业化项目，打造一流的基础设施和一流的生产基地，建成磁峰镇"鹿鸣荷畔"产业园和濛阳镇"国际蔬菜科技产业园"等21个特色产业园，促进了彭州市蔬菜产业由传统农业向现代农业的跨越式转变。

同时，依托省农科院、成都市农林科学院、百信公司、种都种业等单位，建成蔬菜科技三基地，引进蔬菜新品种近100项，推广蔬菜新技术10~15项。三新技术推广覆盖面比原来增加45%，推广周期缩短到2~3年。彭州还先后引进建成中国（彭州）蔬菜科技博览园和种都蔬菜科技产业园两个全省一流的工厂化育苗车间，带动三界丰碑、濛阳双林等6个合作社建成育苗基地，每年可生产优质蔬菜种苗9500万株以上。通过种苗直供、共建基地、产供销一体化等多种形式进行推广，覆盖蔬菜标准化生产基地6万亩以上。

立足濛阳农产品加工园区，引进广乐、永辉等蔬菜加工龙头企业；同时，按照品种分区布局，积极推进一胜肴、萱源、建稚等蔬菜加工企业依托大基地发展深加工。目前，已发展蔬菜加工企业47家，重点龙头企业16个，其中省级龙头企业3个，成都市级龙头企业4个，彭州市级龙头企业9个。蔬菜专业合作经济组织54个，年加工蔬菜16.5万吨，产值4.5亿元人民币。为确保蔬菜产业健康发展，彭州现已建成总投资38亿元占地2000亩集全国重要的蔬菜集散中心、信息服务中心、价格形成中心、蔬菜产业会展中心于一体的四川国际农产品交易中心，配套气调库规划20万吨，已建设5万吨，初步建成了全球农产品采供中心。

"通过蔬博会的举办，我们将进一步诠释四川大地菜品牌。对培育打造千亿蔬菜大产业，保障城乡菜篮子市场供应，促进灾后农民增收等方面具有重要作用。"相关负责人表示，彭州已通过红黄绿产业主导，建成80万亩标准化蔬菜生产基地、6万亩川芎标准化生产基地、4万亩猕猴桃标准化生产基地，带动40万亩粮食产业、100万头生猪产业、10万亩特色林竹产业和年总产值5000多万元人民币的冷水鱼生产基地发展。据悉，彭州去年全市农业总产值达58.36亿元人民币，同比增长4.9%；农业增加值达37.21亿元，同比增长4.6%；农民人均纯收入8147元人民币，同比增长22.1%。

(资料来源：四川新闻网　作者：彭敏)

四、公共关系评估的方法

公共关系评估的方法有很多，分类方法也很庞杂。为了获得准确的结论，在实践中往往利用不同的评估主体、不同的具体操作方式来进行评估，但一般都要求定量评估和定性评估相结合。

必须充分认识到，评估控制着公关实践的每个活动及环节。不管评估的内容和方法如何，最终都需要解决的一个问题是由谁来评估。谁来评估决定了评估的公正性、可靠性和评估成本有多大。就像跳水比赛一样，人们一方面需要完全由第三方组成的评委会来打分，给众多选手的表现评出个高低上下；另外，对于达到这个结果的过程的评估，还是有赖于运动员和教练员自身，这是裁判员无法替代的工作。从成本和效率方面考虑，自身的评估是必要的；从公正性和客观性的角度考虑，则必须借助第三方的评估结果。此时，第三方的专业性和公信力，以及在行业里的影响力尤为重要。有效地把自身评估和第三方评估相结合，就可以知道自己处在什么位置和下一步应该如何改进。

常见的评估主体有公众、专家、组织和公关人员自己等；此外，还有目标管理法。

公众评估指的是依据公众的反应（有关材料需通过调查取得）来评价公共关系活动的效果。这是所有公共关系评估中最重要的一种途径。

专家评估指的是，聘请组织外部的公共关系专家评价组织的公共关系工作。由于专家立场中立、经验丰富，他们所做的评估往往很有参考价值。

组织评估指的是有组织的负责人安排专人（非公关活动的参与者）对组织的公关工作做出评估。

公关人员自己评估也称为自我评估。目标管理法是指，根据事先制订的目标来检验公关成效。目标管理提出以后，便在美国迅速流传。时值第二次世界大战后西方经济由恢复转向迅速发展的时期，企业亟须采用新的方法调动员工积极性以提高竞争能力，目标管理的出现可谓应运而生，并很快为日本、西欧国家的企业所仿效，在世界管理界大行其道。目标管理的具体形式各种各样，但其基本内容是一样的。所谓目标管理是一种程序或过程，它使组织中的上级和下级一起协商，根据组织的使命确定一定时期内组织的总目标，由此决定上下级的责任和分目标，并把这些目标作为组织经营、评估和奖励每个单位和个人贡献的标准。目标管理其指导思想上是以Y理论为基础的，即认为在目标明确的条件下，人们能够对自己负责，是泰勒科学管理的进一步发展。具体的评估操作方法有比较法、实验法等。比较法指的是选择若干影响公共关系活动的重要因素，将其小范围地改变，观察能否得到预期的效果，然后决定是否推广的一种方法。该法要求实验范围必须很小，实验对象必须要有代表性。

舆论调查法属于比较法的一种，即在一次公共关系活动的前后，分别进行一次舆论调查，然后比较前后调查的结果，从而分析公共关系活动的效果。

还有一种公众态度调查法，也可以归入比较法中，即公众态度调查法，它是在一系列公共关系活动之后，对主要公众对象进行调查，了解他们对组织的评价和态度的变化，分析公共关系活动的效果。

上述诸种方法各有优势与不足，要依据实际需要来选择。一般来说，由于公共关系活动涉及方面较多，相关的数据和其他信息很庞杂，如果仅仅依靠一种评估方法，往往不容易获得准确的结论。要想获得比较真实的结果，需要综合运用其他方法。

五、公共关系评估的一般程序

1. 设立评估目标

统一的评估目标是进行检验公共关系工作效果的参照物，只需将两者进行比较就可以知道结果。

2. 选择评估标准

适度的评估标准有利于对公共关系活动进行恰如其分的评价分析。

3. 广泛收集资料

对公共关系活动进行评估，其主要依据就是公关活动开展以来组织内外公众发生各种变化的信息。在收集资料的过程中，要注意选择最佳途径。

4. 评估分析资料

运用合理的评估方法（评估方法的选择取决于评估的目的和评估标准），将上述信息进行比较分析，就可以了解公共关系活动所带来的变化情况，特别是检验活动的哪些项目达到了预期目标，并分析部分项目未能达到预期目标的原因。

5. 汇报评估结果

完成评估后，要以书面形式如实向组织的决策层反映或汇报，以备下次开展公共关系活动之际组织领导决策时参考。这样做，不仅可以保证决策层能及时掌握情况，协调工作；同时，也可以进一步发挥公共关系活动在实现组织目标过程中的重要作用。因此，及时向决策层汇报评估结果，应该成为开展公关活动的一项固定的制度。

撰写评估报告应注意：要做到定量与定性相结合；所提建议与策略要具有可操作性；语言准确、精练；结论要客观和具体。

公共关系活动的效果如何，很大程度上取决于组织决策部门的评价。作为组织内部的公共关系人员，应该定期向决策部门汇报公共关系活动的成果，将评估的结果以报告的形式加以汇报。各类传播者对受者都会产生一定的影响、作用，这就是效果，但是效果并不都是等值的。对于公共关系工作者来说，由于各类传播形式都要使用，更应该了解传播发生作用的不同层次。

评估报告的内容包括：陈述公共关系活动及成果、比较实际活动与预期目标、预测今后工作。

评估报告的形式包括以下几种。

（1）非正式报告。公共关系人员通过电话、会见、简短书面报告的形式向组织负责人汇报活动的进展。这种形式占用时间不多，可以真实地反映工作状况。

（2）正式报告。关于公共关系活动成果的正式报告，一般有定期备忘录、小组或委员会议、汇报会和年度报告（包括公司整个会计年度的财务报告及其他相关文件）这四种形式。

6. 应用评估结果

公共关系活动的评估结果对于整个公共关系工作有极大的应用价值，它能够承前启后，使公共关系工作得以高效合理地开展，使组织步入良好的公共关系环境。在公共关系的实践中，人们常常发现，公共关系活动的每一个周期都要比前一个周期表现出更大的影响力。其原因就在于，通过评估结果的运用，对相关方面的走势的确定和形势的分析将会比以前更加准确，更加符合组织的长远发展要求。

具体来说，公共关系评估结果的运用包括以下几个方面：用于调整公共关系工作计划；对策划新的公共关系目标方案有直接帮助；用于改进组织的决策；用于改进组织全面的公共关系工作。

此外，公共关系活动的评估结果可以经过理论概括，成为下一步公关活动的指导原则与操作方法。既可以把它运用于以后的公共关系活动，也可以把它提供给社会供各界人士，特别是公共关业从业人员学习借鉴。

第七章 典型公共关系

公共关系活动是由组织（有时也包括社会公众人物如各界要人、明星）来实施的，而组织包括营利性组织（如工商企业），非营利性组织（如政府、学校、医院）。从公共关系实施主体的角度来看，营利性组织的公共关系活动以营造组织生存环境、塑造良好的形象为目标，在优先考虑社会利益的前提下，以获得经济效益为落脚点。非营利性组织开展的公共关系活动的目的在于完善社会服务，实现社会效益，即塑造自身形象，争取公众支持。例如，政府开展的公关活动的内容是政务公开，进行社会协调，争取民众对现行政策的理解和认同，维护政府权威。社会公众人物由于其形象与行为已大大超越了一般个人的影响，也可以视为一种特殊的组织。社会公众对他们的期望和要求也很高。他们要想维系好自身形象，需要严格要求自己，积极参与公益活动，并善于同媒体打交道，如此方能争取更多公众的理解和偏爱。

以下从公共关系客体，即从公共关系工作对象的角度，详尽地分析了社会组织在面对几种典型的公众（网络公关除外，因为一般认为那是开展公关的一种新工具和模式）时，应该怎样开展相应的工作。

第一节 员工公共关系

员工公共关系简称员工关系，它是指在组织内部管理过程中形成的一种人事关系。其工作对象大致包括组织的管理层、执行层的所有成员，还包括员工家属、组织的股东（如果有的话）。由于员工是组织的主体，他们与组织关系最为密切，其思想和行为对组织的正常运行关系重大，因此员工通常被看做组织生存发展的依靠性力量，是组织公共关系活动的首要公众。

一、良好的员工关系的重要意义

组织是一个整体，它是否有生机与活力，取决于内部各部门之间、上下级之间、同事之间关系的协调与否，取决于组织文化（管理风格、经营理念和行为准则等）。员工关系的建立，其实就是组织营造整体组织文化的一个过程。它不仅可以在组织内部为员工提供一个宽松和谐的横向、纵向自由沟通的环境，帮助员工形成良好的价值观念，培养组织成员对组织的认同感和归属感，强化员工"同舟共济"的意识，形成向心力、凝聚力；而且还可以规范和约束员工的思想和言行，对外展示组织的良好形象，最终使组织形成强大的战斗力。这就是通常所说的"内求团结，外求发展"。

从管理哲学的角度来看，公共关系要处理好团体价值与个体价值之间的矛盾。组织的公共关系目标所追求的首先是团体价值，即塑造本组织良好的社会形象，提升组织在社会中的地位，争取更高的知名度、美誉度和和谐度；但从公共关系的实际操作层面来看，又必须从确立个体价值着手，使团体中的每一个成员都能在这个团体内追求和实现个人的价值。如果一个团体能够提供能充分体现个人价值的舞台，这个团体对个体就具有很强的吸引力。不仅让个体有机会发挥所长，同时也能让团体价值通过个体的努力得以实现。因此，追求团体价值的公共关系工作的开展，首先要尊重个体的价值，并把个体价值与团体价值有机结合在一起。只有这样，才能使组织具备强大的战斗力，顺利实现自己的目标。

二、开展员工关系的基本方式

作为公共关系的一种，组织的员工关系同样需要借助传播这一手段来实现沟通。通过沟通，可以让员工随时了解组织的动向，了解取得的成就和存在的问题，保障他们的知情权，有利于减少隔阂，进而调动员工的工作积极性。按照不同的标准，常用的沟通方式可分为四大类，每类又分为两种。

1. 正式沟通与非正式沟通

正式沟通是指按照组织明文规定的渠道进行的信息沟通。例如，召开会议、汇报工作、上级给下级下发命令或通知、下级向上级请示或反映问题等，都属于这一类。正式沟通是员工关系的主要渠道。由于这种方式比较正式严肃，对有关各方有很强的约束力，沟通效果较为理想。但因为管理层级的因素，其沟通速度往往较慢，灵活性稍显不足。

非正式沟通指的是用私下聊天、谈话等方式传递信息的形式，这种方式比较随意，信息传递速度快、气氛轻松，能更真实、准确地了解员工的内心想法，便于组织做出决策，但非正式沟通也容易传播谣言。

2. 单向沟通与双向沟通

所谓单向沟通指的是一方发出信息，另一方不作反馈或反馈不被重视的一种沟通方式。领导讲话、发布命令就属于此类。这种方式速度快，一般用于处理紧急情况，平时的沟通效果往往不太好。

双向沟通是传播者发出信息、接受者有反馈行为的一种沟通方式，如座谈会上员工向上级反映情况就属于此类。虽然此种沟通比较费时间和精力，但能促进上下级相互理解，有利于融洽参与各方之间的关系。

3. 横向沟通与纵向沟通

横向沟通指的是组织内部各平行部门、团体之间，以及没有上下级关系的员工之间的信息沟通。横向沟通可以增进各部门、团体、员工之间的相互了解，培养员工的大局观念、整体观念和团结协作精神。其不足之处是信息不好控制。

纵向沟通指的是组织的上下级之间信息的上传下达，是一种正式沟通。

4. 书面沟通与口头沟通

书面沟通就是用书面语言进行的沟通，调查报告、任免通知等均属于此类，比较权威。口头沟通指的是口头进行的信息交流，优点是便利、随意，缺点是"口说无凭"，在传播过程中容易失真。

三、员工关系的工作内容

《有效公共关系》的作者卡特里普等人认为，建立良好员工关系需要有七大条件：①雇主与员工之间彼此信任且互存信心；②组织内部所流通的各种信息都能开诚布公；③每个员工的价值感和参与感都能得到满足；④在没有权力斗争的环境下进行工作；⑤健康的环境；⑥企业的成功；⑦对未来的乐观展望。

中国台湾地区学者姚惠忠认为，员工公关主要有以下八项重点内容：①提供有关员工基本需求的信息；②确保组织成员能进行双向沟通；③因组织发展策略进行内部沟通；④妥善处理组织内部谣言；⑤提供保护员工健康的内部机制；⑥妥善处理内部的社会性问题；⑦适时支持员工的生活并提供福利；⑧激励员工。

中国学者周安华等人认为，处理员工关系应从以下四个方面着手：①加强双向沟通，实现信息共享；②建树企业文化，增强组织内聚力；③掌握用人之道，加强组织的向心力；④创造"家庭气氛"，协调非正式组织的关系。

以上几位专家的观点都很有道理。现结合笔者个人看法，总结归纳如下。

第一，培育组织文化，促进员工认同。组织文化是一个组织所创造的有自己鲜明特色的精神产品，包括思想、价值观、道德、规章制度和行为方式等，是组织长期形成的一种稳定的文化理念、传统和风格。它是组织哲学、精神与行为方式的统一。

一个成功的组织必须要有自己独特的组织文化作为支撑。一个组织的存在价值和整体形象得到社会认可之前,首先要得到作为细胞的自己成员的认可;组织的目标和任务在赢得社会支持之前,首先要赢得自己成员的支持与配合。否则,组织的价值和目标就会落空,组织也就无法作为一个整体来面对外部公众。如果组织文化能得到全体员工的认同,就会随时随地影响员工的言行,进而在组织内部形成强大的合力。

第二,优化工作环境,多方关心员工。组织的决策层要把员工当作自己人,处处善待员工、尊重员工,经常关心他们的工作、身体、家庭和思想动态,为他们提供舒适的工作环境。因为良好的工作环境会愉悦人的身心,提高工作效率。要相信员工,工作中必要的监督管理应该有,但要尊重员工的人身权利,绝不能限制他们正当的自由。在这方面,英特尔公司的做法很有借鉴价值:其提倡成果管理,对员工没有规定明确的工作时间和地点,工作时间是弹性的,每个员工都可以根据自己的兴趣和节奏去工作;不注重过程,只对成果进行监督、验收、付酬和奖励。现在很多组织都推行目标管理,效果不错。

对于员工家属要特别注意,家属的支持与配合对于组织的员工的行为有重大影响,因此组织要采取各种措施与员工家属保持沟通。

案例7-1: IBM公司的"金环庆典"活动

美国IBM公司每年都要举行一次规模隆重的庆功会,对那些在一年中作出过突出贡献的销售人员进行表彰。这种活动常常是在风光旖旎的地方进行。对3%有突出贡献的人进行表彰,被称为"金环庆典"。在庆典中,IBM公司的最高层管理人员始终在场,并主持盛大、庄重的颁奖酒宴;然后,放映由公司自己制作的表现那些作出了突出贡献的销售人员工作情况、家庭生活,乃至业务爱好的影片。在被邀请参加庆典的人中,不仅有股东代表、工人代表和社会名流,还有那些有突出贡献的销售人员的家属和亲友。整个庆典活动自始至终都被录制成电视(或电影)片,然后被拿到

IBM 公司的每一个单位去放映。

　　IBM 公司每年一度的"金环庆典"活动，一方面是为了表彰有功人员，另一方面也是同企业职工联络感情，增进友情的一种手段。在这种庆典活动中，公司的主管同那些常年忙碌、难得一见的销售人员聚集在一起，彼此毫无拘束地谈天说地。在交流中无形地加深了彼此心灵的沟通。尤其是公司主管那些表示关心的语言，常常能使那些在第一线工作的销售人员"受宠若惊"。正是在这个过程中，销售人员更增强了对企业的亲密感和责任感。

　　第三，开展双向沟通，实施民主管理。组织要顺利发展，就必须上下一心。而要做到这一点，就要把员工当做首要公众，经常与其沟通。除了提供优美的工作环境、适当的薪酬外，还需要随时告知员工有关本组织的信息（包括本组织的历史和成就、组织运作情况、决策制定过程、人事动态、福利情况、竞争对手动态、组织的新举措、新产品、新技术、法律和安全知识教育、员工新闻等），尊重员工优先分享组织信息的权利，并广开言路，随时听取员工的意见和建议。这样不仅会让员工能及时了解组织的状况，发泄不良情绪，增强他们与组织之间的了解和信任，还会让组织通过上情下达、下情上传及时发现组织存在的问题或隐患，缓解各种矛盾，改进工作。

　　此外，组织还要积极创造条件，鼓励员工对组织的各项工作多提建议、参与组织的各项管理活动。在这方面，松下公司的做法就很好。其"提案奖金制度"非常有效，不仅极大地调动了员工的工作积极性，还有效地提高了公司的经营管理水平。

　　第四，尊重培养人才，多种形式激励。人才是组织的宝贵财富，当今社会的竞争本质上是人才的竞争。重视人才也是美国近 100 年来称雄世界的法宝。组织要尊重人才，不断创造条件鼓励他们创新，通过物质奖励、精神奖励的方式满足他们的自尊心，激发他们的上进心。例如，海尔公司不仅对表现优异的员工有丰厚的物质奖励，还有丰厚的精神奖励。不少员工的创造发明都被公司采用，并且用发明者的名字命名相关技术产品。

组织还应该把培训员工当作一项经常性的工作，组织应该是培养人才的学校，要通过各种途径提高员工的技能，让他们看到在组织内部个人职业发展的美好前途。

案例 7-2：松下崛起的秘密

松下公司的电器产品在世界上早就闻名遐迩，被海内外企业界誉为"经营之神"的公司创始人松下幸之助，也因畅销书《松下的秘密》而闻名全球。现在，松下电器公司位居世界50家最大公司之中。人们对该公司的经营管理水平和社会形象给予了高度评价。

贫民出身的松下幸之助，白手起家，从一个自行车商行的学徒到着手创办新企业。1918年，松下电器公司正式成立，在不到10年的时间里，电器公司的业务就一跃而起，成为日本电器行业的领导者。松下公司之所以能有今天，是和松下先生管理有方、经营得法分不开的。松下电器公司获得成功的原因很多，其中卓越的内部公共关系管理是成功的一个非常重要的方面。

一、培养员工积极向上团结协作的精神价值观

在其成功的内部公关管理中，一个重要因素是"精神价值观"在起作用。

在松下公司看来，员工的价值观念是决定组织成败兴衰的一个根本问题。松下公司把人的因素放在了公司发展的第一位。每一个社会组织都必须有一个价值信念和行为宗旨，以维系和激励全体员工，充分调动他们的积极性、主动性和创造性。

松下公司在日常经营管理中给予员工两种训练：一种是基本业务技能训练，另一种是"松下精神"的学习领会。每隔一个月，职员至少要在本单位进行10分钟的演讲，说明本公司的精神观念，以及公司与社会、个人之间的相互关系。

根据松下公司的经验，一个企业组织的成功应具备七个基本要素：组织结构、经营战略、组织系统、组织班子、组织作风、技能和员工共有的价值观念。其中，员工的价值观念是其中的核心要素。

松下幸之助规定公司的活动原则是"认清实业家的责任，鼓励进步，促进全社会的福利，效力于世界文化的繁荣发展"。松下先生给全体员工规定的经营信条是："进步和发展只能通过公司每个人的共同努力和协理合作才能实现。"此外，松下幸之助还提出"产业报国、光明正大、友善一致、奋斗向上、礼节谦让、顺应同化、感激报恩"由七方面内容所构成的"松下精神"。

在日常管理生活中，公司非常重视对广大员工进行"松下精神"的宣传教育。每天上午8时，松下公司遍布各地的87000多名职工都在背诵企业的信条，放声高唱《松下之歌》。松下电器公司是日本第一家有精神价值观和公司之歌的企业。在解释"松下精神"时，松下幸之助有一句名言：如果你犯了一个诚实的错误，公司是会宽恕你的，只把它作为一笔学费；而如果你违反了公司的价值规范，就会受到严厉的批评，直至解雇。正是这种精神价值观的作用，使松下公司这样一个机构繁杂，人员众多的企业产生了强劲的内聚力和向心力。

见过松下电器的人都知道"NATIONAL"，它不仅是松下公司电器产品的商标，而且已经成为日本产品形象和经济起飞的象征。培养员工积极向上的"精神价值观"，在内部公共关系活动和塑造社会形象上具有至关重要的作用。

一方面，员工的价值观念赋予企业这一组织重大的社会责任，员工们正确择定价值目标，同时要求组织集体从社会公众利益的大局出发来校正自己的行为；另一方面，它赋予广大员工的日常工作以崇高的意义，人们总是希望在自己的工作岗位上建立个人与组织集体乃至社会的认同关系，并且希望以自己的业务实绩赢得他人和社会的承认与尊敬。在激烈的竞争面前，松下公司内部上至领导人物，下到普通员工，都拥有一个积极上进的价值观念体系，促使上下各方围绕共同的价值准绳做"向心运动"，以企业组织的基本观念作为每一位员工日常言行的指南。

二、提案奖金制度培养职工的责任感和认同感

为调动职工的积极性，培养职工的责任感和认同感，松下电器公司建立了独具特色的"提案奖金制度"，对公司的发展也起到了重要作用。公司组织内部完善合理化建议制度，表彰和奖励经常向上级领导提出合理化建议的职工，以增强职工的责任感和自信心。如果他的建议被采纳，会使职工感到自己在企业受到重视，从而调动职工的主动进取精神。在松下电器公司数十年的创业过程中，"建议箱"已经成为管理的宠儿，成为经理董事们不可缺少的工具。松下公司员工中流行的一句口号就是："请拿出你的主意去换钱。"

依照松下公司的做法，实行和完善合理化建议制度，应当鼓励每个职工对公司经营管理、技术改进、产品开发和人事安排等方面提出自己的看法。而合理化建议制度的推行，一是要制订出合理的方案，事先设计好"提案表格"或"建议书"分发给每一个员工填写，随时收集各方面的意见和建议；二是要抓紧时间审理，及时给本人反馈处理意见，对每一条提案都认真评判，反复斟酌，筛选出其中有价值的、可行的东西；三是经常向员工公布合理化建议的采纳情况和实施效果，对经常建言献策的积极分子给予适当的表彰和奖励。

公司不仅积极鼓励职工随时向公司提建议，而且由职工选举成立了一个推动提供建议的委员会，在公司职工中广为号召，收到了良好的效果。仅 1988 年 1 月到 10 月，公司下属的一家仅有 1509 名职工的工厂，而提案多达 75000 多个，平均每人 50 多个。1986 年，全公司职工一共提出了 66385 个提案建议，其中被采纳的多达 61299 个，约占全部提案的 90% 以上。公司对每一项提案都给予认真地对待，及时、全面、公正地组织专家进行评审，视其价值大小和可行性与否，给予不同形式的奖励。即使有些提案不被采纳，公司还是会给予提案人适当的奖励。

仅 1986 年一年，松下电器公司用于奖励职员提案的奖金就达 30 多万美元。然而，这一年由合理化提案所产生的价值远远不止 30 万美元。正如松下电器公司劳工关系处处长阿苏津说："现在即使我们不公开提倡，各类提案仍会源源而来，我们的职工也会随时地在家里、火车上，甚至在厕所里都在思索提案。"

三、奖励和激励机制把个人需要与企业目标联系起来

奖励是一种积极的强化行为，其作用在于把员工的个人需要与集体需要联系起来，使他们从"要我干"变为"我要干"。从松下公司的具体做法来看，不论是物质奖励还是精神奖励，都起到了应有的作用。他们在奖励先进时还做到了以下几点。

（1）明晰性。每个员工明确公司奖励什么，使人觉得有确定的目标去争取奖励。

（2）及时性。随时注意员工的表现，及时发现，当场奖励，尽量避免事后再去奖赏。

（3）可获得性。一项大奖的获得很不容易，应当使大家注意身边的小发明、小改革、小创新，从而使多数人有机会成为优胜者。

（4）多样性。奖励的方式要多样化，奖状是奖品，在一幅雅致艺术画写上字也是奖品，涨一级工资是奖励，每年组织一次旅游也是奖励，精神鼓励往往比物质奖励更重要。

松下幸之助在协调员工关系过程中，十分重视运用激励的方法，使松下公司数万名职工始终保持旺盛的创业进取精神，使松下公司具有强劲的内聚力和对外辐射力，被国内外企业界誉为"当之无愧的经营之神"。

员工的动机和需要是不容易了解到的。松下幸之助在日常公共关系管理过程中，善于体察职工所思所想，通过深入细致的沟通协调工作，巧妙地把个人的需要与企业目标联系起来，并把这种工作贯穿于职工从"需要到满足"的全过程，从而对员工行为加以有效的控制与引导。

分析考究"经营之神"松下幸之助的激励艺术，可以发现其激励时机

与激励技巧主要有以下几点。

1. 融通式激励

领导与员工之间的沟通既是信息交流，也是情感交流。员工在日常工作中特别需要从上级那里得到尊重和友谊。当下级这种情感需要得到满足之后，必定会以更大的热忱投入本职工作。领导与部属之间的信息通融，可以增强相互之间的信任和了解。这种交流，部属能掌握领导心理，工作会得心应手，减少不必要的思想负担，提高工作效率。领导也可以从中了解基层员工的才干，收到知人善任的效果。

2. 发问式激励

如果管理者只会简单地发号施令，必然会阻碍下属员工的主动性和进取心，不同的发问的方式则会收到不同的功效。假如一位领导这样布置："你必须按时完成"，下属很可能就会机械地执行任务，而不管效果如何，缺乏责任心；如果变换一种方式："你看这项工作怎样去做效果会更好？"这样则更有利于调动下属员工的积极性。原因是前者仅仅把员工当做执行任务的工具，后者则充满了对员工能力的信任和人格的尊重。

3. 授权式激励

领导层的职能不在于去做具体的事。分配下属一定的任务，就意味着要下属承担一定的责任，以及享有相应的权利。如果领导者不放心，委任不授权，则会给下属员工在从事工作过程中设置障碍，使下属员工心中产生反感心理。

4. 影响式激励

这种激励指的是领导在群众中的模范作用。要求别人做到的事，首先自己要带头实行，以身作则。松下先生具有事必躬亲的工作作风，在退休之后依然关注公司的发展，仔细阅读详尽的工厂报告，不分昼夜地打电话指挥企业生产活动。他的模范行为对他的部属影响很大。在日本企业界，松下公司的管理员是以坐办公室时间最少而著称的。

229

5. 期望式激励

一个员工在谈到自己与其的成绩后，他最大的期望莫过于得到恰如其分的评价和适当的鼓励；而一旦发生某种过失，最害怕的莫过于别人的冷言相对。领导在评价时，给员工的激励要得法，宣传要适度；讨论问题时，也要实事求是，以激发其补短改过的动机和行为。

四、合理的感情投资增进凝聚力，减少内耗

松下幸之助经过长年观察后发现：按时计酬的职员仅能发挥工作效能的20%~30%，而如果受到充分激励则可发挥至80%~90%。于是，松下先生十分强调"人情味"管理，学会合理的"感情投资"和"感情激励"，即拍肩膀、送红包、请吃饭。

（1）拍肩膀。在车间里、机器旁，当一个员工兢兢业业、一丝不苟操作时，常常会被前来巡视的经理、领班们发现。他们一般会先是拿起零件仔细瞧瞧，然后对着你的肩膀轻轻拍几下，并说上几句"不错""很好"之类的赏识话，让人备感满足。

（2）送红包。当员工完成一项重大技术革新或一条建议为企业带来重大效益的时候，领导会不惜代价地重赏。他们习惯于用信封装上钱款，当然不是送出去。对员工来说，这样做可以避免别人，尤其是一些"多事之徒"产生不必要的斤斤计较，减少因奖金多为人忌妒的可能。

（3）请吃饭。凡是逢年过节、厂庆或职工婚嫁，厂长、经理们都会慷慨解囊，请员工赴宴或上门贺喜、慰问。在餐桌上，上级和下属可尽情聊家常、谈时事、提建议，气氛和睦融洽，它的效果远比站在台上向员工发号施令好得多。

松下公司合理运用"情绪指数"调动积极性，使用合理的感情投资和激励艺术，最大限度地激发了公司员工的积极性。感情作为联系组织内部员工关系不可缺少的润滑剂，主要存在于领导者与被领导者，管理者与被管理者之间。在内部公共关系建设中，若想得到下属群众的理解、尊重、信任和支持，首先要先懂得关心和爱护员工。

松下电器公司在日常公共关系工作中，十分重视对自己的员工进行感情投资：不论是拍肩膀，还是请吃饭，总是做到"人心换人心""心心相印"，这样内耗就会大大减少了。

五、"减压阀"机制创造宽松、和谐的工作环境

为了消除内耗、减轻员工的精神压力，松下公司公共关系部还专门开辟了一间"出气室"。里面摆放着公司大大小小行政人员与管理人员的橡皮塑像，旁边还放上几根木棒、铁棍。假如哪位职工对自己部门不满，心有怨气，就可以随时来这里，对着塑像拳棒相加打一顿，以解心中积郁的闷气。过后，有关人员还会找员工谈心聊天，沟通思想，为其解惑释疑。久而久之，在松下公司形成了上下一心、和谐相融的"家庭式"氛围。

按照公众心理的变化情况，人们的思想情绪是一个可以计算的变量，即当实现值超过期望值的时候，情绪指数大于一。由于内心欲望得到满足，工作积极性十分高涨；相反，当情绪指数小于一，实现值比期望值小的时候，由于内心希望没有得到满足，情绪就会呈现压抑状态，劳动积极性就会降低。一般来说，当人们的情绪指数都高的时候，相互之间的关系就和谐，工作积极性就高涨；反之，则相互关系比较紧张，工作积极性也不会高。

根据松下公司的经验，要提高员工的"情绪指数"，就必须消除他们的怨气。如何正确对待员工中存在的怨气？如何使干部、群众肚里的怨气得到适当解决，从而使之心情舒畅地工作？松下公司设立"出气室"在这方面作出了有益的尝试。下面提出几点消除怨气的具体做法。

（1）认真分析怨气产生的原因。怨气和牢骚是一种社会现象，它是各种情绪的一种表现。在处理组织内部员工关系时，既不能置之不理，也不能大惊小怪。正确的态度应当是研究其产生的主客观原因，分析其不同的性质，采取区别对待的态度，加以妥善处理。

（2）正确看待怨气的利与弊。怨气也有它积极的一面，群众心中有杆秤。一个单位领导工作的好坏，在很大程度上从群众的怨气那里多少可以

231

反映出来。它是了解员工真实情绪和意愿的重要渠道。但牢骚一多,往往会成为组织的一种不安定因素。

(3)要创造一定的条件,使员工的怨气能迅速释放出来。在内部公共关系活动中要广开言路,利用民主生活会、意见书、座谈会、个别谈话等方式,让群众把头脑里想的和背地里说的都讲出来。其中,积极有用的,要给予表扬和奖励;无用的,消极的要加以疏通。同时,根据职工求知、求美、求乐的特点,组织丰富多彩,健康有益的活动,调解员工的精神状态,使职工从单调、烦闷的状态下解脱出来。

(资料来源:胡建辉,邓淑娜.新编公关实例[M].重庆:西南师范大学出版社,2001.)

在这里,有必要单独讲一讲股东关系。从法律上讲,股东是组织(企业)的投资者,是组织(企业)的主人,因此他们也可以算作组织(企业)的员工,其切身利益与企业经营状况的好坏息息相关。股东关系又称为"投资者关系",主要对象包括董事会或董事局成员、广大股民、金融专家。其中,股东是持有股票但不直接参与组织经营的公众,数量庞大。董事会(董事局)是由股民选举产生、由拥有较多股份的股东和能影响组织的社会名流组成的代表股东管理组织的公众群体。金融专家指的是对广大股东或投资者有判断和舆论影响力的公众,如股票经纪人、银行家、股票分析家等。

股东关系属于员工关系的一种特殊形式。同组织(企业)员工关系一样,它是制约组织(企业)经营活动的关键因素之一。良好的股东关系是企业的生命线,因为这种关系直接涉及企业运作必需的资金和权力。建立良好的股东关系,可以加强企业与股东之间的沟通,消除误解、沟通感情。这样做能够争取已有股东和潜在投资者对组织的了解和信任,提高组织及其管理者在股东中的地位和威信,稳定股东队伍,吸引新的投资者,进而创造良好的投资环境,最大限度地扩大企业的社会财源。

开展股东关系常用的方法有:利用年终报告进行交流,召开股东大会或其他会议传递相关信息,股东参观企业并与管理层座谈。

股东关系的工作内容有以下两点。

第一，定期向股东汇报企业的经营状况、企业面临和曾出现过的重大问题，包括企业的方针、政策、发展目标、发展规划、经营计划；公共关系活动方案；企业的资金流转状况、经营状况；股利的分配政策；盈利预测；企业面临的内外部经济环境的变异情况；有关企业的各种详尽的统计信息。

第二，收集来自股东方面的各种信息，并将其报告给企业的有关部门或主管领导。这些信息主要包括股东本人状况，股东本人对企业经营管理的意见和建议，股东对企业产品和服务的感想，股东所知道的社会上对本企业的各种反映，股东所收到的来自各企业方面的信息是否充分，以及股东对这些信息的看法和反应等。

第二节 顾客公共关系

顾客公共关系（以下简称顾客关系）又称为消费者关系，指的是产品或服务的生产者、经销者与购买者、消费者之间这一商品经济社会中最重要的关系。严格来说，顾客与消费者在概念上是有区别的。消费者是常交易、购买的人，顾客是潜在的或者偶尔交易的人。消费者一定是顾客，顾客不一定是消费者。但在这里，我们将其统一划归于顾客名下。

这里所说的消费者泛指一切社会组织的服务对象；所说的产品和服务既包括物质产品，也包括精神产品（如思想产品、科研成果等），既包括有形产品，也包括无形物品（如提供服务的劳动力）。社会组织（主要是企业）为顾客提供产品与服务，顾客又通过购买产品与服务对组织或企业给予支持，两者原本是一种相互依存的关系。

一、顾客公众的基本特点

当今世界由于市场竞争的日趋激烈，买方市场的形成让顾客有了广阔的自由选择空间，企业与顾客的关系发生倾斜，顾客的地位得到空前提高，企业越来越处于弱势地位。组织尤其是工商企业和服务性行业的成功必须以顾客的利益和要求为导向。这既是商品经济性质和组织公共关系原则的必然推导，也已经得到了许多社会组织的实践证明。"顾客就是上帝""让顾客满意""顾客第一""顾客是衣食父母"这些商品经济社会中的真理，已成为越来越多的组织（主要是企业）的经营信条。反过来，我们也可根据这一经营观念在社会上真正被接受、被实施的程度，来测试一个社会商品经济的发达程度。

顾客公众具备以下两个基本特点。

（1）地位最高，作用最大，其对组织的态度和消费倾向能决定一个组织的命运。

（2）在所有的公众中，顾客公众最受组织尊重。

二、做好顾客公众的公关工作的重要意义

做好顾客公众的公关工作的重要意义有以下三点。

（1）顾客关系是组织外部公共关系工作最重要的一个方面。

（2）良好的顾客关系能够为组织带来直接的利益。

（3）良好的顾客关系体现组织正确的经营观念和行为。

三、影响组织与顾客关系的因素

顾客关系既然是组织重要的外部公共关系，那么组织就应该把它经营成一种健康、持久的合作共赢的关系。能否做到这一点与顾客无关，因为顾客永远是对的；它取决于组织如何经营这种关系。影响组织与顾客关系的因素主要有商品质量、服务态度、商品价格和售后服务等。

四、顾客公众的沟通原则

（1）专人负责原则。每个组织的决策层都应有人主要负责处理顾客关系，大企业可以设立用户关系委员会，负责协调各部门、各单位的行动，了解各部门的用户关系。

（2）建立关系原则。建立与用户良好关系是做好工作的前提，良好的用户关系取决于产品与服务的质量和价格。顾客满意了，关系就能建立和维持。因此，为顾客创造价值是顾客公共关系的核心内容。

（3）制订计划原则。用户关系计划取决于组织的用户政策、产品与服务、用户公众的数量和特征以及组织的资源。制订用户关系计划的目的是在用户心目中树立组织的良好形象。

五、建立良好顾客关系的策略

建立良好顾客关系的策略有以下几点。
（1）赢得顾客的关键在于坚持"顾客第一"的公关原则。
（2）赢得顾客信赖是组织取得成功的关键。
（3）"顾客永远是正确的"是处理顾客关系的法则。
（4）"服务意识"是处理顾客关系必须具备的公关意识。

六、开展顾客关系的方法

1. 与顾客保持通畅的信息渠道，双向沟通，双向了解

首先，组织要了解顾客。组织要有针对性地处理好顾客关系，必须以全面而准确地了解顾客的需要或意向为前提。顾客是一个庞大的群落，他们的构成是极其复杂的。每一类不同的顾客都有自己不同于别人的特殊要求和特殊利益，处理的方法也不同。例如，顾客中有高价值的顾客、低价

值的顾客、有潜力的顾客、没潜力的顾客。有的顾客是善意顾客，有的是恶意顾客，还有的是问题顾客等。组织要做到具体问题具体分析。

组织可通过调查研究的方法来准确把握顾客的诸种特点。顾客调查的内容包括顾客的年龄、性别、职业、爱好等背景情况；顾客对产品的性能、种类、质量、包装，以及价格要求等方面的产品情况；顾客对于组织职工的服务态度、服务信誉及售后服务等方面的看法和评价；顾客对于组织的整体形象的了解和评价等。组织应该全面收集、分类研究，找出其中的共同性，具体分析问题。

其次，组织也要使顾客了解组织，组织应通过各种有效的传播途径，开展与顾客的信息交流，沟通感情。例如，组织的宗旨、政策和历史、产品的性能、规格和销售方式，售后服务的标准和方法等方面的信息都应迅速准确地传递给顾客，使顾客对组织及其产品有正确的了解。

2. 科学管理顾客

所谓科学管理顾客，就是组织通过顾客调查、消费教育、消费引导和完善的销售服务把分散的顾客组织起来，使他们改变盲目被动的消费习惯，形成积极的、自动的、科学的消费意识，使他们成为组织的拥护者、爱戴者和主要顾客，形成本组织稳定的市场关系。这种方式也称为消费者系列化。

消费教育的主要形式有举办实物展览、商品操作展览、帮助顾客熟悉新产品性能技术、举办培训班、培训销售人员、向媒体提供有关新产品的介绍材料、开设咨询服务中心、发放指导性手册给顾客等。

在售后服务环节，可以收集顾客信息，建立顾客档案，保持与顾客经常性的联系，这也是维系顾客的重要手段。

3. 向顾客提供优质产品和完善的服务

组织要想在市场上立于不败之地，必须以质量求发展，必须有过硬的产品。此外，产品的品种还要多样，能够针对不同顾客的具体要求提供相应的产品。如果组织没有顾客满意的优质产品，绝对不可能有良好的顾客关系。组织或企业的兴盛，基础在产品的质量。总之，产品的质量在根本上决定组织和顾客的关系。

此外，组织还要自始至终向顾客提供完善的服务（包括优良的售后服务），这是形成良好顾客关系的重要保证。为此，要求组织的每一名员工都要熟悉组织的业务，有全员的公关意识，热情、礼貌、周到地对待每一位顾客，在服务过程的每一个环节都表现出高素质，从而树立组织的良好形象。

顾客关系的好坏还取决于组织能否妥善协调供、产、销这些中介环节的运行状况。产品的生产与消费，其中存在着诸如原材料供应、批发、运输、零售等一系列的中介环节。组织及其产品在顾客中的信誉的建立离不开这些中介环节。如果中间有差错，顾客就会很容易直接指责生产该产品的组织本身。所以，组织要处理好与顾客的关系，必须重视妥善协调好与中介环节诸部门的关系。

案例 7-3： 一个人的航班

英国航空公司所属波音 747 客机 008 号班机，准备从伦敦飞往日本东京时，因故障推迟起飞 20 小时。为了不使在东京候此班机回伦敦的乘客耽误行程，英国航空公司及时帮助这些乘客换乘其他公司的飞机。共 190 名乘客欣然接受了英航公司的妥当安排，分别改乘别的班机飞往伦敦。但其中有一位日本老太太叫大竹秀子，说什么也不肯换乘其他班机，坚决要乘英航公司的 008 号班机不可。无奈之下，原拟另有飞行安排的 008 号班机只好照旧到达东京后飞回伦敦。

一个罕见的情景出现在人们面前：东京—伦敦，航程达 13000 千米，可是英国航空公司的 008 号班机上只载着一名旅客，这就是大竹秀子。她一人独享该机的 353 个飞机座席以及 6 位机组人员和 15 位服务人员的周到服务。据估算，这次只有一名乘客的国际航班使英国航空公司至少损失约 10 万美元。

从表面上看，这10万美元的确是个不小的损失。但是，从更深一层来理解，它却是一个无法估价的收获。正是由于英国航空公司一切为顾客服务的行为，才使它在世界各国来去匆匆的顾客心目中换取了一个用金钱也难以买到的良好公司形象。

（案例来源：中国公关网）

4. 及时妥善处理顾客投诉

组织长年累月同数量庞大的顾客打交道，难免与他们出现各种各样的冲突和纠纷，其中最常见的纠纷就是顾客对产品与服务的投诉。比如，顾客对产品质量不满、认为售后服务不到位甚至没事找事等。这时有的顾客会选择向组织反映、有的诉诸法律讨说法、有的会被媒体曝光。

面对顾客投诉，公关人员千万不要置之不理，而应该采取正确的应对措施。一般的处理程序是这样的。

首先，要认真分析顾客投诉的原因。常见的原因包括借口（非组织的原因，而是顾客找托词让组织帮助解决他们的问题），偏见（成见），真诚的意见（对组织的产品或服务提意见）。

其次，要正确对待顾客公众意见。组织的公关人员要以开放的胸怀、谦虚的态度，鼓励顾客公众对组织及其产品、服务方面的工作提意见。通过设立意见箱、意见簿、直接征询等方法，使听取公众意见工作制度化、经常化。其实，公众对组织提意见，说明他很关心、在乎该组织，这正是塑造和传播形象的最佳契机，因此一定要正确对待，珍视机会。

再次，要尊重顾客公众的意见。公关人员要认真听取顾客公众所提的意见，即使对方有过激甚至错误的言论，也不要马上反驳，而要洗耳恭听，以维持彼此间的友好气氛。在接待公众投诉后，要予以应有的重视，并让公众知道组织的积极态度和解决问题的诚意，这样公众的态度就会从对立转为缓和。

最后，要冷静对待公众的意见。面对怒气冲冲的公众，公关人员要始终保持一颗平常心，以静制动。无论公众提什么意见，公关人员都要保持最大限度的克制。

如果证实确实是组织的原因造成了顾客的投诉，这个时候公关人员要遵循面对顾客的"4R"公关原则：遗憾（Regret）、改革（Reform）、赔偿（Restitution）、恢复（Recovery），即一个组织要对自身错误表达遗憾、保证解决措施到位、防止未来相同事件再次发生并且为顾客提供合理赔偿，最后把事情妥善处理完毕。

案例 7-4：丰田霸道广告风波

2003 年第 12 期《汽车之友》刊登了两则由盛世长城广告公司制作的一汽丰田销售公司的广告：一辆霸道汽车停在两只石狮子前面，一只石狮子抬起右爪做敬礼状，另一只石狮子向下俯首，背景为高楼大厦，配图广告语为"霸道，你不得不尊敬"；同时，"丰田陆地巡洋舰"在雪山高原上以钢索拖拉一辆绿色国产大卡车，拍摄地在可可西里。

看到这两则广告后，立即有人在网上留言，表示了疑义和愤怒。他们认为石狮在我国有极其重要的象征意义，代表权利和尊严，丰田广告用石狮向霸道车敬礼、作揖，极不严肃。更有网友将石狮联想到卢沟桥上的狮子，并认为"霸道，你不得不尊敬"的广告语太过霸气，有商业征服之嫌，损伤了中华民族的感情。

2003 年 12 月 2 日，《汽车之友》在自己的网站上向读者致歉，表示："由于我们政治水平不高，未能查出广告画面中出现的一些容易使人产生联想的有伤民族情感的图片。广告刊出后，许多读者纷纷来信来电话质询，我们已认识到问题的严重性。在此，我们诚恳地向多年来关心和支持《汽车之友》的广大读者表示衷心的歉意。"同时，《汽车之友》还表示，将停发这两则广告，由于发行原因，将于 2004 年 1 月在下一期杂志上正式刊登道歉函。

2003 年 12 月 4 日，这两则广告的制作公司——盛世长城国际广告公司也公开致歉，"一些读者对陆地巡洋舰和霸道平面广告的理解与广告创意的初衷有所差异，我们对这两则广告在读者中引起的不安情绪高度重视，并深感歉意。我们广告的本意只在汽车的宣传和销售，没有任何其他的意图"。同时，还表示，"对出现问题的两则广告已停止投放。由于12月的杂志均已印刷完成并发布，这两则广告将在1月份被替换。"

2003年12月3日下午，丰田中国事务所启动危机公关程序，紧急会议在京广中心召开。会议上，丰田能够到场的主要领导全部到场，气氛异常紧张。当时在会的高层，有三种态度：一种是部分日方代表的主张——"拖"，认为这样的事情纯属媒体的炒作，最终会不了了之。广告本身是中国人制作，没有什么问题，不用出面道歉，必要时由中国政府出面解决。一种是主张道歉，但由于整个广告是一汽丰田销售公司运作，所以应由合资公司出面，而不是日本方面负责。彼时，丰田汽车中国事务所理事、总代表服部悦雄正在外地出差，他在电话里表示："一汽丰田销售公司不负责任，我们再来负责任。"

这些声音很快被第三种意见否定："广告本身有没有问题已经不重要，重要的是民族情绪已经被激发出来，没有什么能抵挡民族情绪，政府是不可能管制民族情绪的""民族情绪是针对日本人，那么必须由日本人出面承担责任"。所以，"不管一汽丰田销售公司是不是承担责任，丰田都要承担责任"。

晚上6点半，丰田又紧急召集记者到京广中心，由一汽丰田汽车销售有限公司总经理古谷俊男正式宣读了道歉信。在丰田汽车公司的致歉信中，丰田公司没有为这次事件寻找任何开脱的理由，而是对此致以诚挚的歉意。

无论丰田公司本身，发表该广告的媒体，还是创作该广告的盛世长城，都一致对外"表示诚恳的歉意"，丰田公司由一汽丰田汽车销售有限公司总经理古谷俊男对外发言，其他人如果被问及时，都连连道歉，不发表其他讲话。

丰田的诚恳态度得到了公众的谅解，2003年12月5日后，整个事件戛然而止。

第三节　媒介公共关系

媒介公共关系（以下简称媒介关系）也称为新闻界关系。媒介公众是指新闻传播机构及其工作人员，如报社、杂志社、广播电台、电视台、新闻网站及其编辑、记者等。现代社会，新闻媒介对政治、经济、社会各方面的影响十分巨大，可以左右社会舆论，影响和引导民意。在西方发达国家，媒体甚至被称为行政、立法、司法三权之外的"第四权力"，任何组织和个人都不敢轻视新闻媒介这一重要舆论工具。

一、媒介关系对于组织的意义

对于组织的公共关系工作而言，媒介的作用是恰当地报道组织的个性工作和动态，具体体现在以下三个方面。

（1）新闻媒介是组织联系、沟通、影响社会公众的最主要的渠道。它不仅可以为组织发布广告，介绍新产品，传播新技术；还可以为组织召开新闻发布会，宣传组织的价值观，扩大社会影响，提高组织知名度。

（2）新闻媒介不仅可以通过舆论宣传为组织塑造良好的社会形象，同时也可以通过传播组织的负面信息而使组织名誉扫地，所谓"成也萧何，败也萧何"。

（3）新闻媒介可以帮助和监督企业的经营，对企业内部的管理人员、销售人员和广大员工都起到鼓舞士气和教育警戒的作用。

正因为新闻媒介对组织有如此巨大的作用，所以其本身也成为组织的最敏感、最重要、最特殊也最需要维系的公众之一，是对外传播的首要公众。

媒介关系被视为一种传播性质最强、公共关系操作意义最大的公共关系。很多人用"媒介关系"来指代"公共关系"，认为做公关就是做媒体。

对于公关人员而言，公关活动的重要内容就是与媒体人员确立丰产性的关系，良好的媒介关系是快速运用大众传播手段的前提。媒体是组织传递信息的载体，公共关系活动对大众媒介的使用。比如，能不能报道某项信息、何时报道、怎样报道，一般不是组织的公关人员能做到的，必须通过新闻界人士的协助才能办到。因此，与新闻界的公众建立广泛、友好的联系，是争取组织的各种宣传机会的重要前提。如果组织与媒介公众的关系融洽，联系和使用媒体的工作操作起来就比较顺当。这将有助于争取媒体报道的机会，使组织的有关信息比较顺利地通过传播过程中的层层关口，并且传播频次、传播效果会随着关系的密切程度变得更多、更好。媒介关系的这种公关传播性的强度和广度，是其他公众对象难以比拟的。

良好的媒介关系有利于形成对组织有利的公众舆论。大众传媒已成为现代生活的主要信息来源，是最能影响组织对外形象的力量。它们决定各种社会信息的取舍、流量和流向，确定公众舆论的中心议题，能够赋予被传播者特殊的、重要的社会地位，即具有"确定议程"和"授予地位"的功能。某个组织、人物、产品或时间，如果成为新闻界报道的热点，便会引起公众的兴趣，成为具有公众影响力的舆论话题，从而获得较高的社会知名度。此外，一个信息通过新闻界作客观的报道，容易获得公众的信任，有利于美誉度的提高。如果新闻媒介能经常为组织传递信息、做正面宣传，自然会赢得社会的积极反响，进而形成良好的公众舆论环境。

二、开展媒介工作的基本原则

1. 尊重媒体原则

公关人员同新闻记者的职责并不相同，有时甚至是矛盾的。在这种情况下，就必须尊重新闻界的职业特点。媒介公众作为社会公器的代表在同组织打交道时，其角色是典型的"一仆二主"。他们既要维护社会公共利益，又要服务好组织。但是，新闻的职业道德要求任何新闻报道都必须客观、真实和公正，所报道的信息必须有新闻价值，适合于所在媒体的报道，不能传播虚假和不当的信息。此外还有一套规范严格的程序，不是所有的新闻素材都可以被媒体最后采用或按预定时间传播出去。组织要想搞好媒介关系，赢得他们的坚定支持与长期合作，就必须懂得新闻媒体的这种工作特性，尊重记者的独立性。不能把新闻纯粹看成是宣传组织的工具，通过不正当行为诱使或强迫它们报道有利于本组织的消息（如"有偿新闻"），而拒绝采访和报道那些不利于本组织的消息，更不能错误地认为"新闻就是拉广告""拉广告就是骗钱的""防火防盗防记者"。这样做，不仅落后于时代潮流，也让社会公众产生疑心，同时也得罪了媒体公众，最终结果肯定是贻笑大方，这是很不明智的做法。

特别需要注意的是，在组织面临危机的时候，对待负面报道要真诚和低调，应表现出谦和、宽容的态度，不能向媒体宣战。这是因为：第一，吵架并不能改变组织的负面形象。第二，当务之急是争取公众，改变处境。第三，公众在不知实情的时候，往往会更相信媒体而不相信当事人，当事人越争辩，越强硬，越容易引起公众反感。第四，几乎没有同媒体打仗而获胜的先例。

2. 主动坦诚原则

组织要采取"门户开放"策略，改变"没有新闻就是好新闻"的陈腐观念，经常主动联系新闻媒体，随时为他们提供真实而全面的信息资料。组织到做到既报喜也报忧，实事求是，尤其不要害怕媒体对组织消极面（如决策上的失误、经营管理上的缺陷、产品质量上的问题）的曝光，因为真实是新闻的生命。新闻界也应客观地报道组织的相关信息，这才是真正的互信合作。

对于那些负面信息，组织要充分利用新闻媒介对社会舆论的影响，向社会坦白告知事实真相及组织的改正措施，争取社会公众的谅解与支持，从而把组织的声誉损失降到最低限度。

在这方面，美国波音公司的做法就很值得借鉴。有一次，美国一架波音 737 客机从檀香山起飞后不久发生爆炸，一名空中小姐被爆炸所产生的猛烈气浪抛出窗外，殉职蓝天。正当大家慌作一团时，这架飞机的驾驶员却毫无惧色，沉稳操作，使飞机终于安然着陆。爆炸除去一人丧生外，全部旅客和其他机组人员均平安返还。对这一重大安全事故，波音公司没有选择回避，而是迅速作出反应，主动向媒体和社会公众公布了经过相关专家鉴定的结论：爆炸系飞机太陈旧、金属疲劳所致。波音公司还进一步做了解释：这架飞机已飞行了 20 年之久，起落达 9 万次，大大超过了额定的保险系数，却仍能在严重事故之后安全着陆，这足以证明波音飞机性能的可靠。而且，新型的波音飞机已经成功解决了金属疲劳这一技术难题，现在如果购买波音公司的新产品，就不用再担心安全性了。这样，波音公司变被动为主动，通过及时而诚实的传播沟通，不仅没有损害公司的形象，反而进一步赢得了用户的信赖，成功地把一件坏事变成了好事。

当然，公关人员要诚实，并不意味着什么都对记者说。要注意留有余地，以维护组织的利益。可以不说自己的某些意见，但不能欺骗记者。

美国学者伦纳德·萨菲尔在其名著《强势公关》中精辟地表述了组织对媒体应该采取的态度，颇为中肯。

"通常来说，不要对媒体有恐惧感。媒体不是你的敌人，如果是的话，你也要尽力去感化他们并使他们保持中立。当然，如果你曾经因不恰当的言行成为某类节目追踪报道的对象，毫无疑问你需要回避媒体。也许你可以寻求专业公关公司或人员的帮助，让他们替你出面缓和与媒体之间的敌对关系更好。很多人对媒体抱敌视态度，这些人可以说是失败者。"

3. 一视同仁原则

新闻媒体有大有小，有的很著名，有的不起眼；有的权威性强，有的很一般。当组织面对众多媒体时，既不要有所奉迎也不要有所怠慢，那会极大地损害组织的良好社会形象。正确的做法是对各家媒体平等相待，一视同仁。只有这样，才会得到各家媒体的尊重，赢得与他们的真诚合作。

三、组织处理与媒介公关的具体方法

处理与媒介公关的具体方法有如下五点。

（1）定期或不定期邀请媒介公众参观访问组织，特别是在新产品新服务发布时，邀请记者来参观和旅游。

媒体公众直接参观组织，是了解组织动向的最有效的方法。这样可以让记者对组织的情况和发展心中有数，在组织发生重大新闻特别是在出现危机情况时，能以公正、客观的立场采访和报道组织的消息。此外，还可以挖掘新的新闻素材，促成相关的新闻报道。

（2）安排专职人员同媒介公众联系。媒体公众是重要公众，也是高素质的公众。他们见多识广、消息灵通、观察细致。组织必须派训练有素的公关人员同他们联系，经常关注新闻界的各种动态信息，并能掌握组织的全面情况，准确地回答记者的问题，真正成为组织的"对外发言人"。

（3）适时召开记者招待会或者其他形式的沟通活动，如媒体推介会、媒体访谈会、媒体见面会、媒体通气会、开放在线新闻室等。

这些会议是组织为了公布重要的新闻或者解释重要方针政策，而有意邀请媒介公众参加的一种公关活动，是组织与新闻界建立和保持联系的一种常用的形式。以这种方式发布信息，形式比较正规、隆重、有深度，规格也高，并可以和现场记者交流，容易引起社会公众的广泛关注，能在短期内迅速扩大组织的社会影响，化解不利因素，为组织营造和谐的外部环境。

（4）经常向新闻界提供信息。公关人员的一项重要工作就是撰写新闻稿件供媒体采用。在实践中，记者往往将公关人员视为重要的消息来源。例如，美国《纽约时报》的商业报道，很多都来自公关新闻稿。公关活动对媒体报道有明显的影响。不过，要注意的是，写稿之前应详细了解各种新闻媒介的特点和公众情况，掌握基本的新闻写作知识和技巧，如怎样收集新闻素材，怎样对其进行"改造制作"和使用最佳形式等。在组织开发出新技术、新产品、举行座谈会、庆典或有其他重大活动时，应主动、及时地向媒体提供新闻素材，并邀请记者客观地报道。此外，还要向媒体定期寄发组织的有关资料、新闻简报或新闻线索，供记者编辑参考。

(5) 与新闻界联合举办活动，全力支持新闻界的工作。比如，联办报纸、联办新闻、联办征文、联办社会活动、联办基金等，可进一步加深彼此之间的友好关系。特别是当新闻媒介遇到困难时，组织应全力相助。要树立这样一个思想：帮助新闻媒介就是帮助自己。

曾有学者总结出了几个吸引媒体给组织做宣传的窍门，可供参考：关注敏感问题；自己制造新闻点；给记者独特的内容；新瓶装旧酒；策划与热门新闻相关联的活动；目标指向最合适的记者；利用好新闻淡季；将新闻发布渠道扩大化；发生危机时也正是宣传的好时机；适度炒作。

案例 7-5：　大江公司的仗义之举

1990年北京亚运会前夕，由新华社体育部、中央电视台体育部、《光明日报》等8家国有新闻单位联合策划的"迎亚运世界体育知识大奖赛"，因原资助单位中止协议而受阻，几家新闻单位向上海大江有限公司求助，该公司马上出资25万元。投之以桃，报之以李，6家国家级报刊同时刊登由中央电视台摄制组专程奔赴"大江"的专题采访，中央人民广播电台也播放了"大江"的成长之路、15分钟的《大江的启示》。

(资料来源：夏年喜. 世界上最迷人的公关大师 [M]. 北京：工商出版社.)

第四节　政府公共关系

政府公共关系有两个含义，一个是指以政府为行为主体，社会公众为客体的一种传播管理行为，旨在设计和保持两者间双向沟通、坦诚合作、和平共处的良好关系；另一个是指社会组织为主体、政府公众为客体的沟通关系，其对象包括政府的各级官员、行政助理、各职能部门的工作人员。

此处指的是第二个含义。

作为国家权力的执行机构，政府公众代表全体社会成员和公共利益对各类组织行使管理职能，通过对政策的制定和执行，对组织的活动产生制约和影响。政府关系的意义主要表现在以下几点。

第一，作为实力雄厚、功能强大的国家治理机器，政府是组织的积极公众，能够影响组织的行为、决策、政策、策略和目标。政府对某些组织的认可和支持具有高度权威性和社会影响力，往往能够引起整个社会的关注，使这些组织获得优越的竞争条件；相反，政府对某些组织的批评和制裁，则会对组织的生存与发展带来决定性的负面影响。任何组织都不能忽视与组织与政府的关系。

第二，与政府公众建立良好的关系，能够为组织形成有利的社会环境，会给组织带来多方面的收益。协调组织与政府之间的关系，是公关人员开展外部公共关系的一项重要内容。

改革开放以来，几乎所有的跨国企业都重视同中国各级政府的公共关系。之所以如此，是因为在中国这个政府权力超大、市场环境不够优良的国度，来自政府的监管或者支持在企业运营中扮演了非常重要的角色。一个成功的企业，不仅需要具备内部经营管理能力，还需要具备卓越的政府公关能力，成功的政府公关可以让企业的发展事半功倍。

在这方面，世界著名的IT企业微软公司就有过深刻的教训。作为世界IT产业巨头，微软多年来凭借其先进技术垄断市场，赚取了超额利润。这些成功让微软管理层自我感觉良好，不仅轻视消费者，对政府公众也视而不见。其结果招致了美国司法部、欧盟的反垄断调查和起诉，最后在强大的压力之下被迫让步。在中国，由于该公司处处以高调形象示人，对政府部门、同行和用户都太过张扬，以致在2001年的历史上最大一次中国政府软件采购招标中未能入围，损失巨大。此后微软公司不得不改弦易辙，频频向中国政府、同行和用户伸出橄榄枝。例如，在微软中国的网页上写着："微软中国公司深知自己的成功离不开政府部门的支持、业界伙伴的信任和广大用户的厚爱。"其总裁还提出,与中国伙伴"合资是一种友好,一种形象""既然我们在这里安家,当然要做一个优秀的企业公民。我们要用中国的方式跟政府打交道,政府是我们的领导,我们要服从领导"微软中国"要通过加大对中国社会的回报来改变微软形象,学习雷锋做好事"。

像微软这样来自美国的世界顶级跨国企业尚且如此,其他社会组织更要高度重视政府关系了。

一、开展政府公共关系的主要原则

1. 主动出击,掌握分寸

政府管理全社会,涉及的方面有千头万绪,不可能经常专注于某个具体社会组织。因此,组织要想获得政府的支持,必须主动和政府部门联系,通过各种方式让他们对组织有印象有好感;但要掌握好分寸,要牢记政府公众是管理者,组织是被管理者,绝不能喧宾夺主。

2. 换位思考,互惠互利

政府管理涉及很多人、很多事,错综复杂,难度很大。其政策、方针都是从全局的角度来考虑的,不可能只针对某个局部甚至某个组织。而且,组织有自己的利益诉求,政府同样也有自己的利益诉求。因此,组织要换位思考,充分理解政府工作的全局性、规范性和制度性,理解政府工作的社会公益性特征,善于把政府工作的利益诉求点与组织的利益诉求点结合起来,相互配合,以达到互惠互利。

4. 坦诚沟通,互相信任

公共关系沟通的基本原则就是要坦诚,只有坦诚才能赢得信任,相互信任是合作的基和前提。政府只有在获悉组织的真实情况后,才能做出有利于组织的决策。虚假的信息可能会蒙蔽政府一时,但绝不能长久。毕竟政府公众掌握着众多资源,调查研究能力非同一般。当得知组织有欺瞒行为时，其所作出的反应及其后果绝非组织所堪承受。

5. 长期规划，持久行动

无论是政府还是组织，都是一个相对稳定的机构，彼此要长期打交道。因此，组织对政府的公关工作要长期规划，一旦开展起来就要常抓不懈。组织对于自身存在的问题，要及时妥善的解决，进一步完善各种制度，提升自身的能力。组织的不规范运作，往往是难以获得政府信任和支持的一个重要原因。只有坚持按规范行事，才能确保政府能给予组织长久的支持。

6. 审时度势，服从大局

政府虽然掌握很多资源，但如何配置，是有计划、有重点的。组织要服从大局，不能因为政府一时的疏忽或关照不够就有意见。对于政府开展社会公益性活动的倡议，组织要积极响应，配合政府的有关行动。

7. 全面出击，重点培育

虽然组织与政府许多职能部门打交道，但经常联系的部门毕竟有限。组织在开展政府公共关系活动的时候，既要全面开花，和每个职能部门及其工作人员都搞好关系，也要重点培育，对那些对组织的命运关系重大的政府部门要加大公共关系工作的力度和频率。这样做，既节省了人力、物力和财力，又抓住了关键，所得效果往往会很理想。

【阅读材料】在华跨国公司政府事务研究

顾名思义，政府事务就是企业处理与政府相关的事务，它类似于常说的政府关系管理，但又不完全相同，因为建立与管理好政府关系应该说是政府事务的基础。在今天的中国，做政府事务绝不是跑关系那么简单，与西方的游说也有一定差异。它是结合中国国情，吸取西方游说理论和实践中适合在中国运用的部分，由一批对中国政府及其工作流程相当了解、对所在企业的业务，以及行业知识相当精通的专业人员，按照专业的程序所从事的一项专业性很强的工作。它主要包括建立政府关系、公共政策/标准的监控、分析与游说、支持企业的社会公益项目、战略扩张、议题、危机管理及日常运营等内容。

1. 政府事务工作的策略与方法

政府事务最重要的工作策略就是动用一切资源，团结一切可团结的人，游说政府。具体工作方法包括以下三种。

（1）直接游说。简而言之，直接游说就是通过正式的会见或者其他方式，如与政府合作开展项目等，直接接触立法人员或有决策权的政府官员，代表公司陈述公司的立场和观点，提供相关资料，分享最佳实践经验，以影响政府或立法部门的决策。这种方法没有中间环节，有利于游说人员将公司的意志完整准确地表达给立法或决策人员。但随着中国政府机构改革，直接游说的机会逐渐减少。许多部委在外事接待上有一条不成文的规定：财富500强中位于前10位的企业通常只有董事长才有资格见部长。

（2）间接游说。间接游说是就一些存在共性的问题通过第三方如行业协会、行业媒体、学术团体等以专家学者的身份或以联盟团体的身份向立法机关或决策机构提供意见。这种方式近年来跨国公司用得越来越多。例如，去年全国人大就《中华人民共和国劳动合同法草案》公开征求意见，美国公司通过中国美国商会向全国人大提交了十几页的修改意见，有很多意见都被全国人大吸纳。如果某个议题找不到合适的第三方，有共同利益的跨国公司还会自己结盟，形成一个利益集团，去游说决策者。

（3）草根游说。草根游说又称公众游说，就是通过一些有影响的媒体或宣传工具如报纸、杂志、广播、电视等对公众进行宣传，塑造公共舆论，从而影响政府部门或立法机关的决策。

充分利用媒体效应对在中国开展政府事务是非常关键的。比如，一些大的跨国公司（如通用、卡特彼勒）都在首都机场最显眼的位置安装了大的广告牌，宣传公司环保、节能等先进理念，在政府和公众中产生的反响都很大。

此外，开展政府倡导的社会公益项目，是塑造企业正面形象的重要手段。自2008年5月12日四川汶川发生特大地震以来，许多在华投资的跨国企业第一时间作出反应，向灾区捐物，支援灾区。

2. 政府事务工作的特点

（1）政治性。跨国公司的投资活动不仅是一种经济现象，还带有一定的政治性。跨国公司的政府事务工作主要就是体现在其政治性方面的工作。借助 Gary Dirks 博士在一次演讲中说："政府关系管理就是私人及私人机构对政治的参与。"跨国公司的政府事务工作不仅可能影响投资所在国的行为和决策、投资所在国及跨国公司母国之间关系的发展与变化，而且可能影响更大范围的国际政治经济关系。

（2）多种关系的博弈。跨国公司的政府事务工作最重要的目标就是影响政府有关跨国公司在华投资相关的法规与政策。其中，最关键的莫过于针对跨国公司的投资制定的相关产业指导与管理法规、政策，这是政府对跨国公司的投资进行管理和规范的最重要手段。从表面上看，政府法规政策的制定是政府的单边行为，但其内容却多是与跨国公司长期博弈的结果。此外，为了取得母国政府、议会的支持，跨国公司与需要与母国的政府、议会/国会进行博弈。正是在这种相互竞争和博弈中，各跨国公司、相关利益团体才可能平衡和限制彼此的力量，从而防止权力过于集中，促进民主政治发展。

（3）与政府目标的一致性。绝大多数的跨国公司在中国政府事务工作很重要的一个任务就是，学习和领悟中国政府的政策及工作重点；在现有的政治制度和框架下用合法的方式和渠道向政府表达企业的要求；如可能的话积极响应政府的号召，支持政府的工作。比如，安海斯—布希公司为了响应国家振兴东北老工业基地的号召，在东北斥巨资收购了哈尔滨啤酒，并在哈尔滨市设立了城市发展基金，帮助当地政府解决失业、贫困孩子上学等社会问题。随着中部崛起战略的实施，跨国公司开始越来越多地关注中部。在 2008 年 4 月 26 日至 27 日在武汉举办的第三届中博会上，参会的中国美国商会代表团有 45 人之多，其中许多都是世界财富 500 强企业的代表如波音、通用、强生、安利和迪士尼等。

(4)主动性。跨国公司凭借其庞大的经济实力和母国政府强有力的支持，在中国的政府事务工作有较强的主动性。随着中国政府机构改革和透明度的提高，中国政府也更加主动地在法规政策制定过程中与相关利益方沟通、协商。

(5)以跑审批和议题管理为主，个人关系仍发挥重要作用。由于中国对跨国公司的市场准入管理比较严格，跨国公司在中国新设一家企业或者并购国内企业需要市、省甚至中央商务部门的审批、工商部门登记。这就造成了目前跨国公司在中国的政府事务还主要以跑审批或解决问题为主，法规游说仅占工作的很少一部分。在这种背景下，与主管的政府官员保持良好的个人关系仍发挥着重要作用。除了与政府接触之外，政府事务部门还有一个很重要的工作就是对内部人员包括公司总部和中国区的高层及业务部门同事的沟通。

3. 对国内企业的启示

(1)随着中国政治体制改革的深入，政府工作的透明度和法制化加强，国内企业应当学会通过正当的渠道和法律许可的方式与政府沟通，取得政府对业务发展的支持。同时，对政府政策制定的取向要有敏锐的思考和清晰的理解。

(2)在全球经济大环境下，变幻莫测的政治和意识形态意味着极大的商业风险，这将关系到企业的生死存亡。这就要求企业应当从战略的高度来看待政府关系管理，并将政府关系管理纳入企业的战略管理中，从机构和人员方面对这项工作的开展予以保证。

(3)企业要经常与人大代表、政协委员保持积极沟通，通过他们反映一些立法建议。企业发展到一定规模，企业负责人或有影响力的员工应当争当人大代表、政协委员或社区负责人，直接参政议政。企业应通过一切渠道与政府及立法部门保持密切联系，保护和促进本企业和行业的发展。

(4)国内企业还应提高对政府事务的认识，不能仅仅局限在与政府部门或相关官员搞好关系的层面，还要更多地关注与企业利益相关的法律、法规的制定，尽早反映企业的意见，参与各种利益的抗衡，从而为企业的发展主动地创造一个良好的政策环境。

（5）政府代表社会，但却不是唯一的代言人。公众和社会利益团体会影响政府，而政府也希望通过这些团体去影响企业。因此，企业要充分运用行业协会等利益团体的力量，向政府提出法律议案或对政府法律议案提出意见。今后，行业协会在政府与企业间的桥梁作用会越来越突出。

（6）要重视企业形象，支持社会公益事业，以便在政府主管部门及公众中树立良好的企业公民形象。

（7）重视媒体尤其是行业媒体和知名大众媒体对政府的影响。媒体作为政治过程的一个参与者，在提出议题、推动议题进入政府或立法机构的议事日程，以及促成议题解决方面有重大作用。此外，在需要草根游说的议题上，媒体也是一支不可忽视的力量。

（8）对于要走出国门的企业，建议开始时在当地聘请专业的游说机构或政府事务机构提供服务，但同时也要在内部逐渐壮大政府事务的队伍。等到内部队伍壮大之后，可实行内部为主、外部支持为辅的模式。除直接游说外，要积极参与当地利益团体的间接游说，必要时可与有共同利益的当地中国企业结成联盟，在使领馆的指导和支持下，展开对投资所在地立法和执法机构的游说。

（资料来源：薛华. 在华跨国公司政府事务研究 [J]. 国际公关，2008（6）.）

二、开展政府公共关系的一般做法

1. 主动配合

当政府的有关部门按照法定职责和程序对组织行使管理职权时，组织应该主动配合、积极支持、提供方便，不能找借口敷衍甚至阻拦。在政府需要组织提供帮助的时候，组织更要当仁不让，提供力所能及的帮助，替政府分忧。只有这样，政府才会投桃报李，信任和支持组织。

2. 遵纪守法

政府的政策、法律、管理条例对全社会具有普遍的约束力，任何组织都必须严格遵守。组织的一切行为都必须保持在法律许可的范围内，自觉接受政府的控制和指导。不能用非法手段，如贿赂等，来影响政府及其官员，从而获得有利于本组织的不正当利益。组织只有遵纪守法，才能赢得政府与社会的赞许。

3. 积极沟通

组织公关人员必须通过各种渠道保持与政府的有效沟通，组织要尽快熟悉政府职能的内部分工、职责范围、办事程序，并与各个主管部门的具体工作人员保持良好的工作关系，以提高办事效率。此外，还要及时了解并掌握政府有关方针、政策的变化，以便随时调整本组织的政策和活动，把握政策变化给组织带来的有利时机，避免因政策变化给组织带来的不利影响。

组织要采取积极措施，让政府加深对组织的了解，建立与政府公众的相互信任的关系。公关人员要及时把组织的基本情况和发展动态通报给政府主管部门，协助发现和纠正政策执行过程中出现的偏差与失误，争取政府的指导与帮助。在特殊情况下，如果组织发现政府政策与组织的实际情况不符，可以通过各种途径把组织的实际情况和问题反映给政府部门，争取政府制定新的有利于组织发展的政策和措施。必要时，组织还可以联合其他组织集体同政府进行沟通。这样不仅才能增加相关问题的说服能力，提高解决问题的可能性，还能实现政府与组织相关信息的相互沟通，使得双方有可能及时适应和调整。

4. 影响政府

组织要把握一切机会，扩大本组织在政府部门中的信誉和影响，使政府及政府官员了解组织对社会、对国家的贡献和成就。利用组织有重大活动如年度总结会议、庆典、新生产线投产、新技术应用等机会，邀请政府主管部门和媒体来出席活动，提高政府部门对本组织的信心和重视程度。组织还可以借助媒体的报道所形成的社会舆论、各界社会名流的游说来影响政府部门的决策，争取政府部门的支持；以借助政府的影响，拓展业务，提高声誉。

案例 7-6： 联合利华开启"本土化"之门

联合利华公司是世界上最大的跨国公司之一。该公司成立于1930年，由荷兰的尤尼麦格林公司与英国利华兄弟公司组成。目前，联合利华公司在全世界拥有500多家分公司，1997年全球销售额超过500亿美元，在世界大型跨国工业企业中位居第20位。联合利华公司在全球执行同样的准则，成为一个"本土化的跨国公司"，联合利华公司在中国同样遵循这一准则。

早在1932年，联合利华公司就在上海开办了第一家工厂——上海制皂厂，生产"日光牌"香皂。1986年，它重新回到中国投资建厂。到1997年为止，联合利华公司在华总投资超过6.4亿美元，投资行业为日用消费品和食品。1997年以前，联合利华公司每年向中国政府交纳税收5亿元人民币。

为了达到本土化的目的，1998年，联合利华公司针对中国市场酝酿了一系列重大的举措。首先，调整联合利华公司内部的组织结构，中国分公司被提升为一个业务集团，同时把区域性总部从新加坡转移到上海；其次，动用大量资金，准备采取多种形式发展包括"中华牙膏""京华茶叶""老蔡酱油"等多个中国民族品牌；再次，准备对在华的联合利华公司企业进行资产重组，成立一系列控股公司，达到资本优化，提高市场竞争力；最后，组织有才华的中方雇员到海外接受培训，实现本土化管理。

在此基础上，联合利华公司认为，在今后一段时间内，只有运用各种手段，实现由联合利华公司控股的公司在中国上市，其本土化进程才能实现阶段性成功。优化外部环境，为本土化进程铺平道路，成为联合利华公司之后公共关系工作当中，不可回避同时也是最为重要的任务。基于强烈的本土化愿望，联合利华公司1998年在中国的各项工作都围绕这一主旨展开。经过详尽的调研分析，联合利华公司针对存在的问题展开了以下公关。

第一，争取政府认同。首先，面对联合利华公司大规模的收购计划，政府主管部门的态度显得十分重要。其次，联合利华公司处在食品及日用工业品行业，并不属于我国政府希望优先注入外资的行业。从这个意义上讲，与我国政府的沟通显得十分必要；另外，当时针对外资或合资企业在华上市的问题，我国还没有明确的政策。为此，解决上述问题，首先要进行政府游说工作，获得政策的支持，即公开表示允许外资控股公司上市。在条件成熟的情况下，允许联合利华公司作为第一批外资控股公司上市。

第二，忍受重组"阵痛"。在准备实施大规模收购计划的同时，联合利华公司准备将在中国的资产进行重组。资产重组必然带来部分企业的关闭，以及企业与部分员工提前解除劳动合同，势必带来地方经济利益的损失和人员下岗。在当时的社会条件下，各方面对"下岗"问题十分敏感，一旦处理不当，激化了矛盾，"下岗"问题有可能对联合利华公司的资产重组行使"一票否决权"。

第三，应对舆论压力。在国内，保护国有资产和国有品牌的呼声很高，有些媒体甚至喊出"狼来了"的感叹。其实，联合利华公司的做法实际上是把引进外资与保护国有品牌统一起来，既能发展自己，同时又能为民族品牌注入新的生命力。但这种做法容易产生误解，需要必要的舆论支持。

第四，转变社会心理。在对待外资的本土化问题上，公众在心理上的接受需要一个相对较长的公共关系的过程。在这个层面上，联合利华公司还需做长期、细致的工作。

1998年6月，联合利华公司的两位总裁同时访问中国。通过这次在联合利华公司的历史上史无前例的举措，再次表明联合利华公司在我国长期投资的信心与诚意，进而通过以下举措完成既定公关目标。

1998年6月10日下午，时任国务院总理朱镕基接见了联合利华公司两位总裁。会谈期间，联合利华公司表达了在中国长期投资的信心，同时就本土化进程中的一些问题与朱总理交换了看法。在早些时候，时任上海市市长徐匡迪也接见了联合利华公司的两位总裁。借此机会,联合利华公司向徐匡迪市长通报了将总部设在上海,并就联合利华公司资产重组问题与徐市长交换了意见。

同日,联合利华公司的两位总裁在人民大会堂宴会厅宴请我国有关政府机构的负责人、中方合作单位代表及社会知名人士。全国人民代表大会副委员长、全国政协副主席、中共中央统战部部长以及国家计委、经贸部、国家工商总局、国家轻工总局等有关部门领导人出席了盛大的宴会。同时,两位总裁借此机会宴请联合利华公司的退休职工,表达关爱之情。

同日,联合利华公司出资50万元人民币,资助125名贫困大学生的学习生活费用。这125名"联合利华希望之星"来自江西、陕西、云南、湖南和重庆市的三峡库区,每名学生每年获得4000元的资助。

当日下午,联合利华公司在人民大会堂河北厅举行新闻发布会。两位总裁及来自北京34家新闻单位的42名记者出席了新闻发布会。会议期间,两位总裁透露了联合利华公司在我国进一步发展的设想并回答了记者感兴趣的问题。在早些时候,在上海举行了同样内容的新闻发布会,会议上着重强调联合利华公司将总部迁往上海的理由,从而获得了上海媒介的认同感。

联合利华公司两位总裁于6月10日,在天安门前与中国少年儿童共同品尝"和路雪",同时邀请在京主要新闻单位的摄影记者到现场采访。两位总裁以这种轻松、独特的方式"亮相",巧妙地表达了联合利华公司对中国的友好与亲近,预示联合利华公司在华实施本土化战略的强烈愿望。当日,联合利华公司两位总裁接受中央电视台"世界经济报道"栏目的专访。利用中央电视台的金牌经济栏目,集中发布联合利华公司的声音,既系统地阐述联合利华公司在我国发展的长远设想,又全面地表达了本土化的意愿,对我国有关方面产生了影响。

(资料来源:张百章. 公共关系原理与实务 [M]. 大连:东北财经大学出版社,2002.)

第五节 名流公共关系

名流公众是指那些对公众舆论和社会生活具有较大影响力和显著号召力的知名人士，如政界、工商界、金融界的首脑人物，科学界、教育界、学术界的权威人士，文化界、艺术界、影视界、体育界的明星，以及新闻出版界的舆论领袖等。这类公众的数量不多，也很不稳定，但"名人出新闻"，他们在传播中的作用很大，能在舆论中迅速"聚焦"，影响力很强，这是一支不容轻视的力量。

建立良好的名流关系的目的，是借助名流的知名度扩大组织的公共关系网络，扩大组织的公众影响力，提升组织的社会形象。例如，健力宝集团曾聘请"体操王子"李宁为总经理特别助理，主管公共关系与信息传播工作。于李宁在国内外体育界的崇高声誉，这家从事运动饮料和体育用品生产经营的企业进一步开拓了海内外体育界的高层关系，进一步确立了其"运动饮料王国"的地位。国内外公众看到，作为健力宝总经理助理的李宁活跃在亚运会、奥运会的许多重要场合，使健力宝集团在亚运会、奥运会等国内外高层次的体育运动盛会中一次又一次地成为世人关注的热点，说明李宁在体育界的公共关系能量使健力宝集团如虎添翼，其公关价值在健力宝集团得到了充分的体现。由此可见，通过社会名流去影响公众和舆论，往往能取得事半功倍的效果。

一、组织开展名流公众关系的意义

1. 借助于社会名流的知识和专长

名流之所以成为名流，一定是因为其有过人之处，特别是在工商界、科技教育界、政界里面的名流，或是见多识广经验丰富，或是知识渊博，或有某一方面的专长，在其擅长的领域具有独特的造诣和崇高的威望，绝不是浪得虚名。组织与社会名流建立良好关系，不仅可以从他们那里得到很多有价值的甚至关键信息，而且能充分利用他们的见识、专长为组织的经营管理或复杂社会问题的处理服务。如果组织能经常与那些著名的权威交流，实际上就是为组织配备了"高参"，从而可以扩宽组织领导层的思路与眼界，大大提升决策的科学性。

2. 借助于社会名流的关系网络

社会名流一般交际广泛，高层次的朋友很多，他们有各自的活动圈子，名流一般是这些圈子里面的头面人物。与社会名流建立良好关系，能通过他们良好的社会关系网络为组织广结善缘。有些社会名流虽然不可能为本组织直接提供所需的专业信息或管理咨询，但由于或者具有他们的特殊地位，与社会各界的广泛联系，组织能通过他们与有关公众对象疏通关系，扩大社会交往范围，甚至有可能进入他们的圈子。例如，北京大学、清华大学、中国人民大学曾在不同时期聘请人民日报社原社长邵华泽、总编辑范敬宜（后来是新闻出版总署原署长柳斌杰）和原国务院新闻办公室主任赵启正担任各自的新闻传播学院的院长。这几所名校除了吸取他们的实际工作经验外，主要目的就是利用这些名流的社会关系网络为学院发展服务。

3. 借助于社会名流的社会声望

与社会名流建立良好关系，能借助他们较高的社会地位和某方面的权威性，或他们对社会的特殊贡献、突出成就等，而形成较高的知名度。知名度的形成至少需要两个条件：一是本身能够引起公众关注、吸引公众兴趣的实际内容，如产品的突出功效、名人的巨大成就等；另一方面是经过足够的传播积累并形成社会热点。名人就是这样的一个具有传播资本（名气）的群体。组织借助名流的知名度，本质上是利用名流所具备的传播资本和无形财富。

此外，一般公众普遍追逐名利，存在"崇尚英雄""崇拜明星"的社会心理。组织与社会名流建立良好关系,实际上就将本组织的名字与社会名流的名望联系在一起,利用公众崇拜名流的心理,提高本组织在公众心目中的位置。所谓名人效应,指的是名人的出现所达成的引人注意、强化事物、扩大影响的效应,或人们模仿名人的心理现象。名人效应已经在我们生活中的方方面面产生深远影响。例如,国外给某名人颁发"荣誉市民"称号,中国不少大学特招超级体育明星入学就读,都是制造名人效应的举动。名人效应是一种特殊的公关效应,必须建立在良好的名流关系基础之上。

二、开展名流公共关系的作用

开展名流公关可以扩大组织的知名度。作为社会公众人物,名流总是成为人们竞相追捧和追逐的偶像。作为偶像的追随者和崇拜者,往往会爱屋及乌,进一步喜欢与名流相关联的组织,这样无形之中就扩大了组织的知名度和影响力。

开展名流公关有助于塑造组织形象,可提高组织的社会影响力,引发相关公众对组织的支持,既能刺激了潜在公众,又能稳固现实公众,能形成非常利于组织发展的社会舆论环境。

三、开展名流公共关系应注意的问题

开展名流公关可以使组织的知名度和美誉度都得到提升,但是任何事物都有它两面性的。作为社会的宠儿,名流本身往往带有一些不易控制的因素,这些因素是隐藏着的,会给组织带来潜在的风险,让组织承担很大的压力,如果不能够合理的控制和规避,就会产生负面影响。学者步华梁认为,重点应该注意以下两个问题。

第一,选择名流特别是明星人物的时候一定要慎重,要考虑名流潜在的负面影响(如他们有道德缺陷甚至触犯法律),否则会得不偿失。名人很不稳定，极有可能短期内因某些原因变得无名或者博得骂名，这个时候组织难免会受牵连。组织要预防这种城门失火殃及池鱼的现象出现。当然，这在实际操作过程中，确实不太好把握。

第二，注意名流形象与组织形象的匹配度，须知公共关系本质上也是追求美感的。

案例 7-7： 牛群当县长，"牛县"借牛成名

2000年12月，著名笑星牛群到"全国第一养牛大县"安徽蒙城当上"牛县长"的新闻，可谓轰动一时。据称，以"牛经济"为主要经济支柱的蒙城县，为应对激烈的市场竞争和"入世"的挑战，解放思想，决定走"文化搭台、经济唱戏"的路子，利用名人效应，发展名人经济。于是经过精心策划，牛群"牛县长"走马上任。

蒙城县的这次"借势"策划非常巧妙，一是开创了文化名人被正式任命为"挂职副县长"的先河，极具新闻性；二是牛群姓牛、属牛，人称牛哥，去了称为"牛县"蒙城，管的又是牛经济、牛文化，中间的联系相当巧妙，极易让人产生联想。

从牛群将成为"牛县长"的消息一传出，全国媒体就蜂拥而上，不惜版面地进行热炒。此后，不管是牛群正式到岗，还是从浙江义乌拉来投资初显政绩，每一次"牛县长"只要有风吹草动，媒体都会紧紧跟上。像新浪网不仅及时设立了"'牛哥'要当'牛县长'"的新闻专题，还专门推出了"牛县长日记"连载，从2001年2月8日至2001年3月24日，不间断地刊登了牛群写的43篇"牛县长日记"。当然，"牛县长事件"还引发了争论，如北京晚报刊登文章《牛群当县长引发的辩论：姓牛就能当牛县长吗？》，羊城晚报则提出疑问《牛群从政合不合法？》。但越争论，这一事件的影响就越大，对牛群和蒙城县的宣传效果也越好。在当时，全国各地媒体的报道用铺天盖地来形容毫不为过。

从开始到最后逐渐冷却，这一策划的新闻热效应前后几乎持续了一年

261

半，这在中国的新闻策划案例中也是绝无仅有的。

这次策划给蒙城县带来的效应是巨大的，首先是知名度大增，用牛群的话说就是"现在就连海外也知道中国有个养牛大县叫蒙城"。同时，这次筹划带来的经济效益也相当显著，最明显的是浙江一位商人"闻名而来"，投资2亿元在蒙城建成了号称"中原义乌"的"牛群中国商贸城"，并已于2002年5月8日正式开张，带活了当地的商贸经济。

据报道，在走马上任"牛县长"的当天，在面对记者提问时，牛群就坦然承认这是一次炒作，并表示："炒作从严格意义上讲是中性的，好事为什么不炒作？好事炒作何罪之有？重要的不是炒作，重要的是为什么炒作和炒什么，更重要的是炒完了之后有什么结果。炒作这个词，说起来稍微有点主观因素的贬义，但对此我不忌讳。"

同时，牛群还告诉记者，他这样配合蒙城县炒作，都是免费的。也就是从理论上说，蒙城县是以"零成本"的代价，仅仅通过"借用"牛群的知名度，就吃到了一块"名利双收"的大奶酪，可谓是向名人借势的经典案例。

第六节　社区公共关系

社区关系也被称为地方关系、睦邻关系等。居住于一定区域、具有共同联系并彼此交往的人们，就构成了一个社区。社区是一个相对独立的地域性社会，每个社区都有其特定的人口和特定的地理区域，其居民之间有某些共同的利益，以及重要的社会交往。社区关系指的是与某个社会组织主体地域上互邻、利益上相关的一种公众关系。社区公众包括当地的行政、司法、立法等管理部门、地方团体组织和全体居民等。"千里之行，始于足下"，由于社区是组织与社区公众赖以生存发展的共同空间，相互影响，相互制约，所以必须要搞好这种睦邻关系。即使是实力非常雄厚、影响巨大的全国性甚至是世界性组织，也要处理好与所在地方的各种关系。古人所说的"强龙不压地头蛇"就包含这方面的意思。

一、开展社区关系的目的和意义

社区关系是组织的生存环境的一个重要组成部分，开展社区关系旨在争取社区公众对组织的了解、理解和支持，使组织和社区之间建立和保持一种亲情和相互理解的关系，从而为组织创造一个稳定的生存发展环境。

组织与社区公众之间紧密的地缘联系直接影响组织各方面的关系和组织的正常运转。开展社区关有以下几方面意义。

第一，组织运转所需的各种能源、资源（包括人力）大多是由社区提供的。

第二，社区公众是距离组织最近的外部公众。

第三，社区公众为组织提供社会管理等服务，同时希望组织承担作为"社区公民"相应的社会责任和义务。

第四，对于那些具有销售行为（无论是物质产品还是精神产品）的企业而言，社区公众是较为固定的经常的消费者或者"回头客"。从某种意义上讲，社区公众乃是企业所依赖的"衣食父母"。

第五，社区关系的好坏影响社区公众对组织的态度，是组织风险的一个来源。如果组织与社区公众恶化，组织将可能面临非常被动的局面。例如，邻居投诉噪声扰民、员工办不了暂住证、结婚证等使员工不安心工作，一些地方甚至出现了前来组织办事的外地人前来问路遭到社区公众的戏弄，当地居民堵住组织大门不准其车辆进出的极端案例。这些不必要的麻烦都能给组织带来原本可以避免的损失。因此，仅从自身的生存角度考虑，组织也需要处理好与社区的关系。

例如，有一位冷饮店的经理，起初他把店铺建到某个地区，但受到该地区居民的强烈反对。为了尽快融入这个社区，他特意花了一笔钱，在这个社区增加了垃圾箱的数量。为了配合社区的整体形象，垃圾箱还被特别设计成各种形状和多种颜色。很快，冷饮店就得到了居民们的接纳。这个社区的居民还帮助冷饮店将冷饮卖到了其他的社区。

组织所在地社区关系的状况可以反映出组织的口碑好坏程度。开展社区关系可以充分展现组织对社区所尽的责任和义务，并通过社区关系扩大组织的区域影响，提升组织的公众形象。

社区公众涉及当地社会政治、经济、文化、教育等各个方面，类型繁多，涉及面较广，对组织客观上存在着各种不同的感受、要求和评价。由于处在同一社区，对组织的某一种评价和看法就容易相互快捷传播。一旦这种评价形成区域性影响，就会被媒体所关注；如果传递到别处，就会形成更大范围的影响。一个组织如果没有良好的社区关系，就很难在社会上获得良好的名声。因此，组织在社区不仅要遵纪守法，还要积极参与社区的各种事务，主动承担必要的社会责任和义务，帮助改善社区环境，以此赢得社区公众的支持。

二、开展社区公众关系的一般方式和途径

1. 树立居民意识，遵守乡规民约

从社区公众的角度来看，不论组织的性质、规模等方面如何，有一点是共同的，那就是每个组织都是社区的一员。因此，组织应自觉遵守社区的各种规定，服从社区公约、行为规范，承担为社区应尽的各种义务。

2. 加强信息沟通，了解社区需要

定期向社区公众通报组织的政策和业务发展情况。如果是学校，可以公布学校的概况、近期的实力排名、招生就业等情况；如果是企业，可以公布所生产的产品种类、质量和市场表现，职工总数和可能招聘的员工数量、薪资待遇等。随时了解社区公众对组织的看法并做好沟通交流，引导社区公众认可和支持组织。此外，要了解社区的各种需要。一般来说，社区需要包括关心和支持当地政府，上缴稳定的税金、利润和各项费用、基金，扶持文化与各项慈善公益事业，关心社区环境和秩序，为社区待业人

员提供健康的足够的就业机会和良好的教育，以及帮助提高社区的知名度等。

3. 做好开放服务，密切社区关系

定期邀请社区公众参观组织，加深了解，密切关系；向社区开放组织的各种服务设置和娱乐设施（如会议室、运动场馆、餐厅等），与公众建立密切的联系。

4. 参与社区事务，承担社会义务

组织要依据自身的性质、特长与财力物力情况，有的放矢地积极参与社区的建设和其他有意义的活动，特别是要资助卫生、教育、环保和社会福利事业。

案例 7-8： 可口可乐的"中国情结"

可口可乐在美国市场饱和之后，决定向海外发展。为了打开国外市场，赢得各国民众的认可，第二任董事长伍德鲁夫制定了"本地主义"战略。他在当地投资建厂，招收当地的工人，在缓解当地就业压力和推动当地经济发展的同时，也获取了当地人的认可。当地人给予了可口可乐公司极大的支持和协助，为其创造了良好的发展环境。可口可乐就这样在攻下了一个个社区堡垒之后，完成了全球可乐王国的组建。

2002年8月8日，全球品牌管理咨询公司与美国《商业周刊》合作，公布了全球100个最有价值的品牌。可口可乐战胜微软和IBM，又一次登上榜首，成为名副其实的全球第一品牌。在中国，可口可乐公司系列产品在软饮料市场的占有率达33%，81%的中国消费者知道可口可乐品牌。在整个中国地区，可口可乐雇用了大约1.5万名员工，从董事长到工人都是中国人。

2003年2月18日，可口可乐（中国）饮料公司对外界宣布正式更换包装、启用新标识。这是可口可乐公司自1979年进入中国市场以来首次改用

265

中文新标识,目的是使它更贴近中国消费者的生活。

可口可乐非常重视对社会的回馈,在教育方面作了很多捐赠。到目前为止,可口可乐在中国各地兴建了50所希望小学,为贫困地区的100所农村小学捐赠了一套希望书库。面对1998年的洪灾,可口可乐还捐赠了帐篷希望小学。1998年3月,可口可乐公司前董事长格拉斯·艾华士访华,宣布向"希望工程"捐赠人民币500万元人民币,专门用于资助失学儿童。1999年在中国青年基金会的发起下,可口可乐(中国)饮料有限公司设立了"可口可乐第一代乡村大学生奖学金",资助包括北京大学、清华大学等55所大学在内的近700名大学生完成学业。这些大学生都来自偏僻的乡村,并且是第一代在村里考取大学的青年。奖学金金额为8000元人民币,分四年提供。

第七节 国际公共关系

所谓国际公关,是指一组织针对本国以外不同文化背景的公众所进行的、旨在增进双方了解和信任,以及塑造本组织形象的信息传播活动,或对国外有显著影响的公共关系工作。目标公众包括对象国的政府、媒体和消费者等。国际公共关系一般分为企业国际公共关系和政府国际公共关系两种。与外交关系不同,工作对象的非国家性质是国际公共关系的一个显著特点。

国际公众是一种跨文化传播与沟通的对象,相比较而言,对他们开展公共关系工作,难度比在国内要大。有两点原因:第一,国际公关面临的公众成分非常复杂,在宗教信仰、文化背景、语言文字和风俗习惯与国内的公众有很大的差异。第二,各国政治、经济的利益之争也很激烈,国际公关的目标对象、沟通时机、沟通渠道往往很难拿捏。当然,如果深入调研,选好目标,加上策略运作得当,也能取得丰硕成果。事实上,对于如何制造声势、树立形象、影响外国政府的有关决策,国际著名的公关公司已经有了一些比较成熟的做法,包括战略咨询(提出何种诉求能获得民众响应、用什么手段去实施)、动员民众(旨在制造舆论)、组织联盟(整合多方力量施压)、媒体沟通(旨在让媒体配合)等。

值得一提的是,游说被广泛应用于国际公关领域。所谓游说,泛指劝说别人采纳其意见和主张。在这方面,以色列和我国台湾地区在美国的游说活动(国际公共关系常用的手段)可以视为经典。在美国,游说是个合法的职业。美国的游说大致分三个类别:其一是直接游说,如美国农场主协会、美国制造商联合会、亚华协会、来复枪协会,它们以会员制形式收取会费,很清晰地显示自己代表会员与会员所在行业或圈子的利益。其二是代理游说,主力是律师事务所、政治性公关公司与政策性策略公司,它们接受特定机构的委托,收取费用,用一套专业方式与社会关系网络来完成代理任务,而且他们往往有专门的注册游说人员。其三是倾向性游说,最典型的例子是美国的所谓独立思想库(智库),思想库一般有一定的政策立场的倾向游说,可以采取多种方式,如游说当选议员、行政官员,提供竞选捐款,影响公共舆论等。

在开展国际公关方面,我国应该说才刚刚起步,与发达国家相比还存在不小的差距。举一个例子,虽然中美建交实施多年了,但中国对美国的各种信息传播基本还是沿用老的政治宣传的套路,基本没有重视对方民众反馈这个关键环节。而在美国等西方国家,"宣传"这个词汇的含义是"只说好的,或主要说好的",可以视为贬义词。因此,尽管我们做了很多工作,但人家美国人很少关注中国官方的声音,更不用说相信了。造成的结果就是,当今绝大部分美国人对中国内地没有基本的了解。

目前,我国国际公共关系工作存在以下主要问题。

第一,国际公共关系的理论研究很薄弱,国内公共关系公司对国际公关业务了解不多,能力不强,很难提出高水平的咨询意见。

第二,对国外传媒(特别是国外公众经常接触的媒介)的地位与社会影响缺乏深入的了解,对国外传媒与政治的互动缺乏充分的认识,与国外传媒的联系与合作不够,本土化能力较差。

第三,中国绝大多数组织机构都不大了解国际游戏规则,缺乏对非正式外交渠道（如游说）影响政府行为的深入研究。特别是对当今世界公共政策环境的特点考虑不够。

第四，公共关系意识薄弱，企业品牌的国际知名度与美誉度都较差，在形象建设与维护方面几乎没什么作为，基本不重视政府、企业的国际形象的策划和包装。

第五，政府对外宣传的官方色彩太浓，不懂得用通俗的语言讲生动的中国故事，在外交、政治、经济和文化等方面都存在与国外公众的隔阂，又缺乏沟通技巧，传播和感染效果差，难以获得对方的理解和认同，机会和收益往往无从谈起。

一、开展国际公关的意义

（1）发展良好的国际公共关系，是国际贸易和对外交往的需要。当今世界，政治民主化、经济一体化、传播全球化是主流。政治、经济和文化等领域的国际交往与合作的日益频繁，需要相关组织了解目标公众的文化背景、价值观念和行为方式，跨越文化差异，并按照国际公共关系的手段，对目标公众有效传播信息，以提高工作效率。

（2）如果做好国际公共关系，能促进组织形象的国际化，从而取得国际社会的理解和支持。在国际舞台上表演，需要按照国际惯例和游戏规则行事。在开展国际公共关系活动的过程中，要尊重目标公众所在国家和地区的社会制度、文化习俗和宗教信仰，在信息传播和交往方面采用国际通行的做法，就容易让对方接受，从而获得支持，组织形象就会逐步国际化，从而赢得更多的国际公众的信任。

二、开展国际公共关系的一般原则

国际公关作为一种传播管理活动和社会活动，有其自身必须遵循的原则。

（1）实事求是，公开透明。对外传播目的是取信于人，所传播的信息一定要以客观、全面的事实为基础，实事求是地恰当传播相关信息。只有这样，才有可能影响对象国的民众、媒体和其他相关公众。

（2）双向沟通，利益一致。通过双向沟通和协调使组织与公众达到互惠互利和发展。

（3）讲究策略，整体协调。以公共关系学理论为指导，严格按照公共关系工作的基本程序，讲究策略与方法，努力实现国际公共关系工作的科学性、艺术化，力求统一协调和整体效益。

三、开展国际公共关系的主要方法

（1）用世界眼光审视国际公关工作。国际公共关系工作涉及面广，难度又大。因此，公共关系人员一定要放眼全球，高瞻远瞩，充分了解国际政治、经济、文化形势及发展趋势，顺应世界进步潮流，密切关注人类社会共同面临的问题（如人口问题、贫困问题、艾滋病问题、人权问题、恐怖主义问题、环境保护问题等）；同时，在手法上要改"宣传"为"传播"，不断提高国际公共关系的工作效能。

（2）承认各国的文化差异。要有宽广的胸怀，承认人类社会的多样性和差异性，尊重当地的文化和风俗习惯，善于和国际公众在求同存异的基础上开展各方面的工作。

（3）重视地方特色。要了解外国公众的态度及有关的经济、政治和社会情况，深入研究和平等对待各个地方的特点。在开展国际公关时，要因地制宜，针对不同的组织应运用不同的方法，通过实践活动来探索规律、积累经验。

（4）优化沟通协调方式。国际公共关系是一种国际传播，国际传播的特征是政治性、跨文化性、多元性。因此，必须要把原来单向度的"宣传"方式改为注重平等、真实、双向沟通的"有效传播"，并随时跟踪和及时运用世界最新传播媒介和技术，掌握公共关系理论研究方法新成果和公共关系实务发展的新动态（如整合营销传播、绿色网络公关等），不断提高国际公共关系的工作效能。

（5）遵守国际交往惯例。国际惯例包括不成文惯例和成文惯例，它是植根于国际交往实践，在长期反复实践中逐步形成的某一特定领域内的习惯性做法或通例，适用于国际交往的当事人。根据参加交往双方主体的不同，具体分为国家间交往惯例、不同国家平等当事人之间进行国际经济交往惯例、主权国家对国际商事交易进行管理与监督方面的惯例、解决国家间争议和不同国家国民间的民商事纠纷，以及国家与他国国民之间的国际商事争议的惯例五大类。国际公关必须严格遵守国际惯例和国际交往礼仪，争做世界公民。只有这样，才容易顺利让对方接纳，进而方便开展工作。

（6）适时入乡随俗，实施本土化战略。了解并善于运用外国公众经常接触的新闻传播媒介，重视运用跨文化传播手段，使自己的信息符合外国公众的语言、文化、信仰和习惯，从而为他们所接受。因为国际公共关系的实质是跨文化传播管理，使传播实现国际化、一体化、多元化，追求"有效传播"。例如，在20世纪70年代，为缓和美日经济摩擦，日本政府有关部门数次在《华尔街日报》《纽约时报》等美国大报上刊登题为"与日本对话"的整版政府广告，向美国民众宣传日本的对外经贸政策。日本在最具影响力的国家形象宣传片的对外传播上就做得很出色，该片不仅仅在CNN、CBS、BBC等公认的西方主流媒体上播放，还出现在欧洲新闻电视台、加拿大CBC电视台等看似冷门、却被认为有众多潜在受众的电视台节目表中。

（7）注意工作连续性，谋求利益长远。这既是开展公共关系的一般原则，也是基本目的。国际公关不是一锤子买卖，不是一种战术而是战略。公关活动就应按系列活动的原则，考虑长期过程，追求长远目标，不能急于求成，短期行为。在国外办事，需早作计划，提早进入他们的工作议程中；否则，临时动议，仓促安排，根本得不到对方真正的重视和支持。同时，国际公关工作真正要想产生影响，除规模和创意外，也需要细水长流，讲究持久性和系列性，因为形象建设是需要时间积累的。

（8）时刻注意维护国家利益。在开展国际公共关系活动时，任何时候都要牢记，组织是属于中国的，是代表中国的，一举一动都关乎国家的颜面。因此，必须时时刻刻注意组织的形象，维护国家利益。任何危害国家利益的行为都不符合公共关系活动的准则，也不得人心，最终受损的还是组织自身。

案例7-9：办里根访华答谢宴长城饭店声振海外

在新楼不断崛起的北京燕莎商圈，长城饭店显得神色黯淡。而在京城33家五星级饭店中，它也不再如昨日那般光鲜照人。现在的长城饭店犹如美人迟暮般地让人心生感叹。然而，就在24年前，这家饭店的开工建设，对北京和全中国而言，都具有非比寻常的象征意义。因为它是中国第一家五星级宾馆，也是第一家中美合资的宾馆。而它操办的里根访华答谢宴会更是盛极一时，成为一个久远的传奇。

中国于1979年7月颁布了第一个利用外资的法律《中外合资经营企业条例》。虽然深圳特区已经成立，但在中国对外资已经关闭了30年的大门重新开启一条缝时，心中的忐忑与憧憬同在的西方企业还是决定先到政策的发源地一试水温。1980年4月，北京航空食品、建国饭店、长城饭店成为首批获准成立的外商直接投资企业。长城饭店1983年正式开张营业，之后一直面临着如何把长城饭店介绍给世界、吸引顾客的问题。

1984年4月26日到5月1日，美国总统里根将访问中国。长城饭店获知消息后，立即着手了解里根访华的日程安排和随行人员。当得知随行来访的有一个五百多人的新闻代表团，其中包括美国的三大电视广播公司和各通讯社及著名的报刊之后，长城饭店决定抓住这次机会，举办一次大规模的公关活动。

在成功争取到美国新闻代表团入驻之后，长城饭店对代表团的所有要求都给予了满足。为了方便代表团各新闻机构及时发稿，长城饭店在楼顶架起了扇形天线，把高级套房布置成工作间。长城饭店更将饭店最精华的部分给美国三大电视广播公司用作播放电视新闻的背景：CBS 公司采用富有中国园林特色的"艺亭苑"茶园的六角亭、NBC 公司采用中西合璧的顶楼酒吧"凌霄阁"、ABC 公司采用将古朴典雅的露天花园。

　　为了使收看、收听电视、广播的公众能记住长城饭店这一名字，饭店总经理提出，如果各电视广播公司只要在播映时说上一句"我是在北京长城饭店向观众播报"，一切费用都可以优惠。富有经济头脑的美国各电视广播公司接受了这个条件，暂时当起了代言人，做起了免费的广告，把长城饭店的名字传向世界。

　　随后，长城饭店又把目标对准了高规格的里根总统的答谢宴会。在以往这几乎是不可能的，因为这种规格的宴会通常都在人民大会堂或美国大使馆举行。长城饭店先向中美两国礼宾司的首脑及有关执行部门的工作人员，详细介绍了饭店的情况并赠送了相关资料，然后把重点放在了邀请各方首脑及各级负责人到饭店参观考察上。在看过长城饭店的设施、店容店貌、酒菜质量和服务水平之后，争取到了里根总统的同意，中美官员当即拍板。获得承办权之后，饭店经理立即邀请中外各大新闻机到饭店租用场地，实况转播美国总统的答谢宴会，并表示如果转播时提到长城饭店，收费可以优惠。

　　答谢宴会举行当日，中美首脑、外国驻华使节、中外记者云集长城饭店。电视上在出现长城饭店宴会厅豪华的场面时，各国电视台记者和美国三大电视广播公司的节目主持人异口同声地说："现在我们是在中国北京的长城饭店转播里根总统访华的最后一项活动——答谢宴会……"在频频的举杯中，长城饭店一次又一次地展现在世界各地民众的面前。里根总统的夫人南希后来给长城饭店写信说："感谢你们周到的服务，使我和我的丈夫在这里度过了一个愉快的夜晚。"

　　此后，各国访问者、旅游者、经商者慕名而至，有 38 个国家的首脑率代表团访问中国时，都在长城饭店举行了答谢宴会，以显示自己像里根总统一样对这次访华的重视和成功的表示。长城饭店从此名声大振,而承办里根总统答谢宴也成为公关史上一个成功的案例。

第八节　网络公共关系

网络技术的进步和广泛应用促使了网络营销和网络公关的兴盛。网络媒体的发展也使公关和营销的手段更加丰富。

网络公关的定义目前在学术界尚未统一。有的学者认为,网络公关是社会组织为了塑造组织的形象,借助互联网,为组织搜集和传递信息,在电子空间实现组织与公众的全球沟通的一门技术。有的学者认为网络公关就是线上公关(e公关)或者在线公关(online PR)。

一般认为,广义的网络公关指的是利用互联网的高科技表达手段营造组织形象的活动。狭义的网络公关是指组织或个人基于开放便捷的互联网络,对产品、服务所做的一系列经营活动,从而达到满足组织或个人需求的全过程。网络公关为现代公共关系提供了新的思维方式、策划思路和传播媒介。

据悉,在世界"财富100强"之中,43%的公司都有自己的网上新闻发布中心,而93%的公司将非IT类记者的新闻稿件投到网站上发表,可见网络公关已走到时代前台。

一、网络公关的特点

与传统沟通模式相比,网络公关突出的特征是个性化、互动性、聚焦性、信息共享化和资源无限性。

网络公关的优势主要有:网络公关的主体性大大增强了;网络公关的客体的能动性大幅提高;网络公关的针对性、准确性十分鲜明;网络公关的评估更容易量化和值得参考。

网络信息传播的方式是全新的，它已集个人传播（如网上聊天、电子邮件），组织传播（如电子论坛、虚拟社区、电子报）和大众传播（如微信）为一体。e公关也正是对这些传播方式重新进行的整合公关方式。奥美公关中国区董事总经理柯颖德就此曾提出了一个"360度整合营销传播"的理念。所谓"360度"是指一个全方位的公关手段，包括公关、企业形象设计、广告、促销、媒介投放、媒介互动等各方面。互联网上的公关活动只是这"360度"理念的一部分，但却是非常重要的一部分。由于报刊、杂志、广播、电视等大众传播媒介缺少互动性，且投入偏高，而公关网络这一新兴媒体经过几年的运转已经逐渐成熟，并且有了一定的影响，从而被认为是"360度整合营销"的关键载体。

运用网络开展公关活动最主要的好处是它的互动性和反馈机制，为组织与公众提供了双向对等沟通的平台，而这正是公共关系最理想的沟通模式。从当代公关业的发展需要和网络本身的特性来看，网络公关已不同于传统公关，传统的公关理论已经无法胜任网络公关的指导工作。因此，网络公关必须是以传统的公关理论为基础，并从公关业与网络特征来方面出发，创新并演绎新的公关观念。

在网络环境下，一般的社会组织已无任何秘密可言，不仅要直面媒体的拷问，甚至连"无可奉告"这样的词汇都不能在公关人员的口中出现。我国台湾地区学者姚惠忠认为，网络公关不仅凸显了强烈的工具性，也要求公关人员建立新的工作态度和工作模式，并提醒我们必须与更多的"利害关系人"打交道。组织面对的公众，不仅仅有记者、政府官员、相关领域的专家权威、消费者等，还有我们的竞争者、存有敌意者等，所有的网民都是我们必须经营、维持良好关系的对象。

案例7-10：　网友呼吁："封杀"王老吉

就在加多宝宣布捐款一亿元人民币的时候，一则"封杀"王老吉的帖子也在网络热传。

从最早在论坛上出现"封杀王老吉"的帖子,到打开搜狐、网易和国内人气最旺的几个论坛,在醒目位置都能看到关于"封杀"王老吉的帖子。几乎在一瞬间,《让王老吉从中国的货架上消失!封杀他!》等类似的帖子布满了国内大大小小的网络社区。

"王老吉,你够狠",网友称:"生产罐装王老吉的加多宝公司向地震灾区捐款一亿元。"这是迄今国内民营企业单笔捐款的最高纪录。为了"整治"这个嚣张的企业,"买光超市的王老吉!上一罐买一罐!"成了在众多网友之间迅速传播的响亮口号。

社会公益产生的口碑效应在网络上迅速蔓延,许多网友第一时间搜索加多宝相关信息,加多宝网站随即被刷爆。不少网友跟帖,"王老吉,你真棒,我支持你""要捐就捐一个亿,要喝就喝王老吉!""中国人,只喝王老吉"……类似的言论在网络上迅速传播。

捐款的第二天,以"网友集体封杀王老吉"为标题的新闻出现在了各大网络媒体在首页位置。

与此同时,网友们打开自己QQ,也会发现在自己的QQ群里,时不时地弹出类似这样的消息:"以后要喝就喝王老吉""为灾区捐款一亿""民营企业第一位""这样的品牌不支持都不行"等。

二、网络公关的几个模式

1. 社会化媒体公关模式

所谓社会化媒体公关,指的是利用社会化网络,如论坛在线社区、视频博客、移动通信,以及其他互联网协作平台媒体来进行公关、销售,公共关系和客户服务维护开拓的一种方式。一般社会化媒体公关工具包括论坛、博客(微博)、SNS等。组织可以通过社会化媒体与公众进行互动,倾听公众的建议和意见,从而保持更为亲密、深度的朋友关系。

2. 整合网络公关模式

整合网络公关是指为实现企业总体经营目标所进行的、以互联网为基本手段营造网上经营环境的各种活动，它是企业整体公关战略的一个组成部分。此概念由敖春华提出。

3. 颠覆式网络公关模式

颠覆式网络公关模式指的是，企业应跳出此普通层面，以高端的商业策划为指导，突破常规网络公关方法，只有创造出独特、新颖、创意、吸引和持久的颠覆式网络公关方法，才能实现网络公关效果。

4. 非对称网络公关模式

非对称网络公关模式认为，企业应该以自身定位为主，通过精装、放大、唯一、记忆、侧面品牌、差异化优势的网络公关方法，狭路相逢双赢的网络公关效果。此模式由万成卫提出。

三、开展网络公关的主要作用

开展网络公关的主要作用有如下五点。

（1）信息反馈。一般规模较大的组织可以运用自己建立的网络进行社会调查和信息传播，这种做法成本低廉、速度快捷，往往是组织成功策划与竞争制胜的法宝。小型组织因为财力等问题可以不建网站，但是可以通过咨询间接地利用网络获得所需信息。

（2）沟通协调。网络目前已成为组织与内外公众沟通的主要方式之一。这种方式比较快捷、自然，上下左右沟通都可以，有利于提高内部公关的效能。

（3）整合营销。网络营销使传统营销渠道大受影响。厂家可以直接面对消费者，大大降低了成本。网络营销以多角度、多板块、多手法来开展营销与服务，对定价、品牌、广告策略带来巨大的影响。厂家还可以利用网站培养潜在消费者，如通过网站传递企业文化，利用各种网络手段与消费者形成持续联系等。

（4）新闻营销。组织可以利用网络编发公关软文，诠释企业文化、品牌内涵、产品机理、利益承诺，传播行业资讯；并利用媒体的权威性来提高组织与产品的知名度、美誉度，引领消费、促进购买。

（5）危机管理。当组织出现危机的时候，虽然有了网络而导致扩散很快，但是组织也可以利用网络获悉公众的反应和舆论倾向，进而通过网络及时向公众表明态度、公布挽救措施，尽快平息事态。

四、开展网络公关的主要方式和途径

（1）网上新闻发布（网络媒体新闻）、网上新闻发布会。其主要平台是有组织的网站或网络媒体，主要为综合门户网站和垂直门户网站，一般有以下几种类型：综合性门户网站、行业性门户网站或媒体、新闻媒体的网络版以及网络出版物。组织的网站相当于其在网络世界的门面、招牌和接待室。因此，组织的网站一定要适应其目标公众的心理需要，提供他们感兴趣的信息，包括组织的基本情况介绍、组织的业务、成就、最新动态等。网站一定要能很方便地进入，否则后果很严重。

（2）BBS 论坛或社区公关。其主要平台有门户网站专业 BBS 论坛、专业社区网站和网络媒体开设的论坛。电子论坛是组织监控舆情最重要的渠道之一，因为它的内容有可能扩散到全社会，形成社会舆论。

（3）网上公关活动。网上公关活动主要是指组织在网上开展或组织的、与线下的相关活动相对应的公关活动。其主要平台有重要媒体网站、门户网站、SNS 社区、微博、视频网站、微信、推特、论坛网站等。例如，网上的虚拟社区比如车友会、QQ 群等实际上是某一细分市场的消费者，从公关的角度能找到特定的目标公众。比如，组织可以在相应的网站开设一个特区，让目标公众结成群体，不断互动，也有可能逐步达到设定的公关目标。

5. 网络公关中的新技术运用

网络公关的发展离不开新技术的运用。目前，网络公关业务的技术支撑系统，根据其主要功能可以划分为新闻发布平台、舆情监测平台、媒体资源平台、媒体沟通平台和执行监控平台这五大平台。

新闻发布系统又称为内容管理系统，此系统可以把杂乱无章的信息，合理有序地呈现给网民，实现对新闻的分类、管理、检索、浏览，从而为用户提供一个美观大方快捷的前台新闻浏览界面。

网络舆情监测平台通过对海量网络舆情信息进行实时的自动采集、分析、汇总和监视，并识别其中的关键信息，及时通知到相关人员，从而在第一时间应急响应，为正确舆论导向及收集群众意见提供帮助的一种信息化系统。

第八章 公共关系专题活动

　　公共关系专题活动是组织为了吸引新闻媒介的报道，围绕某一特定主题或目的而专门策划的公共关系活动，其目的在于扩大组织的社会影响。其中，既有一般新闻性活动，也有很多是被称为"事件"或"新闻事件"的活动。开展这类专题活动被称为"活动营销"或"事件营销"。当然，"新闻事件"不是自然或者突然发生的，而是公关人员在真实事件基础上加以挖掘并精心策划出来的"假事件"。它往往比一般新闻更具有新闻价值、更有戏剧性（满足公众的感官需要），而且与公众利益、社会利益相关联，公众容易接受，媒体乐于报道。在公共关系发展过程中，"事件"是最为人所熟知、最具影响力、最为成功的一种沟通工具。在公共关系首次成为一种职业并确立为一门科学的时候，"事件"的巧妙运用起到了极其重要的作用。

　　"商品创造事件，事件创造新闻"。优秀的公关人员可以通过专题活动，制造有关组织的话题，创造让媒体感兴趣的事件，让这些原本带有促销性质的活动信息，巧妙地转化成媒体乐于报道并与公众利益有某种关联的新闻，创造和引导有利于组织的公众舆论，纠正不利于组织的公众舆论，使组织的好名声在更大的范围内得到传播。可以说，在公共关系专题活动中，制造新闻是最主动、最有效的传播方式之一。

　　公共关系专题活动一般分为如下几类：庆典活动、新闻发布、公关广告、赞助活动、展会活动、市场调查、公益服务、危机管理、会议、开放参观、首映式、签唱会、抽奖活动、纪念品赠送、选拔赛、颁奖活动、降价行动，以及组织更名、人事变动、寻找代言人等。这些活动或者是为了向目标公众展示自身形象，或者是顺势推销组织的某个产品、服务或观念，或者是向内外公众表达观点和态度，以图维护公众对组织的态度和情感。

一、公共关系专题活动的特点

（1）明确的目的性。专题活动首先强调的是其目的性，其原因在于专题活动要投入大量的人力、物力和财力，所以更讲究投入的效益。专题活动的社会影响力大，如果目的性不强，反而会造成负面影响，不利于组织形象建设。

（2）广泛的社会影响性。一般的公关专题活动媒体都会有所报道，加上众多公众的积极参与，容易对社会产生广泛的影响。

（3）严密的操作性。专题活动牵涉的因素和环节有很多，每一道程序都应严格规范，具体运作起来要求要有条不紊，绝不可马虎大意。

二、专题活动策划应遵循的原则

（1）计划性原则。公关专题活动要纳入组织的年度公共关系计划，事先要合理安排好时间、人员和资金，制订好传播计划，切不可临时仓促进行。

（2）科学性原则。专题活动要适应组织的工作需要，遵循公共关系专题活动的内在规律，把握目标公众心理，科学选择好时机，严格按照规定的程序，有针对性地进行科学的调查与策划，并周密实施。在具体实施前，一定要进行可行性研究，力求成功。

（3）社会性原则。专题活动要符合传统习惯，顺应民意和社会热点要求（最好和名人和大事挂上钩），符合社会道德规范，并在当地政策与法规的框架内实施。

（4）创新性原则。公共关系专题活动最有价值的部分就是它的创新，专题活动必须紧紧围绕"新、奇、特"做文章。创意要做到别出心裁、令人耳目一新，特别是要为活动提炼出一个醒目而独特的主题，在活动的全过程中都要处处突出这个主题。因为在现代社会，公众每天接触的信息太多，平淡的创意不会引起他们的关注。成功的专题活动之所以产生"轰动效应"，其重要原因之一就在于其创新。公关策划人员一定要懂得，只有新奇的活动，才能吸引媒体并打动目标公众。

（5）实效性原则。专题活动动用的组织资源较多，不仅要求必须成功，而且应当考虑要有尽可能多的回报。公关人员在活动具体的实施过程中要务求积极主动，力争取得最好的效果。

案例 8-1： 白兰地进军美国市场的公关妙棋

1957 年 10 月 14 日，美国，华盛顿。

这天，是"第二次世界大战"期间欧洲战场盟军统帅、美国总统艾森豪威尔的 67 岁生日。只见华盛顿街头彩旗飘扬、标语醒目，白宫周围人山人海，华盛顿市万人空巷，等候着一个时刻的到来。这一刻，人们已等了很久。

按照美国人的脾气，爱好自由、民主的公民是不屑于为他们总统的生日而特意来凑热闹捧场的。总统也好、国务卿也罢，你过你的生日，与我山姆大叔何干？可是这一天，美国人却表现出了异乎寻常的热情和激动，到底发生了什么事？

事情得从头说起。早在一个月前，法国人就在各种媒介上广为宣传，为了感谢在第二次世界大战中美军对法国人民的恩情，为了表示法美人民永远的友谊，法国人决定，在艾森豪威尔总统 67 岁寿诞之时，向美国总统敬赠两桶酿造已达 67 年的法国白兰地。这两桶极品白兰地将由专机运送，并在总统生日当天，举行盛大的赠酒仪式，向全世界表明法国人民对美国人民的友好之情。

法国白兰地？美国人似乎一下子想了起来，那不是扬名全世界的美酒佳酿吗？我们以前怎么就没有想起来尝一尝呢？大家开始谈论，媒体也不甘落后。一时之间，白兰地的历史、趣闻和逸事陆续出现在各种媒体上。这就出现了前面所说的那一幕。

盼望已久的时刻终于到了。上午十时，四名英俊的法国青年，穿着雪白的王宫卫士礼服，驾着法国中世纪时期的马车进入白宫广场，由法国艺术家精心设计的酒桶古色古香，似已发出阵阵的美酒醇香。看到如此精彩绝伦的场面，全场顿时沸腾了，当四个侍者举着酒桶步向白宫时，美国人唱起了《马赛曲》，全场欢声四起、掌声雷动，人们沉浸在欢乐的气氛中。

各大新闻机构毫无例外地派出了记者。关于赠酒仪式的报道文字、图片、影像，充斥了当天美国的各大媒体。借白兰地歌唱法美友谊，缩短了白兰地与美国公众的感情距离。

这是法国白兰地制造商们举行的极为成功的公关活动。它直接地为白兰地进入美国市场扫清了道路。赠酒仪式后不久，一向不为美国人重视的白兰地酒，迅速成为市场上的抢手货。在人人以喝上法国白兰地为荣的背景下，法国白兰地成为供不应求的畅销产品。

（资料来源：奎军．公关经典100［M］．广州：广州出版社，1998．）

三、公共关系专题活动的作用

（1）创造强烈的社会传播效果。公共关系专题活动往往参加人数众多，场面壮观、气氛热烈，而且很多都带有戏剧性、感染力强，因而能产生极大的影响力，形成强烈的社会宣传效果，所以是公共关系策略经常应用的形式。

（2）有力促进社会文化的发展。经过精心策划的公关专题活动是为社会公众而设计的，最终会逐步形成企业文化、商业文化，从而推动社会文化的发展和进步。

第一节 庆典活动

　　庆典活动是组织围绕自身重大事件、活动而面向社会和公众开展的，旨在展现自身组织能力和文化素养的典礼、庆祝和仪式等，一般把其当成一种制度或礼仪。庆典活动既可以当成一项专题活动单独开展，也可以是大型公共关系活动的某个程序，它是组织经常使用的一种十分有效的公关传播形式。通过邀请知名人士和媒体记者参加，既可以营造热烈喜庆的氛围，又可以充分展示组织的综合实力及其领导者的组织能力、社交水平和文化素质。如果庆典运用得当，可以产生很好的社会影响，大大提高组织的知名度、美誉度和和谐度。

　　庆典活动的种类比较多，常见的庆典活动有节日庆典、开业庆典、开工典礼、落成典礼、开幕仪式、奠基仪式、闭幕典礼、周年庆典和特别庆典和签字仪式等。每一类庆典活动对策划的具体要求都不一样。这就需要公关人员区别对待，根据公关活动目标而对具体实施的策略、程序和内容有所侧重，但一些基本的要求是共通的。一般来说，大型的专题活动不宜过多，一年有一到两次足矣；否则会让目标公众产生"审美疲劳"，费力不讨好。

　　一般来说，庆典活动涉及面比较大，持续的时间也往往较长，社会公众的关注度较高，往往会给人们留下较深的印象。

一、举办庆典的基本原则

　　（1）计划性原则。要把庆典活动纳入组织的整体规划，通盘考虑。庆典活动应重点突出、主题鲜明，使其服务于提高组织整体效益的目的。

　　（2）适时性原则。要选择好恰当的时机，使庆典活动与组织需要、市场需求相吻合。这样可以吸引更多社会公众的关注，进而扩大组织的社会影响。

(3)科学性原则。庆典活动涉及众多环节、众多人物和众多活动内容，一定要精心策划、周密实施。庆典的每一个环节都要讲究科学设计，要合理组织、有条不紊、忙而不乱，并要有应对出现特殊情况的预案。

(4)新闻性原则。庆典活动一般都会邀请新闻记者参加。新闻记者报道新闻的前提是有他们感兴趣或者公众感兴趣的新闻素材，庆典活动要设法制造出这样的素材。

(5)时效性原则。举办庆典活动既要节省资金，又要热烈隆重。既然是庆典活动，就要在议程安排、会场布置等方面，力求符合公众节庆的心理，以期振奋员工精神，展示组织的实力和精神风貌，增强宣传效果。

二、举办庆典活动一般应注意的具体事项

(1)巧妙地选择庆典活动的主题，做好对外传播的各项策划工作。因为庆典活动向外展示的是自身形象，所以庆典活动的主题选择要充分考虑组织的实力表现和公众的心理期待。主题既要独特新颖，有深刻内涵，还要有艺术美，这样才能加深公众对庆典活动的印象，从而有利于树立良好的组织形象。

(2)精心拟定出席庆典仪式的领导和其他重要宾客的名单，并事先发出邀请。庆典是一个综合性的公共关系活动，涉及方方面面，邀请的对象也涵盖很多行业，所以一定要精心选择好对象。一般来说，来宾应包括政府官员、社区领袖、知名人士、社团代表、同行代表、员工代表、公众代表和媒体代表等。邀请函或请帖要诚恳、稳重、大方，要为重要的邀请对象亲自上门递送请帖，以示尊重。

(3)制定相互衔接紧密、日程安排合理的庆典程序。庆典程序的确立是个非常敏感但又需要规范的工作。常见的程序是：主持人宣布活动开始，介绍上级领导和其他重要来宾；组织负责人或来宾代表（一般是上级领导和重要来宾）致辞和讲话；然后是剪彩或参观、座谈和宴请，以及文体节目表演等。

(4) 事先确定致辞、致答谢词、剪彩、揭牌人员的名单。在重要活动中露面和进行其他活动能反映一个人的社会地位。因此，一定要慎重选择典礼致辞或致答谢词的人员，要充分考虑到事前一定要反复征求各方面的意见，否则造成的后果可能是很严重的。

(5) 妥善安排接待、送行等物质、后勤和保安等项事宜。庆典活动参加的人多，工作人员要做好组织分工。工作人员应提前准备好签到或题词的纸张、休息室、剪彩用的剪刀、彩绸带、布置会场的标语、音响器材、摄像器材、锣鼓和鞭炮等。宴会地点，赠送给来宾的礼品，交通车辆等也都要提前落实，每个环节都要做好安保工作。

(6) 准备好给各媒体单位的新闻通稿。公关新闻是不花钱的广告，对于组织来说，争取媒介的支持十分重要。在庆典活动期间，一定要邀请新闻记者前来参加，公关人员要及时把庆典活动的基本情况、背景材料、图片等素材送给新闻记者。如果有比较重要的媒体记者未到现场，可以把这些材料及时送达给他们，让他们根据情况编辑和播发，以扩大庆典活动和组织信息的覆盖面，进而提高组织的知名度和美誉度。

(7) 举办座谈、留言等活动征求公众意见。庆典活动搞得好不好，公众的评判最有参考价值。在庆典活动进行过程中或者结束之后，公关人员要举办活动征求公众对庆典的建议和意见，以便改进工作。

案例 8-2： 全聚德 135 周年店庆系列活动

全聚德作为我国餐饮业驰名中外的老字号企业，自清朝同治三年（1864 年）创立至 1999 年已有 135 年的发展历程。全聚德经历几代人的努力，形成了以烤鸭为代表的系列全聚德美食精品和独特的饮食文化。全聚德这家百年老店已成为国家领导人宴请国际友人的主要场所，成为国际国内朋友了解、认识北京的重要窗口。

在 21 世纪，全聚德品牌的发展同中国的餐饮业乃至中国商业、服务业一样，面临着良好的机遇和严峻的挑战。为了抓住机遇，迎接挑战，积极参与市场竞争，创造具有中国文化底蕴、实力雄厚、品质超凡、市场表现卓越、享誉全球的餐饮业世界级名牌，全聚德集团公司决定以1999年全聚德建店135周年为契机，全年推出系列公关活动。

为此，公司领导制定了明确的店庆活动公关目标：发扬全而无缺、聚而不散、仁德至上的企业精神，对外弘扬民族品牌，树立全聚德老字号的崭新形象。

为了达到这一目标，全聚德准备举办三项大的活动：有奖征集对联、烤鸭美食文化节、全聚德品牌战略研讨。这些公关活动的媒体选择上主要以报纸为主，兼有电视台、电台，并辅以本公司宣传刊物。到1999年年底，全聚德集团企业形象公关活动达到了预期的公关目的。

(1) 吸引了众多的参与者。"全聚德杯"新春有奖征联活动，历时两个月，共收到应征楹联作品近四千幅，分别来自北京、河北、辽宁等12个省市和自治区，使全聚德的品牌遍及大江南北，长城内外。作者中年龄最小的为14岁的初中生，最大的为82岁的老人。还有几位福利工厂的盲人请同事代笔。大家参与热情之高，始料未及。经过专家评委的初评、复评和终评，从中评选出一等奖5名，二等奖10名，三等奖20名，鼓励奖135名。此次活动把迎春与商业宣传融合为一，把树立全聚德品牌形象与中国传统楹联文化有机地结合起来，营造了"以文化树品牌""以文化促营销"的新闻热点，弘扬了全聚德饮食文化、品牌文化，在社会上引起了较大反响。

(2) 提高了全聚德品牌的知名度和美誉度。众多新闻媒体都对"全聚德建店135周年暨美食文化节"作了全面的报道。报道的形式有新闻、照片、侧记和专访，不仅在国内形成一股全聚德企业形象的冲击波，而且海外一些媒体也对此进行了报道，使全聚德这个老字号的名声传出了北京，飞向世界；使"全聚德"成为人们普遍谈论和关注的话题；并使其知名度和美誉度得到进一步提升，强化了全聚德的品牌形象。

(3) 全聚德集团通过135周年店庆活动取得了良好的经济效益。由于全聚德 135 周年店庆暨首届全聚德烤鸭美食文化节活动的举行，国庆节期间集团公司十家直营店共完成营业收入 703.5 万元人民币，接待宾客 76325 人次，日平均营业额达 100.5 万元人民币。到 1999 年 11 月底，集团公司营业收入、利润均已提前完成全年计划任务。其中，利润达到全年计划指标的 110%。1999 年下半年和平门店、前门店这两家日均营业额均比上年增长了 20% 左右。

（4）全聚德品牌发展战略研讨会明确了全聚德品牌战略的目标。通过活动，形成了以全聚德烤鸭为龙头、以精品餐饮为基业，通过有效的资本运营，积极审慎地向相关产业领域延伸，创造具有中国文化底蕴、实力雄厚、品质超凡、市场表现卓越、享誉全球的餐饮业世界级名牌。

全聚德的战略研讨引发了首都的专家、学者对于全聚德为代表的京城老字号发展的内在规律的探索与研究。参加过"全聚德品牌战略研讨会"和与全聚德有关活动的专家学者，后来就"老字号怎样迈向新世纪"为主题又多次展开大讨论。

第二节　赞助活动

赞助是社会组织以捐赠的形式，向某一社会事业或社会活动提供资金或物资，以承担社会责任与义务，赢得社会好感的一种公共关系专题活动。企业及其所设立的各种基金会的赞助，已成为许多发达国家教育、科技、文化、体育和社会慈善事业蓬勃发展的主要动力。这是一种信誉投资、感情投资，是企业改善社会环境和社会关系最有效的方式之一。最著名的一个例子就是，比尔·盖茨所领导的微软公司曾因涉嫌垄断而被美国司法部以及欧盟有关部门起诉，对阵双方各不相让，持续了好几年。但当盖茨宣布其死后将向社会公益事业捐赠绝大部分财产后，马上赢得了社会的好感，国际上对微软公司涉嫌垄断的调查虽然在继续，但抨击的声音似乎一下子就小了许多，微软的社会形象也有所提升。可见，赞助这一行善之举确实有利于组织改善其处境。

1. 赞助活动的主要对象

赞助活动一般属于大的投资，其回报往往又不是能立竿见影的。因此，在选择赞助对象时要充分调研、慎重选择。一般来说，赞助对象应该是社会公众乐于支持、又最需要支持的事业。媒体报道的热点领域、关乎人类发展的领域，以及道德评判色彩浓郁的领域，最容易触动公众的神经。具体来说，体育领域是世界性的媒体报道热点；环保、医疗卫生、文化和教育事业关乎人类的健康发展，各国各地区都非常重视；而社会慈善及福利事业最需要社会爱心人士的支持。这些都是组织经常赞助的主要社会活动对象。此外，地方性的节日庆祝活动、大型展览、出版物、各种专业团体、文物保护等也是赞助的对象，但因为社会影响力有限，故不常见。

2. 赞助的目的

不同的赞助主体有不同的赞助对象，因而其目的也不尽相同。例如，营利性组织与公益性组织赞助的目的肯定有较大的差别，但综合起来不外乎如下几种。

（1）追求新闻效应，扩大社会影响。赞助活动特别是重大赞助活动一般都会被媒体宣传、炒作，引起社会反响，还可以证明组织的实力。

（2）增强广告效果，提高经济效益。赞助活动可以提高组织的知名度，增强组织有关产品与服务广告的说服力。

（3）联络公众感情，改善社会关系。赞助有时候也可以理解为"取之于民，用之于民"，可以拉近组织与公众的距离，改善彼此间的关系。

（4）提高社会效益，树立良好形象。赞助是行善之举，有益于社会，自然会赢得社会公众的喜爱，这有利于形成组织良好的生存发展环境。

3. 赞助的主要作用

（1）有利于扩大在社会上的影响、树立良好的自身形象。

（2）有利于加强广告宣传效果，更好地为组织开辟市场、扩大销售。

（3）促进社会文化事业的发展，有利于社会文明进步。

企业的赞助表面上是花钱买好名声，实质上是其有形资产向无形资产的转化过程，可以通过显著的社会效益来促进其经济效益的提高。

4. 开展赞助活动应该遵循的原则

（1）针对性原则。认真研究赞助对象和项目的社会意义与影响，分析某赞助项目可能产生的社会效果，尽可能选择具有积极的社会意义、影响广泛、有长远发展前途的事业和项目；同时，要避免从众，不要盲目模仿，应考虑赞助对象与企业组织的生产经营活动、经营战略、内部文化的相似性，并善于率先赞助那些有前途的新兴事业，如此可实现效益的最大化。

（2）系通性原则。注意所赞助项目的相对集中和前后照应，可进行集中轰炸，从而给公众留下系统、深刻的印象。

（3）实效性原则。充分考虑赞助活动本身的传播效果，分析比较不同赞助对象、赞助方式能在多大程度上有效地扩大企业及其产品的社会影响力，提高知名度美誉度，并具体分析公众及新闻界对有关赞助项目的关注程度，以及赞助本身所能得到的传播补偿方式（媒体情况和报道的情形、分配的广告牌数量、电视报道的时间、次数及覆盖面、观众数量等）。

（4）合理性原则。赞助活动投入巨大，一定要根据企业的经济承受能力，决定赞助的合理规模，量力而行。

（5）规范化原则。要强化对赞助活动全过程的管理和监督，使之规范化、科学化，以提高资金的使用效益。

5. 赞助活动的一般工作程序

（1）深入调查研究，明确赞助目标。组织可以自选赞助对象，也可以应某个对象的要求来确定。确定之前，要做好调研工作。调查内容包括：赞助对象的社会背景及信誉，其他企业组织为之提供赞助的情况，组织自身实力、目标公众意愿、组织自身的经营目标与公关战略、赞助活动的影响力大小等。

（2）研究赞助项目，制订赞助计划。分析赞助的成本及可能获得的综合效益，了解有关方面给赞助提供的回报条件和传播补偿方式、标准等；形成该赞助项目的可行性报告，提交批准。

（3）制订具体方案，择期开始实施。实施方案要对双方的责任、义务、关系、经费预算，组织对活动控制的范围和方式，提供赞助的具体步骤都作出明确的规定，签订协议书。

在实施过程中，组织派专人负责，协助和监督该项目的实施情况。高额赞助费应分阶段、有计划地逐步支付，以保证赞助项目的效果。

案例8-3：美国艾克逊公司的社会形象活动

美国的艾克逊石油公司认为，企业的社会责任主要包括三个方面的内容。①企业固有的经营责任；②环境保护以及消费者权益保护；③为社会服务的责任。这三个方面反映了企业的经营理念，同时也为企业的存在意义作出了诠释。公司认为，后两个方面的内容主要借助于组织形象的推广活动来加强，于是指定公司的副总经理为最高负责人来规划推广活动。活动内容主要有以下几项。

1. 资金援助计划

这一计划的内容是对社会公益事业提供资金援助，其具体项目如下。

（1）与美国剧场和公共广播电台合作，把公众喜爱的地方戏剧改编成电视剧，以条例的形式介绍给公众。援助金额达100万美元。

（2）补助新世界交响乐团。该乐团是当时唯一不对黑人实行差别化待遇的乐团，因此提供5万美元给这个乐团作为公演补助费。

（3）资助霍丹夜祭文化活动。纽约市霍丹大学生，每年都要举办以保护波多黎各在内的西班牙文化为目的音乐和舞蹈夜祭。

（4）资助哈雷姆预备学样，每年60万美元。该校为私立预备学校，为纽约市区落后的少数民族后裔提供进入大学学习的机会。

(5) ECSJ 计划，就是公司请大学生参加本地的社会性劳动，由公司付给学生工资。其目的是为学生提供了解社会的机会，同时也增加学生的收入来源。

(6) 为世界野生动物协会提供 5 万美元的基金，帮助维持生态平衡，避免老虎绝种。

2. 员工义务劳动的活动计划

公司通过广泛征集员工意见，将那些愿意参与义务劳动的员工组织起来，为社区提供社会性的服务。艾克逊公司员工参与义务活动，内容主要有 7 项：生活辅导、顾问工作、护理活动、个别指导、成人教育、环境保护活动和运动的教练。

艾克逊公司的义务活动丰富多彩、计划周详、组织有序。公司还对在为社会义务劳动中表现突出者颁发"社会贡献领导者奖"。从企业文化的角度看，这正是为公司塑造良好的社会形象寻找"英雄"和"典范"的角色。公司还为参加义务劳动者举行招待午餐的集会，总经理亲自出席勉励员工。如今，义务劳动已成为艾史逊公司必不可少的活动，其过程有浓厚的企业文化仪式的意味。

3. 信息传递活动

公司将员工的义务劳动计划、资金援助计划和企业固有的经营活动，向当地居民进行信息传达。信息传达的途径有三种：一是定期或不定期的刊物；二是宣传活动；三是广告。

经过有计划的持续传播，公司形象得到了有效提升。

第三节　公共关系广告

所谓公共关系广告，就是组织（一般是营利性的工商企业）通过购买大众传媒的时间或空间的使用权，向公众宣传组织的发展现状、成就和信誉，树立组织形象的一种广告。其目的是为了树立组织的形象，优化组织环境，扩大组织的知名度，提高美誉度和和谐度，以得到社会公众的支持。

1. 公共关系广告与一般的商业广告的主要区别

（1）公关广告是一种长期行为，制作周期长、费用高；而一般商业广告是短期行为，制作周期短、费用低。

（2）公关广告不直接劝说顾客购买某项产品或服务，而主要宣传组织的信誉和形象，追求的是长期效果；商品广告主要宣传组织的产品或服务，追求的是短期效果。

（3）公关广告一定要传递真实全面的信息；而商业广告只作正面宣传，不涉及产品或服务的不足，难免有夸大、误导之嫌。

2. 公共关系广告的主要类型

（1）观念广告。观念广告是以本组织的理念作为主要传播内容的广告。这类广告往往因为含有友善、爱心、进步、奉献等内涵而容易被公众所欣赏，有利于组织形象的建立与维护。例如，"IBM意味着最佳服务"（IBM公司），"只有可口可乐，才是真正的可乐"（可口可乐公司），"真诚到永远"（海尔）都属于此类。

（2）实力广告。实力广告是以突出介绍组织的规模和社会影响为主要内容的广告。这类广告以真实的数据来说服公众，能强化公众对组织的认知，进而获得公众认可和信赖，有利于扩大组织的知名度。例如，"江南第一学府"（复旦大学），"中国民办教育第一品牌"（新东方学校）等。

（3）响应广告。响应广告是针对政府某项政策或对某个重大问题而表态的广告。这类广告因为针对的是热点，往往会引起公众的注意。如"康庄公司支持北京申办世界大学生运动会""北印集团支持'大学生服务西部计划'"等。

（4）商标广告。商标广告是以宣传产品的商标为主要内容的广告。这类广告往往需要以产品的质量优异作为前提。例如，"怕上火，喝王老吉""车到山前必有路，有路必有丰田车"等。

(5)公益广告。公益广告是表达组织对于社会公益事业的态度和行为的广告。这类广告表达的是组织对社会的责任和爱心,比较容易打动公众。如"保护动物就是保护我们人类""为了不使你的偶像变形,请打击盗版"等。

此外,还有祝贺广告、声明广告、谢意广告、信誉广告等。

3. 发布公共关系广告的一般程序

与一般广告的发布程序一样,公共关系广告发布的一般程序如下。

(1)组织环境分析,包括组织现状;社会公众对组织的基本看法;社会公众对组织的负面看法、产生原因及其对策。

(2)目标公众选择,确定组织的公共关系广告主要面向哪些公众。

(3)进行广告定位,所谓定位就是把产品定位在顾客心中某个位置,如"亚洲唯一印刷高等学府""男人的天堂""高档社区"等。组织要根据自身实力和社会公众心理确定自己的位置。定位技巧主要有借助组织档次,如"一类汽车维修企业""五星级饭店""'985'高校"等。

满足公众独特需求,如"一站式购物""'一条龙'服务";针对竞争对手,如"国安永远争第一"等。

(4)确定广告主题,即用简洁的语言阐述广告的中心思想。广告主题应该新颖、独特、真实、可亲、可信。此外,还要注意和组织的产品(服务)广告、与组织的重大举措、与外部环境的协调统一,这样才能迅速得到目标公众的认同。

(5)选择适当媒介。现在社会媒介种类很多,每种媒介各有优缺点。因此,需要按照科学方法对主要的意向性媒介进行综合评价,然后再选择那些传播范围广、传播速度快、针对性强、形式新颖、费用相对较小的媒介,并按约定时间发布。

(6)进行广告效果评估。公共关系广告效果评估主要包括广告注意率测评(可通过市场调查获取相关数据)、广告记忆率测评、广告经营效果测评等。其中,广告效果比率可以按照好感公众增加数(或销售增加数)占公关广告费用增加数的比例计算得出。公共关系广告效果评估，有利于分析前期工作得失，以便对公关广告策划与运作进行有针对性的改进。

4. 公共关系广告的作用

（1）扩大组织名气，推动产品销售。公益广告的内容因为看起来比较高尚，所以很容易进入公众内心世界。通过发布公共关系广告，组织的知名度得到了提升，相关产品与服务自然会比以前销售得快和多。

（2）融洽内外关系，优化发展环境。公共关系广告在很大程度上代表组织的价值观。这种价值观一旦向市场推广，不仅让内部公众感到自豪，而且对他们的言行也是一种无形的约束，从而可以进一步增强组织的凝聚力。此外，公共关系广告也容易感染外部公众，使他们愿意与组织交往、解难，这样组织的生存发展环境就会进一步得到优化。

（3）树立组织形象，提升组织信誉。公共关系广告除了可以提升组织的知名度外，还可以提升组织的美誉度尤其是信誉。当今世界，产品极大丰富，同质产品很多。顾客购买产品和服务更多是凭感觉，而不仅仅是看质量。有美誉度和信誉的组织，其产品和服务自然会受到更多顾客的青睐。

案例 8-4： "半瓶酒"招客

——别出心裁的信誉广告

中国香港特别行政区有家五星级饭店，在其餐厅大门旁边，特意摆了一个金碧辉煌的橱柜，里面陈列着来自世界各地的名酒，有大半瓶的，也有小半瓶的，就是没有一瓶原装酒。另外，在每个酒瓶上还挂着一块精美的卡片，上面写着某先生的或某夫人的名字。后来经了解，这些酒都是顾客喝剩下的酒。

那么这些"半瓶酒"陈列在橱柜里有什么作用呢？原来这是酒店吸引顾客的经营高招。一般到这家酒店用餐的顾客，饮的酒大都是价格昂贵的名酒，有时喝了以后剩下小半瓶，要带走却嫌麻烦或显得寒酸，但丢掉又觉得可惜。这一切都被酒店的员工看在眼里，并告诉了酒店的经理。经理立刻想到了一个好主意。

于是，酒店便在餐厅门口设了一个大橱柜，存放顾客喝剩的半瓶酒，并在一张卡片上写上该顾客的名字，待顾客下次来就餐时接着饮用。

这一新招就像一块无形的磁铁，吸引着顾客常常来这家酒店。当然，"回头客"越来越多，生意也越来越兴旺。另外，代保管半瓶酒也收到了一种意外的收获，那就是高档酒越来越好卖。因为人都是要面子的，那橱柜摆在大堂里面，高档名贵的酒瓶上挂着自己的名字，就给人一种满足和荣耀感。

第四节 新闻发布会

新闻发布会也称为记者招待会，是组织为了公布重要的新闻或者解释重要方针政策而有意邀请媒介公众参加的一种公关活动，这是组织与新闻界建立和保持联系的一种常用的形式。以这种方式发布信息，形式比较正规、隆重、有深度、规格也高，还可以和现场记者交流，容易引起社会公众的广泛关注，能在短期内迅速扩大组织的社会影响，化解不利因素，为组织营造和谐的外部环境。由于新闻发布会是一项相对比较经济、效果较好的一种公关传播方式，故为大多数组织所乐于采用。

新闻发布会的工作程序看起来似乎简单，其实不然。严格来说，这项工作具有很强的挑战性。例如，组织和媒体记者为此付出的时间成本和精力有多大，现场主持人和发言人的心理素质和现场反应能力是否合乎要求，他们所传达的事关组织的信息准确与否，他们是否有足够的情报与判断力来应付那些见多识广的记者刁钻提问等，所有这些都很难完全掌控。此外，对于组织来说，也不是任何时候、任何事情都需要新闻发布会来承担公关传播工作。因此，有经验的组织一般对召开新闻发布会都比较慎重，轻易不举办这样的活动。

1. 举办新闻发布会的前提

一般而言，只有同时具备下面三个条件才有必要举办新闻发布会。①新闻发布会的主题是记者感兴趣的，每个新闻发布会都应有创意性元素，能激发媒体公众的兴趣，并易于有效理解其内容。②组织所提供的信息一定会造成轰动。③充分相信新闻发布会现场不大可能失控。

案例 8-5：　宝钢新闻发布会

2004年8月12日，上海宝钢集团就宝钢股份收购增发方案出台、集团整体上市等事宜在北京国贸饭店举行新闻发布会。宝钢集团公司董事长谢企华、宝钢股份总经理艾宝俊等出席。陈缨主持发布会。以下是发布会现场情况（节选）。

陈缨：各位新闻界的朋友们，大家好！非常感谢大家来参加宝钢的见面会。公司非常重视目前与市场各方建立起的真诚信任的关系，我们希望与市场的这种良性互动能够得到持续，所以公司今天在此召开媒体见面会，就宝钢股份2004年上半年的业绩，以及本次实施的增发收购的有关情况和大家做一个交流。请允许我跟大家介绍一下今天出席媒体的各位领导。

谢企华：各位新闻界朋友大家上午好，首先我向大家介绍一下此次收购目标资产的概况。

女士们、先生们，宝钢是在全国人民支持下建立起来的大型钢铁企业，自1978年12月打下第一根桩以来，经过几代宝钢人的努力，秉承积极发展、追求卓越、诚心至上的理念，宝钢已发展为全球最具竞争力的钢铁企业之一。2000年12月，宝山钢铁股份有限公司成功登陆中国资本市场，成为中国资本市场蓝筹股的代表。上市后，宝钢股份多次被评选为最受尊敬的上市公司和最具投资价值的公司。2003年，宝钢股份被《亚洲货币》评为中国最注重股份价值的公司第一名。今天我们翻开宝钢发展新篇章，宝钢钢铁主业一体化，使宝钢股份实现跨越式发展。全球的行业地位显著提升，核心竞争力大大增强。我们的目标是成为全球钢铁行业的前三名，为

第八章 公共关系专题活动

中国成为钢铁强国再做出新的贡献。下面将由我和我的同事们来回答大家所提出的问题。谢谢大家。

陈缨：谢谢谢董事长。我们相信充分的交流有助于媒体对公司的理解。因此，公司非常愿意在此就媒体关心的问题与大家进行探讨与交流。但需要向大家表示歉意的是，由于我们的行程安排得非常紧，所以交流的时间控制在20分钟之内，建议每位提问者最好不要超过一个问题，希望能够得到大家的理解和配合。

新华社记者：我想请教谢企华董事长，这次宝钢增发收购对宝钢发展的战略意义在什么地方？特别是在宝钢一体化的战略当中处于何种地位？宝钢集团最终要实现整体上市会采取什么方式？此次收购增发和谢总最近提出的干3000万吨、看4000万吨、想5000万吨的"十一五"规划目标是什么样的关系。

谢企华：谢谢。你提了一个非常好的问题。2003年宝钢提出新一轮的发展规划，这个发展规划指的是，我们的钢铁工业要成为具有自主知识产权强大的具有综合竞争实力的世界一流的公司。我们这个战略发展规划提出了两个阶段的目标，第一阶段我们就要成为世界五百强，销售收入达到1200亿元人民币。第二阶段到2010年，我们的钢铁主业要进入全球钢铁行业综合竞争力的前三名，实现销售收入1500亿元人民币。从现在看，我们第一阶段的销售收入目标应该说已经提前完成了，我们2003年已经成为了世界五百强的第372名。另外，我们要成为钢铁的前三强，从目前宝钢整个集团公司来讲，我们现在的规模在世界第六，这次宝钢资产收购后金额晋升排位，所以我们提出干3000万吨，看4000万吨、想5000万吨的目标。这次收购后，我们的能力大大增强。整个集团公司钢铁精品基地，以及经过我们生产研发技术、销售一体化以后，整个公司经营风险将会大大降低，成本也将还有更大的下降空间。经过这次收购，宝钢的核心竞争力得到大幅度的提升，在全球的地位也得到显著提升。

《解放日报》记者：我们注意到，此次收购以后，宝钢股份关联交易和同行业竞争情况将发生比较大的变化，能否请谢总作一个详细的描述？宝钢国际作为一个贸易性的公司，宝钢股份收购其意义是什么？

谢企华：刚才这两个问题中的第一个问题请我们马强国总经理回答，第二个问题请何文波先生回答。

马国强：非常感谢对公司的关心，应该说这次公司收购以后，关联交易发生了本质的变化。它的重要特点是采购和销售之间的关联大幅度的下降。

何文波：我来回答第二个问题，关于这次收购包括宝钢国际，包括海外的资产，实际上它可以使股份公司构成一个完整的供应链系统，包括上游和下游。

陈缨：因为时间的关系，我们再安排最后两个问题。

《证券时报》记者：请问艾总一个问题，宝钢上市以来一直保持一个非常好的增长业绩，也有一个非常良好的鼓励分红的记录，但这次增发之后流通股将增加超过100%，这种大幅度的增加对宝钢股利分配政策将产生什么样的影响？因为宝钢好的分配对机构投资者和日益成熟的社会投资者都非常有吸引力。谢谢。

艾宝俊：谢谢你的问题。我想宝钢从上市以来一直注重投资者的价值和投资者的回报。如果大家有分析的话可以看到，我们每年现金分红都在不断增加。基于公司2004年收购情况及收购后目标资产情况的预测，董事会预计，我们2004年的分红依然会秉承公司历来坚持在资本市场上树立大盘蓝筹绩优股的形象。

《中国冶金报》记者：今年以来受国家宏观调控的影响，钢铁行业作为中心行业代表受到多数投资者的减持，但大家依然对宝钢业绩充满信心。请问艾总如何看待中国钢铁企业在全球钢铁竞争中的地位，以及宝钢相对的竞争优势？

艾宝俊：我想宏观调控对中国经济的健康发展有非常大的好处，应该说，中国经济的健康发展给所有的企业经营者都带来了很好的影响。从钢铁业来看，我觉得首先我们要把宝钢股份放在全球的大背景中认真地看一看，宝钢股份有哪些与别人不一样的东西。

《证券市场周刊》记者：我注意到，收购有关数据显示，销售毛利率和净资产收益率全部发生下降，好像印证了外界关于集团资产不如上市公司资产优质的担忧。此前证券市场认为，宝钢股份一些盘点基本上不太具有周期性的盘点，一旦把一些相对传统的业务收购进来，是否会使周期性波动比较大。另外，我看到集团没有进一步公布有关的财务数据，而我唯一能查到的就是被合并报表利润表显示，2002年集团的利润数据是亏损，不知道是否要搞一个模拟前三年的利润表和其他的相关表，以清晰地了解到收购资产的清晰性和本身资产的质地情况。

艾宝俊：这里有一个很重要的问题，目标资产已不再是大家传统意义上的目标资产……我想有三点请媒体朋友们给予特别的关注。第一，本次发行后的结果，据我们目前的管理层和承销商和会计师预测每股的收益至少增厚16%，我们的市盈率、市净率的折扣都在50%以上。第二，我们收购的这些目标资产有很多在建、刚刚投产或者将要投产。梅钢有、一钢有、宝新有，这些项目用我们资本市场上的一句话说都是有很好的想象空间。这些能力随着逐渐投产以后，未来是什么样我觉得是值得大家关注的。第三，我觉得大家也要特别关注，就是公司进入资本市场以来，一直是审慎对待自己的经营行动和经营业绩。也就是说，公司历来对外披露的和对外说的，应该说公司的实践比公司说的要好。在国外的资本市场上有一句话，公司的治理实践与公司的财务指标同样重要。最后一点，我觉得要充分注意到，公司董事会这次对分红政策的预计。也就是说，增发以后，我们会充分地考虑到新老投资者的利益。谢谢大家。

（资料来源：搜狐财经网，略有删节）

2. 新闻发布会的一般程序（"五环工作法"）及注意事项

（1）确定主题。主题就是举办新闻发布会的具体而充分的理由，可以是公布一个重大消息，也可以是介绍一个新产品，或者是就某件事情作进一步的解释和澄清。必须注意，发布会只能有一个主题。如果有多个主题，则很容易分散新闻记者和社会公众的注意力，影响主题新闻价值的顺利实现，也就达不到组织所需要的传播效果。

（2）确定邀请对象。新闻发布会也就是记者招待会，新闻记者是当然的邀请对象。但是，各类媒体有不同的特点和有不同的受众，也有不同的新闻侧重面。因此，公关人员应根据新闻发布会的主题，有选择地邀请有关记者来参加。另外，也应该考虑事件发生的范围。若只限于地方性影响，由地方报记者参加即可；若影响范围波及全国，就应该邀请全国性报纸的记者参加。通常的做法是，邀请那些组织比较熟悉、平时彼此关系不错，同时权威性、专业性比较强的媒体记者。一般来说，到会的媒体越权威、越专业，记者招待会的效果越好。

除新闻记者以外，凡事情涉及的其他单位、部门或公众群体，也应在邀请之列。

（3）会前准备。第一，确定时间和议程。时间选择上尽量避免与重大新闻事件撞车。一般选择上午举行，方便记者发稿。但发布坏消息或较易引发争议的记者会，最好安排在周五下午，以借助周末冲淡坏消息的影响力。新闻发布会的议程安排要做到议题紧凑、节奏明快，最好不要超过半小时（不包括记者单独采访时间）。

第二，选择场地。地点的选择应主要考虑记者的方便，也可以依照增进亲切感和有创意的原则来选择合适的地点，如草坪、艺术场所等。要提前布置好现场，设计制作好主题背景，并为记者提供必要的工作设备如传真机、收音设备、拍摄辅助灯光和专区设置、交通和停车的方便性等。这一项工作至少应提前半个月完成。

第三，准备新闻发布稿。一般来说，新闻发布稿可分为喜庆性新闻发布稿和突发性新闻发布稿。如果是前者，内容上只需简要介绍事情的梗概、所体现的价值和社会意义即可，具体细节可以放在答记者问时再作介绍。写作时，要注意用事实说话，突出团体的作用，不要自夸，要多引用社会公众的赞誉。如果是后者，在内容安排上，要首先表明组织的态度，然后说明真相及其原因，接着是总结经验教训，组织的采取或拟采取的措施对策，最后是承诺。

在准备新闻稿的过程中，还需要准备"模拟问答要点"和模拟演练，以增加主持人和发言人对主题的熟悉度，以增强其自信心。"问答要点"主要包括下列内容：本次新闻发布会的主题是向公众发布喜讯，还是就某个事件表明组织的态度；该主题的意义；对本组织机构、公众和社会环境可能产生的影响；该主题的主要内容；对主题内容的说明；主题内容是否涉及敏感问题，有无材料证明；其他必要的材料。

第四，准备好给记者的新闻资料袋。这些资料是组织的公关宣传文件和相关资料之组合，包括新闻稿、相关背景资料、组织简介等，如实施或背景资料、主管介绍、组织对事件立场的文件、组织刊物、新闻稿、赠品和样品、新闻照片等。材料应以介绍事实为主，不加议论，供记者写稿时参考。这些新闻稿就是记者见报的初稿，是方便记者的工作的，可增加刊载机会；新闻稿被刊载意味着有利于组织的观点、信息得到了有利的传递。

第五，印发请柬、布置会议场地、准备现场参观或实物、图片展览、编印文字材料等。请柬应该在会议前一周发出去。布置会议场地时，应准备好录音、录像所需的设备。为了便于记者自由采访，实地考察，还可以安排准备一些现场参观、实物、图片展览等。

第六，选好主持人和发言人。所定人选必须具有一定的职位，有相应的知识基础、杰出的语言表达能力，要熟悉新闻发布会的主题和公关目标，并对可能出现的突发状况有掌控和解决的能力，能维持好会场的气氛。这是新闻发布会成功与否的关键所在。主持人和发言人除了要传递重要信息外，还要回答记者提出的各类问题。为稳妥起见，主持人、发言人和接待人员应有明确分工，让记者受到良好的接待，也让发言人有充分精力和时间应付难缠的问题。发言人最好在会前接受面对媒体记者的专项训练。

（4）主持会议。主持会议的一般是本组织的领导人，但公关人员应意识到领导人形象代表着组织形象，因此新闻发布会无论以什么为主题，都是组织形象不可忽视的亮相。公关人员应为会议主持者做好形象设计，并及时提出建议。主持者的服饰仪表、举止谈吐均应该给人以礼貌、冷静、真诚、温和的感受。

对于早到的摄影记者，组织要注意安排专人陪同，尤其要避免让他们看到那些不便拍摄的场景。

如果新闻发布会开始的时候，到达现场的记者人数不足，则可以适当延迟开会时间。但如果到场的是电视台记者，则应马上开始。因为电视由其调度中心指挥转播，在众目睽睽之下，要维护组织的形象。如果让观众在电视机面前傻等，只会给公众留下笑柄。

如果新闻发布会现场出席人数较少，可以适当安排组织的部分员工坐到座位上充数，以壮声势。

在回答记者提问时，发言人应摆正心态，真诚地面对记者，围绕主题坦诚回答记者的提问，要尽量用肯定语调公布事实确凿的信息，即"用事实说话"。要礼貌对待记者，不要随便打断记者的发言和提问，更不要采取任何手势、动作和表情来阻止他们。对于不愿发表评论又无法回避的问题，不要用"无可奉告"之类的词语（因为这容易让记者误以为组织的诚意不够或故意回避问题，但外交场合可以用）。一般只需认真解释不便发言的原因即可。需要回避的，应处理好运用技巧（如用技巧性语言在不知不觉中转移话题，或者表面上虽作了回答，但事实上并未提供实质性信息）。

李希光认为，回答敏感问题有以下三个技巧。

第一是搭桥法。即利用回答某个问题的机会谈其他问题，如"我们不赞成……，但同时需要指出的是……"，"我不知道……，我所知道的是……"，"实际情况不是……，我目前掌握的情况是……"。

第二是旗帜法。即通过强调的方式造成最重要印象，目的是不被记者牵着鼻子走。如"真正的问题是……"，"更重要的是……"。

第三是重复法，即通过灵活多变的语言多次表达同一个意思。如"我再重申一遍","最重要的还是……"。

遇到某些情况下记者闹场时,应力争避免和记者发生正面冲突,同时还要展现耐心和修养。如果场面失控,主持人应及时向记者道歉,然后要求闹事者冷静退场,必要时报警处理。如果闹事者假冒记者提问,可以回答;如果所提问题过于离谱,可以请他表明是哪家媒体的记者,迫使对方不再捣乱。

(5)收集反馈信息。新闻发布会召开过程中或结束后,公关人员都应该密切注意会场气氛和动态,及时了解并广泛收集各家媒体对本次新闻发布会的报道角度和情况(包括征询部分记者对本次招待会的看法和意见),分析检查是否达到预期的目的和公关目标。

案例 8-6: 联合利华的一次新闻发布会

背景:"奥妙"准备大幅度降价。

1999年,"奥妙"的生产商联合利华在华资产重组顺利完成,所有机构的采购、运输、分销系统被统一起来,实现了资源共享,奥妙洗衣粉的生产间接成本大大降低;同时,经过周密的市场调查,联合利华决定针对中国实际的洗涤条件和中国消费者的洗衣习惯,研制和开发更加具有市场竞争力的新产品。1999年10月,在内部条件成熟的情况下,联合利华决定推出两种新款奥妙洗衣粉,同时对原有价格进行大幅度调整。

奥妙是世界知名企业联合利华旗下的重要洗涤产品品牌。1993年,红色装奥妙成为第一个进入中国市场的国际洗衣粉品牌。经过6年的发展,奥妙已经是中国高档洗衣粉市场最有影响的品牌之一。中国市场上的奥妙洗衣粉共有红色、蓝色和绿色三种包装,价格与其他同类产品相比悬殊。

公司管理层认识到,日用消费品的价格大幅度变动势必引起新闻媒介的关注,新闻媒介在关注此类事件的过程中一方面会在客观上帮助联合利华传播"奥妙降价"这一重要信息,引起消费者的关注;但另一方面有可能引发不利于联合利华的舆论报道,比如"奥妙"降价"以牺牲质量为代价""奥妙降价冲击国有品牌"等。而这种社会舆论一旦形成，可能将导致联合利华这一重大的市场举措失败。而处理好媒介关系，形成有利于联合利华的社会舆论，关系到"奥妙"降价能否得到市场的认可。因此，媒介关系事关重大。

于是，公司决定召开新闻发布会。其目的是有效传播"新奥妙"的产品优势（价格、性能），形成对"奥妙"有利的舆论环境——避免有可能发生的不利报道，维护"奥妙"业已形成的良好形象。

联合利华在第一时间于中国主要城市北京、上海和广州召开了新闻发布会。当地及国家工商、消协部门被隆重邀请与会，各会场还邀请全国主要的新闻媒介参加，综合类媒介（经济版面/生活版面）、消费类媒介、经济类媒介以及广播电台/电视台（经济栏目/生活栏目）作为重点考虑。

在接待过程中，外地记者还专人负责安排住宿，与各媒体记者做到事前及时沟通，对所有记者一视同仁。

联合利华家庭及个人护理产品市场总监杨牧先生，被指定为此次新闻发布会的新闻发言人。在这次会上，他正式公布了奥妙降价的消息，并回答了记者感兴趣的问题。

与此同时，联合利华公司的公关人员精心遴选出了各个地区有影响的媒介及适合的版面、栏目，以事实来消除部分记者有可能产生的主观臆断和猜想，防止产生负面报道。公关部门则从不同角度撰写新闻稿，引导记者形成有利于奥妙的报道思路。

这次活动最后以新闻发布会为主体的媒介关系协调工作完成得十分顺利，达到了预定的公关目标。媒介反响强烈，形成对联合利华有利的社会舆论，没有出现不利报道。截至发布会结束的一个月内，共收集到101篇相关剪报，其中上海11篇、广州13篇、北京32篇、四川13篇，还有32篇来自全国各地的报纸，所有被邀电台（3家）、电视台（10家）都及时地发布了有利于联合利华的信息。国际互联网至少有10篇以上的文章被登载在报纸的电子版上，其中包括《北京青年报》《北京晨报》、天津的《今晚报》、上海的《新民晚报》《新闻报》，以及广州的《南方日报》《新快报》等。

调查资料显示，有50%以上消费者的信息来源是有关的新闻报道。同时调查还显示：绝大多数消费者认为，"奥妙"降价的原因是市场竞争，而不会影响其产品的质量。这些充分说明，围绕"奥妙"降价事件展开的媒介关系协调工作最终取得成功。

（资料来源：中国环球公共关系公司）

第五节　开放参观

在组织的外部公关活动中，为了让社会公众全面了解组织的状况，密切内外关系，有时需要组织一些对外开放参观的活动，这是公共关系活动中的重要手段。所谓组织的开放活动，是指有意识地请公众到组织里来参观，向来访者传递组织的相关信息，展示自身的实力与成就，目的在于密切与社区公众和某些目标公众的联系，增进公众和社会对组织的了解、信任，为组织营造良好的社会环境。

1. 开放参观的一般工作程序

（1）明确目标。事先要充分利用组织自身具备的优势和特点，确定开放参观活动的主题和内容，明确所要达到的目的。

（2）确定日期。参观日期的确定要精心选择，最好不要与重要节日（因为此时公众往往抽不开身）或组织正在开展的重大活动（不好接待公众）相冲突。一般可以选择与组织有关的特别日子（如开工、开业、公司庆典等）。除了参观，最好还给公众安排一些其他活动加以配合。

（3）成立机构。开放参观对组织的社会影响关系重大，组织要成立专门的办事机构来统筹安排，负责人应是组织决策层面的有关人员，他出面便于协调。

（4）确定内容。对外开放参观一般可分为现场观摩、介绍（讲解员承担)、实物展览（补充说明）等。组织事先要美化环境，准备宣传品，布置好主要参观处所，确定开放参观活动的范围和路线（要事先设置路标）。

（5）选择观众。根据开放活动主题的特点和实际需要，审慎确定和邀请参观对象。可分别邀请员工家属、社区公众、有关协作单位或组织、股东和其他投资者公众、新闻媒体、同业公众、与组织有关的各类专业团体、行政机关、社会名流、科教文化单位、海外客商、投资者、观光者，以及各种慈善组织和社会福利团体等。

（6）做好宣传。通过新闻媒介传播相关信息，让更多社会公众了解并注意到组织的开放活动，以吸引社会公众的参与。

（7）做好接待。包括向导、解说和服务工作。要提前训练好足够的接待人员，为参观者提供交通、伙食、休息、娱乐、医疗、讲解、向导、欢送等方面的周到细致服务。重点安排专业人员做好解说和接待工作，因为这是开放参观活动的最关键的一个环节。

2. 开放参观活动需要注意的事项

（1）参观活动一般人数较多，要采取积极有效的各项预防性、保障性措施，做好必要的保密工作，以防出现意外，确保参观人员安全。

（2）参观活动是对组织的一次全面检阅，员工的表现十分重要。组织要采取有效措施强化职工的全员公关意识，所有员工对参观者都要做到态度热情、服务周到。

（3）对所有参观者都要一视同仁，热情接待，并认真听取参观者的意见和建议。

（4）适当安排一些参观者可以参加的活动，丰富活动内容，使其开心，从而增进他们对组织的感情。

案例8-7：《成都商报》"直通车工厂"活动

一、市场概述

多年来，汽车的营销手段逐渐模式化和同质化，缺少新意，难以引起消费者更大的购车热情。能不能把消费者直接拉到汽车生产线上去选车、订车，这是《成都商报》的突发灵感和创意。

《成都商报》"直通车工厂"活动，开创性地提出一种全新的汽车厂商与消费者的沟通模式，希望彻底解决厂商和消费者沟通脱节的问题，为双方创造直接对话的机会。而且，利用这样的活动可以加强消费者对厂家的认识，同时直接或间接地拉动汽车销售。我们希望组成一个浩浩荡荡的消费者参观团，走进国内各大汽车生产厂，甚至世界各地汽车工厂。

二、推广目标

通过《成都商报》"直通车工厂"活动，为汽车企业和消费者创造更多的沟通机会，使消费者更深入地了解到汽车生产厂家的企业文化和现代化生产工艺，进而增强对汽车厂家的认识和信任；而汽车生产厂家，也能通过活动真正掌握消费者最直接的需求，拉动汽车销售。

《成都商报》借助"直通车工厂"活动，真正成为汽车厂家和消费者之间的桥梁，使报纸媒介在汽车业界的影响力和号召力大为提升，从而强力拉动厂商的汽车广告的投放，增加汽车广告方面的收入。

三、创意策略

《成都商报》"直通车工厂"活动要达到一鸣惊人的目的，我们进行了这样的创意策划。

（1）前期预热工作。首先，在报纸上刊登读者调查问卷，了解消费者在购车前最希望看到什么，最希望了解什么。

（2）在调查结果的基础上，强势推出"直通车工厂"的概念，把消费者希望到生产线上参观和订车的意愿准确地表达出来，引起消费者和厂家的共鸣；同时，借助文体界名人效应，提高活动的档次和影响力。

（3）对首期开展的直通车工厂进行大量渲染和报道，引起广大汽车厂家的关注和消费者的浓厚兴趣。

（4）逐步增加"直通车工厂"的汽车厂家，打造"直通车工厂"品牌，策划推出"直通车工厂"活动，使"直通车工厂"活动的影响力和号召力得到最大限度的提高。

四、推广策略及执行手段

1. 确定南京菲亚特、上汽奇瑞作为首批"直通车工厂"活动的地点，在《成都商报》上公布报名热线，公开征集消费者加入参观团。同时，借助马明宇、黎冰、刘德益等名人对"直通车工厂"活动的积极评价，迅速提高直通车工厂活动的社会影响力。

2. 对首期"直通车工厂"活动进行现场报道，对成都出发仪式、现场活动、生产线购车第一人的产生等进行细致描述，以吸引社会关注。

3. 通过首期活动的渲染报道，吸引更多的汽车厂家参与进来，使"直通车工厂"活动在全国汽车业界的影响力和号召力进一步提高。

五、投放策略

在此次活动中，《成都商报》投入约150个专版进行报道。

《成都商报》与本地经销商及汽车厂家确定，"直通车工厂"活动所产生的交通费、住宿费及厂家现场活动费均由厂商支付，《成都商报》负责组织宣传，不承担相关费用。

《成都商报》先后组织了"直通上海通用""直通上海大众"等多次活动，收到消费者报名电话15 000余次，先后共有上千名幸运者走进汽车工厂。其中，"直通英国路虎工厂"更成为成都车市的一大焦点。为了得到两个前往英国的机会，《成都商报》的热线电话快被打爆了。"直通车工厂"活动的社会影响力可见一斑。

以"直通上汽奇瑞"为例，数十位消费者前往芜湖奇瑞公司，得到了包括奇瑞总经理和销售公司总经理的亲自接待。这些消费者在活动现场及返回后，90%购买了奇瑞轿车。为汽车厂家带来了巨大的商机和众多潜在客户。

"直通车工厂"已经成为《成都商报》的一块金字招牌。目前，北京现代、东风日产等正在与报社接洽"直通车工厂"合作事宜。同时"直通车工厂"活动带来的广告增量也非常显著。2004年，先后有10家汽车厂商参与了该活动，该项活动已取得的直接汽车广告收入达到了近 300 万元。

该活动已得到了汽车厂商的高度认同，后续的合作正在持续开展之中，具有很强的延续性和可操作性，经营价值非常可观。

（资料来源：《成都商报》）

第六节　展会活动

所谓展会是指组织围绕自身成果，运用经过反复精选的实物、模型、文字说明、图片、宣传品、现场讲解、幻灯、录像、电影、音响效果、模拟制作、小型研讨等多种媒介、符号和手段进行的综合传播活动。展会具有形象、生动、直观及融知识性、趣味性于一体的特点，因其风格统一，艺术感染力强，对公众有比较强的吸引力，容易成为媒介宣传报道的对象。目前，展会已变成一个规模庞大、市场前景广阔的朝阳产业。

1. 展会对组织的主要作用

（1）展会能有效地传播组织的信息，展示组织的综合实力。借助展会，组织可以把自己的产品（服务）、竞争实力、精神风貌、特征等方面的信息直观地传递给社会公众，并可以让公众在现场亲自体验，说服力强，有利于扩大组织的知名度。

（2）宣传组织的形象。现代展会往往运用高科技手段和艺术化的表现手法，通过美轮美奂的图片、极具梦幻色彩的视频，以及精彩绝伦的实物展品来取悦观众。这样就可以让公众在参观过程中获得愉悦的感受和极大的满足，组织的形象从而得到有效的传播。

（3）能和目标公众进行有效的双向互动。展会一般都设有互动环节，方便沟通，让组织与公众获取对方的信息，从而加深双方的了解。

2. 展会的形式和分类

展会有多种形式，展销会、博览会、展示会等都属于此类。

至于展会的类型,目前有很多种分类法。如果按照展会的性质(有无商业色彩),大致可分为贸易展览会和宣传展览会。如按照举办地点来划分,可分为室内展览会和露天展览会。如按照项目来划分,可分为综合性展览会和专业展览会。如按照规模来划分,可分为大型展览会和小型展览会。其中,以后两种分类法较为常见。

综合性展览会一般规模较大、层次较高。而专业展览会内容集中,针对性强,目标公众定位较为明确,规模适度,但有时候根据市场需要或市场反应也能形成较大规模。

大型展览会通常由专业展览机构主办,参展者可通过报名、缴费租用展位的方式参展。

小型展会往往由企业或组织自办,主要用于展示本组织的产品或与本组织关系密切的主题。常见的有企业产品陈列室、厂史展览室或其他相关的专题展览(如《北京大学文库》陈列室、首钢产品展览室等)。其中,有些展览应该长期保存,它们是公众认识、了解企业和组织的窗口,也是集中体现组织文化、企业精神,并对员工进行相关教育的理想场所和有效方式。

3. 举办展会的一般程序及工作内容

策划与组织有关的小型展会,是公关人员的一项重要工作。首先,要分析参展的必要性与可能性。如果觉得有必要,也有可能,则可以开始进行具体实施。其运作程序大致包括以下部分。

(1)确定展会主题,制订详细的计划,明确展会的内容、形式、结构、持续时间、传播方式等,落实展会所需经费。

主题要以各种形式(如口号、徽标、纪念品、主题曲等)表现出来,要明确是推销产品,还是传播组织形象。在地点选择上,要考虑周边环境、配套设施,尤其是交通便利情况。经费支持要合理,展览时间一般不宜超过三天。

(2)搜集、复制各种展品,并按整体计划,对展品进行编号和陈列。

要尽量选择有竞争力的优质产品（或服务项目）参展。

（3）准备各种文字说明和宣传品，与美术师、灯光音响师等一起布置展览会场。

（4）对参展工作人员进行培训，包括讲解员、接待员和业务员等。

（5）策划、组织展会的开幕式，诚恳地接待和欢迎前来采访的媒体公众和其他各类公众，热心地为公众进行讲解。

（6）收集反馈信息。采取各种方式，及时了解公众对展览的意见和反应，作为对展览成效进行测评的依据。长期陈列的展览，要及时地补充新的内容，使之更适合不同阶段公众的参观需要，更能反映组织工作的发展过程和最近成就。

4. 展会的一般要求

（1）展会应该有鲜明的有特色的主题。
（2）展会的规格、色彩和特征要新颖美观，富有独特魅力。
（3）公关人员面对观众要态度真诚，有条不紊。
（4）展会要通过媒体进行大规模的对外宣传，以进一步扩大社会影响。

案例 8-8： 昆明世界园艺博览会

云南省地处我国西南边疆，是少数民族聚居最多的省份。昆明市是云南省的省会，它是我国一座著名的历史文化名城，元代、明代和清代，是云南首府和我国西南的名城重镇。昆明又是一座四季如春的"春城"和"花城"，为避暑游览名城。当听说本次世博会要在中国举办的消息时，云南省通过努力，成功地迎来了世博会。

世博会是由国际展览组织组织的、我国具体承办的专业性博览会。但是，对于举办城市而言，它无疑也是一项城市的 CIS 策划与实施。世博会的会址设在云南省昆明市东北部的金殿名胜风景区，占地218公顷，植被覆盖率76.7%，水面占10%~15%。这些都为世博会的举办提供了良好的自然环境。世博会展区包括五大室内展馆：中国馆、国际馆、人与自然馆、大温

311

室和科技馆；三大室外展区：国际展区、中国展区和企业展区。这次博览会有26个国际组织与68个国家和地区正式参与。在昆明世博园内，汇聚了2000多种植物，其中包括110多种珍稀和濒危植物，园内种育花卉150多万盆，加上土生土长的遍地奇花异卉，形成了色彩纷呈的花的海洋。

在参展的国际组织和国家与地区中，有25个来自亚洲，20个来自欧洲，14个来自非洲，8个来自美洲，1个来自大洋洲，有26个相关的国际组织。为了热情、周到地接待来自五湖四海的嘉宾，云南省16个地、市、州的6万名青年志愿者积极参与世博会服务，仅昆明地区就有2万人分别在公交线上、旅游景区等地开展服务工作；全省公交、商业、旅游、铁路、民航等10个窗口行业的近万名青年，均以立足本职岗位、开展优质服务竞赛的方式，服务中外宾客；由彝、阿昌和白族等56个民族组成的中国昆明世博会导游小姐130余人，穿着多姿多彩的民族服饰，彬彬有礼地展开各种礼仪、导游活动。她们是从全国2000多名报名者中严格选拔训练出来的导游和礼仪小姐。

一、公共关系意识

云南省在申办之前就有了强烈的公共关系意识。在世博会的举办地点还悬而未决，几个申办城市尚处于犹豫观望之际，省政府就决定加入申办城市的行列，终于赢得了世博会的主办权；与此同时，还邀请了公共关系策划专家为世博会进行整体设计，从而为世博会的成功举办奠定了坚实的基础。

二、策划思路

1. 支点的选择

中国'99昆明世博会堪称宏大项目，非大家无以措手。世博会请来了策划专家，其策划思路即是将世博会本身当作支点来塑造，不仅策划世博会，也策划昆明、策划云南。非如此不足以凸显世博会的意义与价值，非如此亦不足以拓宽世博会本身的策划思路，亦不足以获取举办世博会所需的资源。既然云南作为旅游大省的地位有待于"世博会"这样一个"超级机会"

来促成或证明，那么世界园艺博览会不仅是其自身的事情，也不仅是昆明市的事情，而是整个云南的头等大事。于是云南省委书记提出："以世博会的筹备为契机，把全省动员起来，在整个云南开展塑造形象工程的活动。"于是中国'99昆明世博会就成为世人瞩目的焦点。这便是把策划的项目当做支点来运作的成功之举。

2. 理念的确定

"万绿之宗，彩云之南"是世博会的理念。此理念可谓一语双关，若即若离，在似与不似之间，既昭示了科学的事实，又为云南披上了历史文化的彩纱；既说到了世博会，又不只是说世博会，而是精致巧妙地体现了以世博会为支点，"撬起"云南作为旅游大省地位的策划思想。

3. 形象建设

云南为了更好地办好此次博览会，狠抓形象要素，创造良好的"软""硬"件环境。为了向海外游客展示昆明以至整个云南省的"硬件"和"软件"环境，省政府千方百计筹集了巨额资金，完成了昆明的基础设施建设和旧城改造工作，整个昆明的城市形象焕然一新。街道宽阔、高楼林立、通信发达、交通便捷，加上蔚蓝的天空、清新的空气，让游客流连忘返。此外，省政府还很重视"软"环境的塑造。通过报纸、电视等大众传播媒介，向昆明市民进行宣传教育，要求各单位特别是窗口行业单位积极开展员工素质培训。所以，昆明市民在世博会期间，热情大方，彬彬有礼，遵守公德，爱护环境，主动讲普通话，展示了他们的良好道德修养和精神风貌，给海内外游客留下了美好的印象。在努力做好的同时，他们还十分重视将形象信息及时传播出去。

4. 信息传播

云南省大力开展传播活动，宣传世博会。早在世博会的准备期间，省政府就在全国各大媒体上大量地进行世博会的宣传报道，在全国掀起了世博会的热潮；他们邀请了党和国家领导人出席盛大的开幕式，并在中央电视台黄金时段进行实况转播；还制作播放了北约悍然袭击我国驻南联盟大使馆，而西方游客仍受到中国人民热情欢迎的节目，使西方入境游客减少的问题有所缓解。

5. 效果与评估

抓住机会，发展经济。举世瞩目的世博会吸引了成千上万的海内外游人和商人纷至沓来，游客在云南逗留期间的衣食住行，商家对世博会的赞助、广告和投资，为云南省的经济发展创造了一个前所未有的大好时机。省政府紧紧抓住这一良机，在世博会期间，相继举办了昆明商品交易会和西南经贸洽谈会；同时，大力向游客宣传其独特的旅游资源，如大理、丽江、西双版纳等地，形象的设计与推广需要大创意、大思路和大手笔。中国昆明世界园艺博览会，由公共关系搭台，以花为媒，借助新闻媒体的宣传报道和渲染声势，引起了各界公众的广泛关注，已成为展示中国形象风采的重要窗口，它将以世纪之交人类盛大的庆典而载入史册。世博会成功地举办，也给云南的发展带来重大的契机，真正能做到"让世界了解云南，让云南走向世界"。

(资料来源：方世南. 公共关系案例分析 [M]. 北京：中国商业出版社，1999.)

第九章 危机管理

任何组织在其发展过程中都不可能是一帆风顺的，总会遇到这样那样的麻烦或事故，这些常常表现为由非正常因素所引起的非正常秩序，一般被称之为危机，如经济危机、能源危机、金融危机等。任何组织都有可能遇到危机，正确地对待危机，妥善地处理好危机，是一个成熟组织必须做的工作。

第一节 危机的概念、特点、类型和形成原因

1. 危机的概念

如何定义危机，国内外学者有不同的看法。例如，维基百科的表述是，"危机是让原有系统无法持续运营的流程"。

美国学者詹姆斯（James）认为组织危机是"任何一旦公布于众会引来负面反应，并潜在威胁企业财务利益、声誉、生存和企业业务的情感情况"。赫尔曼（Hermann）认为，"危机是一种发生出乎决策者的意料，使决策者的根本目标受到威胁，做出反应的时间非常有限的形势"。巴顿（Barton）认为，危机是一种影响组织及其员工声誉和信用的具有不确定性的大事件；班克斯（Banks）认为危机是一个对组织的产品或声誉等产生潜在负面影响的事故。

我国学者胡百精认为，危机"是由组织外部环境变化或内部管理不善

造成的可能破坏正常秩序、规范和目标，要求组织在短时间内作出决策，调动各种资源，加强沟通管理的一种威胁性情势或状态"。应该说，他的这一概括相当准确而全面。

由此我们可以这样定义危机：危机是指由于组织内部或外部的种种因素，严重损害了组织的声誉和形象，使组织陷入了强大的社会舆论的包围，并处于发展危机之下亟待改变的一种特殊的公共关系状态。

2. 危机的特点

（1）普遍性。组织所面临的自然环境和社会环境随时可能发生变化，由于蝴蝶效应的作用，必然会对组织产生某种影响。此外，任何组织都不可能十全十美，都或多或少存在一些问题。因此，危机具有一定的普遍性。

（2）偶然性，也称为不确定性。危机普遍存在并不意味着危机必然在某个时间、某个地点发生，正如人必然会死亡，但未必会在某个年龄死亡一样。危机的发生需要一些偶然因素来推动，但决不能因此而放松警惕。

（3）突发性。危机基本上都是在人们无法预测的情况下突然发生的，让组织没有心理准备，从而容易让组织陷入慌乱之中。

（4）紧迫性。组织发生危机后，一般容易在社会中迅速扩散迅速成为社会的焦点。如果组织反应不及时或者举措不当，形势发展会对组织越来越不利。

（5）危害性。危机事件发生时，都会给组织的经济利益和社会声誉带来不利影响，甚至会给社会造成危害。具体表现在：危机事件影响组织的日常运作，损害组织的社会信誉和形象，对组织有巨大的破坏性；在危机事件中公众常有以偏概全、近因效应、防卫心理、流言心理等消极心理现象出现，容易对组织的行为产生怀疑和敌视的态度，从而形成对组织不利的环境氛围。

（6）可变性。危机可以发生也可以消除。如果组织措施得当，可以在危机发生的各个阶段采取恰当的措施，尽量使损失减少到最低限度。

(7) 舆论关注性，也可称为公共性。危机的爆发能够刺激人们的好奇心理，危机事件常常成为人们谈论的热门话题和媒体跟踪报道的内容。组织越是回避、抵赖，越会引起各方的反应。

3. 危机的基本类型

常见的危机事件有意外性的灾难，如疾病流行、重大工伤事故、火灾、偷盗、抢劫；消费者因权益受到损害的抱怨、投诉甚至起诉；舆论的负面报道；员工情绪的强烈对立；因组织自身行为损害社会利益而受到的舆论攻击（如环境污染），以及被故意陷害、中伤等（美国强生公司的泰莱诺尔事件就属此类）。危机的发生，既可能有人为的因素的作用，也可能有非人为的因素的作用；既可能有组织外部的因素，也可能有组织内部的因素；可以只是因为一种因素，也可能因为上述四种因素共同作用的结果。

学术界通常把危机划分为如下三类。

（1）意外灾难引发的危机。它指的是由自然灾害、战争、疾病流行、经济危机等天灾人祸这些不可抗力所引起的事件。这些危机对组织常常具有毁灭性的打击力，如2003年中国"非典"流行、2008年四川地震。一般讲，这类事故属于天灾人祸，组织主体的直接责任不大，危机消解的关键在于组织的处理措施是否及时、得当。

（2）组织及其员工自身原因所引起的危机。此类危机包括生产责任事故、污染环境、生产销售假冒伪劣产品、劳资纠纷、员工捣乱、内部管理混乱等。例如，1984年美国联合碳化合物公司的印度博帕尔邦毒气渗漏事件，1986年的苏联切尔诺贝利核反应堆泄漏事件。这类事件会对组织的形象造成重大危害，如果媒体加以曝光，组织受的伤害就更大。

（3）负面社会舆论所引发的危机。如竞争对手散布谣言诽谤组织、媒体负面报道等，这些往往会引发公众对组织的疑虑。"好事不出门，坏事传千里"，当代社会舆论的导向作用是非常显著的，往往直接影响着民众对某种社会现象的评价态度与关注程度。如果因为这些负面舆论造成公众对组织的误解，危机将会加深，使组织的品牌形象和产品形象受到巨大的打击。

面对这种情况，组织要当机立断，出面澄清事实。

案例9-1： 麦当劳如何面对"消毒水"事件

麦当劳是世界著名的快餐业巨头，其成熟的经营管理技巧久为世人所称道，但它也曾经遇到过麻烦。

2003年7月12日，广州的两位消费者到当地麦当劳快餐厅用餐，在点了两杯红茶后，一位消费者正要喝，却惊讶地发现红茶弥漫着浓浓的消毒。他们当即向餐厅服务人员反映。服务人员不敢怠慢，请现场的一位副经理来解释。副经理了解了情况后说，出现此情况的原因可能是由于店员前一天对店里烧开水的大壶进行消毒后，没有把残余的消毒水排净所致。两位消费者认为，消毒水有损健康，于是提出索赔。但就赔偿等问题，双方争论了半天也没有达成协议。

两个多小时后，店长和督导到达现场，与消费者作进一步的沟通，但也没有达成一致意见。不久，工商局工作人员闻讯赶到现场，给双方都做了大量工作，但协商持续将近一个小时，依然没能达成协议。

消费者对麦当劳解决问题的固执态度十分不满，眼看协商无望，他们只好选择报警，希望借助警方解决问题。

警察到达后，了解了整个事情的全部过程。鉴于未对消费者造成直接的、明显性伤害，警方未予立案，并提议此次纠纷由双方自行协商解决。

当地媒体对此事迅速进行了跟踪报道，一时间闹得沸沸扬扬。麦当劳的生意受到了很大了影响。迫于压力，麦当劳餐厅在一周后发表了一个简短说明，一再强调那两位消费者是媒体记者，同时声明麦当劳一向严格遵守食品安全的所有规定。整个声明没有提及自己的任何过失，也没有具体的解决办法。

这个声明更加激起了市民和媒体的愤慨，媒体邀请各阶层人士对麦当劳的行为进行评论，并声援两个消费者，其声势颇为壮观。一时间，麦当劳餐厅几成人人喊打的过街老鼠，日子很不好过。

麦当劳方面眼看实在是硬扛不下去了，只好作出妥协。半个月后，麦当劳和消费者达成和解。至于协议的内容，无论是店方还是那两个消费者都一直未对外公布，可能双方保密也是协议中的一部分吧。

4. 危机的组织内部成因

危机的发生，往往会有一个累计渐进、从量变到质变的过程。除自然环境因素、社会环境因素之外，许多危机的产生根源往往就在组织内部，如因为内部的管理体制或人员素质导致出现问题演化成危机。一般来自组织的内部因素主要包括：管理者公共关系意识淡薄，缺乏危机管理意识；组织自身的有关决策违背公共关系的基本原则要求；组织员工素质低下，行为严重违背组织的宗旨；组织内部缺乏规范、顺畅的传播沟通渠道。

第二节　危机管理的概念和基本原则

1. 危机管理的定义

尽管危机难以预测，但却可以预防；即使出现危机，也能通过采取积极有效的措施化险为夷。组织一旦出现危机，将是对组织经营管理能力尤其是应变能力和社会责任心的一次重大考验。是躲避公众的追问，掩盖事情的真相，逃避应负的社会责任，还是勇敢面对，同社会公众坦诚交流，争取公众的谅解和支持？不同的处理方式必然会导致不同的结果。而无论哪一种结果都会对组织产生重要的影响。这些就是危机管理所要涉及的内容。

与风险管理面对潜在威胁不同，危机管理面对的是现实威胁。那么，什么是危机管理呢？所谓危机管理，指的是组织为应对各种危机情境所进行的规划决策、资源整合、沟通处理及员工行为协调等活动过程，其目的在于消除或降低危机所带来的威胁和损失，进而寻求公众对组织的谅解，以及预防或改变组织发展的不良状态，恢复组织正常的运行秩序，重新梳理和维持组织形象而采取的公关策略和措施，其内容主要是对危机进行预防和处理。它并不是常规性的公共关系工作，只是在组织发生危机时才运作。

2. 危机管理的原则

危机对于任何一个组织来说都是无法避免的，因此必须开展危机管理，使之成为公共关系活动中的一项重要内容。危机管理是一个严密的工作过程，一个从预测计划、实施执行到评估检测的动态过程。组织的危机管理能力是组织的综合实力的真实反映。在具体操作过程中，必须遵守以下几项基本原则。

（1）战略先行。危机管理首先要在思想意识上下功夫，要在全体员工中树立危机意识，形成危机观念，让全体员工养成居安思危、居危思危的意识，本着"谈透危机、谈出对策、谈求生存"的宗旨，认真地研究危机的发生机制，从克服危机的角度，强化内部制度建设，制定方向明确、立足长远的危机管理战略，建立管理预警系统，从根本上克服危机。

（2）制度保障。有了危机管理战略，就要制定一系列危机管理制度并严格检查执行情况。人往往是靠不住的，只有科学、规范、严格的制度才可靠。

（3）预防为主。墨菲定律告诉我们，任何一个事件，只要具有大于零的概率，就不能假设它不会发生。同时，海恩法则又提示我们，任何不安全事故都是可以预防的。按照这位德国飞行技师的分析，当一件重大事故发生后，我们在处理事故本身的同时，还要及时对同类问题的"事故征兆"和"事故苗头"进行排查处理，以此防止类似问题的重复发生，及时排除再次发生重大事故的隐患。海恩法则强调两点：一是事故的发生是量的积累的结果；二是再好的技术，再完美的规章，在实际操作层面，也无法取代人自身的素质和责任心。这对我们预防危机很有启发。

组织预防危机的最好办法，就是采取积极有效的预防措施，防患于未然。一旦出现危机的苗头，就要立即采取措施。在平时要加强员工的危机管理教育与培训，使全体员工树立危机意识，懂得应付危机的一般技巧。组织可以把有关知识通过各种渠道传授给全体员工。

例如，日本是个地震频发的国家，日本政府一直在做地震的预防工作，所有建筑都按照严格的高标准防震烈度设计，经常对日本国民进行地震方面的知识和应对技能教育。结果就是虽然日本地震常有，但地震造成的伤亡不常有。

（4）全局为重。发生危机时，要以人为本，尽量减少组织所遭受的损失。在面临取舍时，要有所侧重，"两害相权取其轻"。要坚持全局利益优先，局部利益服从整体利益的原则，确保组织不伤元气，以便以后能重整旗鼓。

（5）敢于担责。组织要直面危机，正确对待危机，要采取"四不主义"的态度：对危机事件不回避；对涉及的问题不避实就虚；对危机事件涉及的后果不避重就轻；对自己应该承担的责任不推卸，实事求是地解决问题。

案例 9-2：奔驰公司对"砸大奔"事件的危机管理

德国的奔驰汽车具有全球性的高知名度，其轿车一直是高贵、豪华和安全的象征。它于20世纪60年代的一则广告"如果有人看到有奔驰汽车在路上抛锚，本公司将奖励他一万美元"，更是把奔驰公司的自信和奔驰轿车的高品质演绎得淋漓尽致。

可是，在这个世界上，任何事情都没有绝对的，更何况是一件机械产品。

2001年12月26日，武汉野生动物园的王先生让一头水牛拉着他刚买不久的新奔驰轿车在繁华的武汉大街上穿行，引来无数市民好奇围观。一会儿，王先生让人把这辆价值近百万元的轿车当众砸毁。

这一罕见的"砸大奔"事件在当地迅速传开，并很快就诉诸国内外众多媒体，引起不小的轰动。这是怎么回事呢？

原来，2000年12月，王先生以武汉野生动物园的名义在北京宾士汽车

321

销售中心购买了一辆奔驰 SLK 230 型轿车。回到武汉后不久，奔驰轿车在行使过程中就出现了故障：电脑系统紊乱，警示灯一直亮着。在随后的洗车过程中，又发现汽车漏机油。于是，王先生把轿车情况向经销商北京宾士中心反映，得到的答复是把车送到北京进行检修，费用自理。

　　王先生照此意见办理，把车送到北京。没想到的是，此车在北京修理了一个星期，开回武汉后又没多久，同样的故障又出现了，而且出现了新的问题——轿车动力不足。王先生又向北京经销商反映。这一次，北京宾士汽车销售中心派人来武汉，对车进行检修。这次修好后没过几天再次出现了故障。如此反复修理了四五次，直到 2001 年 12 月 10 日，问题依然没有得到解决。奔驰公司也没有给王先生一个明确的说法，只是告诉王先生可能是轿车所用的油的油质太差造成的。

　　此时，该车距一年保修期只剩下几天时间。眼看解决问题无望，2001 年 2 月 11 日，王先生只好向奔驰公司的销售代理商提出退车，否则将采取相应的措施，并首次提出，如得不到满意的答复就公开砸车。

　　奔驰方面则颇有心计地选择保修期过后的第二天，即 12 月 20 日，给王先生发来传真，明确表示车辆的问题不是轿车本身的原因造成的，而属于外在因素所致，所以不能答应王先生的退车要求。

　　王先生于是找到消协，但消协明确告诉他：消协只受理个人消费者的投诉案件，对企业（如武汉野生动物园）的投诉不予受理。王先生所在的武汉野生动物园此时已身心俱疲惫，于是王先生决定在武汉最繁华的商业地段武汉广场砸掉这辆奔驰车。

　　武汉"砸大奔"事件发生后，来自珠海、西安、北京等地的 6 名"问题奔驰车"车主于 2002 年 1 月 7 日在武汉成立了"奔驰汽车质量问题受害者联谊会"，决定联手向奔驰公司讨说法。1 月 13 日，成都有一奔驰车主也打算加入这个联谊会，并表示如果"问题车"得不到妥善解决，他也会仿效武汉方面的做法，"牛拉奔驰上大街"。

　　奔驰方面表面上似乎不太关注，结果到了当年的 3 月 8 日，成都车主又上演了一幕"砸奔驰"。此事给中国消费者很大的刺激,德国奔驰的形象大受影响。

在整个过程中,奔驰公司都表现出满不在乎的样子。除了两次公开致函外,与车主的协商也十分谨慎。特别是对第二次砸奔驰的事件发生后,奔驰方面居然指责中国消费者不要"给正在国际化的中国造成不良影响"。简直就是外交照会般的口吻。这也难怪中国媒体纷纷批评他们"态度漠然""歧视中国消费者",并预测奔驰公司很可能成为2002年中国跨国公司中最大的输家。

(资料来源:周安华,苗晋平. 公共关系:理论、实务与技巧 [M]. 北京:中国人民大学出版社,2007.)

(6)积极主动。对组织而言,发生危机既是坏事,也是好事。著名的公关专家奥古斯丁说:"每一次危机的本身既包含导致失败根源,也孕育着成功的种子。发现、培育以便收获这个潜在的成功机会,就是危机公关的精髓。"出现危机后,组织要及时出面,妥善处理,使组织顺利度过"危险期"。此外,要善于把坏事变为好事,通过危机事件的处理,加深社会公众对组织的信任,进一步扩大组织的社会影响。

案例9-3:强生公司如何处理"泰诺"中毒事件

在处理组织的危机过程中,应对措施的得当与否对组织的生存与发展太关键了。有的组织出现了危机以后,公众态度漠然,有的甚至幸灾乐祸,而有的组织则能够得到公众的谅解。这其中有哪些奥妙呢?美国强生公司的下列事例就会给我们启示。

在企业发展史上,还没有一家企业在危机处理问题上像美国强生制药公司那样能获得社会公众和舆论的广泛同情。该公司因其妥善处理"泰诺"中毒事件,以及成功的善后工作,而受到人们的广泛称赞。

1982年9月29日和30日,在芝加哥地区发生了有人因服用含氰化物的"泰诺"药片而中毒死亡的事故。在此以前,该药控制了美国35%的成人止痛市场，年销售额达 4.5 亿美元，占强生公司总利润的 15%。开始的时候，仅有 3 人因服用该药片而中毒死亡，人们对该药的安全性是放心的。可随着消息的扩散，社会上流传说，美国全国各地有 250 人因服用该药而得病或死亡，这样使泰诺中毒一下子成了全国性的事件。

强生公司迅速做出反应，制定了一个"作最坏打算的危机管理方案"。令人惊奇的是，这一危机管理的原则正是公司一贯的信条，即"公司首先考虑公众和消费者的利益"。这一信条在危机管理中发挥了很好的作用。该公司还组织专家通过对 800 万片药剂的检验，发现所有这些受污染的药片只源于一批药，总共不超过 75 片。又经核实，最终的死亡人数只有 7 人，且全在芝加哥地区。

为维护其信誉，并向社会负责，强生公司在很短的时间内就回收了数百万瓶这种药，同时花了 50 万美元来向那些可能与此有关的内科医生、医院和经销商发出警报。该公司还将预警消息通过媒介发向全国公众，全国 94% 的消费者知道了有关情况。

正在这时，美国政府和芝加哥地方政府和其他地方政府，正在制定新的药品安全法。强生公司抓住了这个绝好的营销机会，并且果断采取了行动，结果在价值 12 亿美元的止痛片市场上挤走了它的竞争对手。它是医药行业对政府要求采取"防污染包装"，以及美国食品和医药管理局制定的新的规定后，作出积极反应的第一家企业。

强生公司后来重新向市场投放了这种产品，并设计和使用了抗污染的新包装。由于强生公司成功处理了这一危机，甚至获得了美国公关协会当年颁发的银钻奖。在事故发生后的 5 个月内，该公司就夺回了该药原所占市场份额的 70%。

（资料来源：中国企划总网，有删改）

第三节 危机管理战略规划的制定和对策

一、危机管理的三个阶段

按照胡百精的观点,危机管理过程大致有危机管理战略规划、危机预防和危机处理三个阶段。

其中,危机传播管理是一个很关键的环节。人不仅有物质追求,也有精神追求,既重视现实的利益(金钱、物质、机会等),也重视人生的意义或价值(信仰、信念、信任等)。基于此,胡百精认为,危机管理的策略应该是组织通过事实层面的应急就困、补偿损害和革故鼎新,通过价值层面的理性协商、悲悯关爱、道德救赎和信念再造,重建与公众的利益互惠和意义分享机制。面对危机,组织的任何决策都应该有利于建立和维系事实契约,有利于分享和提升价值信念,两者缺一不可。为此,他在2007年前后提出了一个危机传播管理的"事实—价值"模型。

该模型的核心假设是,危机传播管理的全部问题都可归结为:在事实层面,促进危机事件的真相查证和组织与公众的利益互惠;在价值层面,实现组织与公众的信任重建和意义分享。

危机传播管理模型有两个一级途径,其各自又分为三个二级途径,每个二级途径又分为三个三级途径。

其中,事实路径的告知策略(告知真相、充分告知、适度承诺)是为了掌握话语权,疏导策略(引导核心议题、寻求第三方联盟、规避危机黑洞)是为了引领核心议题,转换策略(前后一致、协同核心利益相关者、转移视线)则是为了赢得支持和谅解。所谓充分告知是指,有选择地告知尽可能多的危机信息;危机黑洞指的是组织找错了造成危机事件的原因或环节而做无用功;转移视线指的是把公众关注的焦点转移到那些可以摆脱组织责任（即要设法证明组织是无辜的）或者对组织有利的问题上去，可以通过议题转换和事件策划等手段来实现。

价值路径的顺应策略（倾听、合作非对抗、关爱弱者）旨在表达对公众的尊重、关切，建设性的妥协是为了便于解决问题，这是一种守弱并等待时机的策略；引导策略中的大局观念是面向组织内部员工的，共同体观念是面向组织外部的利益相关者的（最好面对面的沟通），公共精神或公共利益是面向媒体的。重建策略（补偿与救赎、价值再造、重建话语秩序）旨在开创组织与公众"共同的、崭新的世界"。这里的"再造"指的是恢复管理，重建信任。

该"事实—价值"模型从理论的高度解决了危机管理的认识论和方法论问题，目前已被学术界广泛认同。

危机战略规划主要包括三个内容，即危机发展观的明确和危机理念体系的形成；日常化危机管理制度的建立维护和修正，明确危机管理的使命、权责和流程，是危机发展观和危机理念体系具化为现实的制度工具；危机管理战术框架的勾画、论证和执行，以确保危机征兆一旦显现或危机爆发，组织能够依循既定的战术原则、战术组合和资源配置模式开展工作。

危机预控主要包括风险评估（确认风险，评估风险并做出预案）、危机预警（分析风险信息、监测危机动态、处理相关信息）和危机应对训练等内容。

危机处理主要包括（危机根源查找、类型确认、影响分析，以及以此为基础的策略制定）、执行（危机决策的具体落实）和恢复（影响消除与危机评估）等内容。

本书作者认为，除上述三点之外，似乎应该再加上一个危机管理总结的环节（内容包括检讨危机发生原因、组织的经验教训和今后的整改措施）。

案例 9-4：创维董事局主席黄宏生被拘事件

人总是在幸与不幸之间游走，尽量延长幸的时间，给不幸一个翻盘的机会，这才是人生最大的幸运。

——黄宏生

2004年11月30日，当47岁的"彩电大王"黄宏生结束了在日本的谈判后直驱香港，准备召开例行董事会审议创维数码中期业绩的时候，他不可能料到即将在那间成就了他无数梦想的办公室里上演的一幕：时钟刚刚敲过九下，100多名香港廉政公署（ICAC）调查员，像空降部队般出现在办公室。日本记者在描述这一场面时说："简直像香港电影一样。"

这个时候，香港证券交易所尚未开盘，大多刚吃过早茶的香港人还睡眼惺忪地奔走在上班路上。"创维数码"香港控股公司高层正在筹备下午的会议，每个人都欢欣鼓舞，因为这次会议的主要议题就是讨论他们即将在第二天公布的中期业绩。所有资料都显示利好、利好，还是利好。这一业绩公布后所带来的好处将接踵而至，毋庸置疑。

"集团出事了，下午的会开不成了，黄董不能与外界联系了。"2014年11月30日上午10点，创维副总裁张学斌刚结束在深圳的一个洽谈，在赶往香港开会的途中接到了公司营销的电话。

赶到香港后，张学斌立即与香港的同事会面，得到两条信息："（黄宏生等）一干人等被香港廉政公署带去问话，也没说发生什么事""黄董事长让我转告你'公司的一切事务暂时由你负责'"。

1. 告知——争夺媒体话语权

当天下午，张学斌返回深圳，组织了集团的部分董事会成员和创维旗下几个产业公司的老总，成立了"危机处理领导小组"，下设五个专业小组，即新闻、法律、财务、政府关系和经营。同时，公司制定了危机处理的几条原则：统一认识，统一组织，统一步调，统一行动。

当晚9点，新浪网发布了黄宏生被拘的消息。创维立即做出反应，两小时后通过新浪网向社会证实这一消息，并表示"集团一切生产、经营、管理活动均正常进行""创维积极向上的发展势头不可逆转，创维将一如既往地为消费者奉献更好的产品"。

与此同时，创维开始广邀全国各大媒体齐聚深圳。第二天下午5时，新闻发布会在深圳创维大厦召开，所有董事会高层手挽手集体亮相。董事会副主席张学斌对媒体表示："由于事起仓促，事件尚处具体调查之中；我们对事件的了解也是从香港媒体报道中知晓的，难以提供更多详情；希望媒体朋友能够给予配合，一旦有任何最新消息，公司将及时对外发布。"

由于时间紧迫，许多外地记者赶到深圳后，新闻发布会已经结束。但是，创维为这些记者播放了新闻发布会现场录像，并安排他们与创维高层人员进行沟通。在发布会上，创维还明确由董事会副主席张学斌负责对事件表态，由公司品牌中心负责人孙伟中负责动态信息发布。

2. 疏导——寻找意见领袖、建立第三方联盟

在掌握了媒体报道的主动权后，创维着力寻找新的危机应对突破口。建立第三方联盟，获得上游和下游合作伙伴和银行、政府等部门的支持，是创维采取的第二项主打策略。

上游供应商，以彩虹集团为代表的八家彩管供应企业，纷纷表态支持创维渡过难关。彩虹集团公开表示将预留3200万港元应对创维危机，保证创维彩管的正常供应。

下游流通渠道，包括中国电器商业大亨国美董事局主席黄光裕、苏宁董事长张近东、永乐董事长陈晓、大中董事长张大中四巨头分别向创维领导人表示："无论发生什么情况我们都力挺创维，不为所动。"几大家电连锁巨头的表态，有效地控制了危机对创维终端销售市场的影响。

随后，为了防止危机引出企业资金链紧张等问题，创维紧急表态：目前创维拥有30亿元人民币的可支配资金。与此同时，广发、兴业、民生、工商、深发展、招商以及农业七家银行深圳分（支）行行长或副行长也集体出现在创维大厦，向媒体表示支持创维集团。深圳发展银行中电支行行长张智锋说："我们跟踪几年才拿到创维这个可靠的大客户，着急时候，创维需要什么我们就支持什么。"

而这一阶段的收尾工作，则是来自当地政府的表态支持。对于黄宏生

被捕一事，深圳市主管副市长专程赶往创维集团了解情况，并表示："创维作为深圳市的名牌企业，将会继续得到政府在宏观环境和相关产业政策上的大力支持。"

张学斌对他们的支持和信任深表感谢："创维正面临前所未有的大好业绩和大好机遇，也面临前所未有的危机。有广大员工的坚韧精神，有社会各界的理解和支持，我们会应对任何困难，继续前进，用真诚、信用和业绩来说明一切。"

3. 转换——隔离损害、重塑形象

在事件发生以后，创维始终努力向媒体和公众传达一个信息：划清与深圳创维集团、黄宏生本人，以及香港创维数码三者之间的关系。将事情的基调确定为：黄宏生被捕是由于香港创维数码公司操作问题引起的，这与深圳创维集团之间不存在必然联系。深圳创维集团是设在内地的、独立运营的实体集团，近年来在中国家电业创造了良好的社会效益和经济效益。

不到一个星期的时间，创维召开了全体董事大会，宣布原深圳电子商会会长王殿甫出任创维新的CEO，同时原先黄系人马也全部退出董事会。这些举措再度使人们看到了创维欲划清与黄宏生本人关系的决心。

创维同时发布公告，公司创始人、最大股东及控制人黄宏生辞去董事局主席兼首席执行官职务，转任公司非执行董事，并担任非执行主席。与此同时，黄宏生的弟弟黄培升、夫人林卫平、母亲罗玉英等黄氏家族成员，集体终止了集团所有附属公司的董事以及管理职务。另外，涉案的其他董事也被排除在管理层之外，遭到外界怀疑最多的原创维首席财务官郑建中辞去了公司执行董事职务，并以首席财务官身份从12月3日开始休假；同样曾遭调查的创维第二大股东吴锦辉，也辞去了执行董事职务，原董事长秘书梁显治也以"个人原因"离职。

暂时脱险的深圳创维集团随之启动了新一轮的美誉度公关攻势，借由制造一系列公关事件转移媒体和公众的注意力。

事件发生不久，创维集团在深圳的一项重大投资项目全面开工建设，当地政府官员、行业代表,以及媒体记者出席了开工仪式。通过媒体对这一新投资项目的报道,创维向社会全面展示了自身实力和良好的发展趋势。黄宏生事件的坏影响逐渐散去。

与此同时,一系列关于创维近期市场销售业绩的报道也纷纷出现。为了让消费者进一步感受到实际情况,创维还先后与国美、苏宁、永乐等家电连锁卖场推出主题为"色彩大革命,创维六基色"的大型签售活动,大搞终端促销。

创维新 CEO 参加了几个家电连锁卖场的终端签名售机活动,还利用自身作为创维新 CEO 上任的新闻效应,召开新闻发布会,透露老将出马欲使创维上马手机项目等经营决策。这一系列活动,有效地转换了媒体和公众对创维品牌的议题,一个健康、有实力的创维形象得以重塑。

二、危机管理计划的制订及其主要内容

危机管理计划的制订是一项难度大、要求高、影响深远的工作,组织应该高度重视。危机管理计划一般应该由组织的决策层来负责,最好聘请危机管理专家负责制定规划。计划的制订必须以充分的市场调查、组织现状调查为基础,在此基础上分析预测可能出现的危机,并写出分析报告(必要时可以组织两套班子分别展开调查、各自写出分析预测报告),然后上交组织的决策层或相关专家论证分析,提出意见,待修改后形成最后的战略规划。

危机管理计划应条理清晰、层次分明、重点突出,能全面反映组织决策层的危机管理意识,能为组织正确处理危机事件提供依据,有利于强化和规范危机管理工作。

危机管理计划的主要内容包括以下内容:

(1) 危机管理的重要性以及组织决策层对危机管理的重视程度。

(2) 可能发生的危机类型和影响预测。

(3) 组织负责危机管理的机构设置及其组成人员。

(4) 处理危机的基本准则、工作程序和责任要求。

(5) 危机预防、处理、善后各环节的主要对策。

(6) 各阶段、各环节的监督办法和监督机构。

在实践中，危机管理计划往往分为危机管理应急计划和危机管理传播计划两大部分。所谓危机应急计划指的是，组织在全面分析预测的基础上，针对出现概率较大的危机事件而制订的包含有关工作程序、补救办法（重点）、应对策略等内容的书面计划。危机传播计划是指出现危机时组织所制定并拟通过媒体传播的旨在维护组织声誉、消除公众误解的书面计划。其侧重点是危机事件发生后组织的正面信息传播与外界负面信息的控制，争取社会舆论的理解和支持。

案例 9-5： 中美史克"康泰克"PPA 风波

2000 年 11 月，国家药监局发出通知：禁止在药品中使用 PPA 成分。作为中国感冒药市场上的强势品牌，天津中美史克公司生产的"康泰克"一夜之间被绑上了舆论的审判台。在当时情势下，中美史克稍有不慎便会陷入灭顶之灾。

11 月 16 日，中美史克公司接到天津市卫生局的叫停通知后，立即成立了危机管理小组。小组下设几个分组：一是核心领导小组，负责确定危机应对的基本政策、立场基调和统一口径，并协调各小组工作；二是沟通小组，负责信息发布和内、外部沟通，在整个危机事件中发挥"信息源"的作用；三是市场小组，负责加快新产品的研究与开发；四是生产小组，负责组织调整生产并处理正在生产线上的中间产品。危机管理小组共由二十余人构成，其中十位为公司各主要部门经理，另十余位为相关工作人员，负责危机处理中相关工作的协调和跟进。

16 日上午，危机管理小组发布了危机公关纲领：执行政府暂停令，向政府部门表态，坚决执行政府法令，暂停生产和销售"康泰克"；通知经销商和客户立即停止销售，取消相关合同；停止广告宣传和市场推广活动。

当时，铺天盖地的负面新闻开始围攻"康泰克"。尚不知情或知之甚少的普通员工，显然被强大的媒体攻势镇住了：怎么会这样？公司将何去何从？我是否会受到牵连？大难临头之际，公司上下，人心惶惶。

17日上午，中美史克召开全体员工大会，公司总经理杨伟强告诉员工公司到底出了什么问题、公司的解决方案是什么，并保证公司不会裁员。面对PPA风暴，公司生产线被迫停工，一半员工无所事事，然而总经理宣布绝不抛弃员工，不让一个工人回家。公司的做法使员工大为感动："我们要和企业经历风雨、荣辱共生。"

同日，全国各地的50多位销售经理也被召回天津总部，危机管理小组为其进行危机培训，帮他们卸下思想包袱。有销售经理说："过去我们总以为我们很强，公司内部画地为牢，在各自的势力范围里你争我斗。现在，大家都有了很强的危机感，整个公司空前团结，我们准备大干一场。"

2000年11月18日，在公司危机处理小组成立两天后，全国各地销售经理带着中美史克《给医院的信》《给客户的信》返回各自所辖的销售区域，向医院、客户说明情况，传递信心。

20日，中美史克在北京召开新闻媒介恳谈会，做出不停止投资和"无论怎样，维护广大群众的健康是中美史克公司自始至终坚持的原则，将在国家药品监督部门得出关于PPA的研究论证结果后，为广大消费者提供一个满意的解决办法"的态度和决心。

21日，中美史克开通了15条消费者热线。公司专门培训了数十名专职接线员，负责接听来自客户、消费者的问询电话，做出准确、专业的回答以打消公众疑虑。

危机期间，面对新闻媒体的不公正报道，中美史克并没有做过多追究。公司总经理杨伟强频繁接受国内知名媒体的专访，争取为中美史克说话的机会。

面对暂停令发布后同行的大肆炒作和攻击行为，中美史克保持了应有的冷静，既未反驳，也没有说竞争对手的一句坏话，表现出了一个成熟企业对待竞争对手的态度与风范。

经过一番努力，中美史克在危机事件中取得了不俗的效果，用《天津日报》记者的话说就是，"面对危机，管理正常，生产正常，销售正常，一切都正常。"

中美史克的外部危机管理指向了如下几类利益相关者：一是广大消费者，通过开通热线电话等形式，架起了公司与消费者在危机中进行有效沟通的桥梁，承诺维护消费者利益，使消费者的顾虑、抱怨和投诉等负面因素降到最低；二是医院和各类分销客户，奔赴全国各地的销售经理将公司的沟通触角延伸至医院和客户，恢复了他们对中美史克品牌的信心；三是同业竞争对手，中美史克对其采取了宽容大度、和谐共存的策略，回避了不必要的是非纠缠。

而这一切都会反映到大众媒体上：中美史克是一家坚持消费者至上，与医院、客户、同业竞争者合作共赢的成熟品牌；是一家自身利益遭遇严重损害却始终不忘公众利益和公共精神的令人尊敬的品牌。到了PPA事件后期，大量媒体开始以"中美史克树立企业社会责任典范""中美史克的公共价值观"为题对这家险遭灭顶之灾的企业进行正面报道。

（资料来源：胡百精. 危机传播管理 [M]. 北京：中国人民大学出版社，2009.）

三、危机出现后组织的基本对策

当出现危机事件后，组织采取的应对措施通常包含五个主要步骤：迅速深入现场，采取措施隔离危机、控制危机，阻止事态恶化；分析判断危机类型和对组织、公众和社会的影响，制订危机应对策略、目标和具体方案；及时向社会和媒体公布真相、表明态度，通过多方沟通，加速化解敌意；安排相关人员有效实施，转危机为生机；危机过去后重建组织形象，争取人心。

以下是组织针对若干对象应采取的对策。

1. 组织内部对策

（1）迅速成立由组织主要负责人牵头、有关部门人员参加的危机处理小组，收集相关信息，摸清情况，迅速确定危机的类型、特点和可能的危害程度，确定相关公众对象。

（2）制定处理危机事件的原则、程序和具体实施办法，并及时告知组织的全体员工告诫员工注意维护组织形象；统一口径，即用一个声音说话，不要轻易发表对组织形象不利的言论，以统一思想，协同行动。

（3）及时和媒体和社会公众沟通，坦诚说明事实的真相，不回避责任，并许下组织的承诺，体现组织处理问题的诚意，以正确引导舆论，安抚公众，化解矛盾。此时，绝对不要同媒体作对。在与公众沟通的时候，必须尽可能地做到"3F、3T、3O"：FFF，即一号人物第一时间到达第一现场（First Person、First Time、First Place）；TTT，真实性（Tell The Truth）；OOO，唯一性（Only One Out），即以组织为唯一的权威信息来源（由组织安排的新闻发言人来对外发布有关信息）。

什么是"第一时间"？一般是指事件刚发生、外界尚不知情的时刻，谣言还未形成和传播，此时组织发布信息，可以抢占先机，掌握舆论主动权，通过解释引导社会舆论的走向。因为毕竟人有"先入为主"的心理倾向。在危机传播中，最可怕的是记者发出的新闻不是出自于组织。

需要说明的是，由于现在网络媒体异常发达，不仅使得负面消息甚至谣言的来源多样化、传播速度闪电化、传播空间扩大化，而且负面影响的放大作用空前显现，某些局部的负面消息很可能会演变为全网的议论焦点并可能造成线下的群体事件。这对危机时期组织的信息传播提出了新的巨大挑战。因此，决不能再搞信息封锁那一套，否则谣言会满天飞，引发公众不满。

（4）调查危机事件的产生原因，消除危机隐患，并处理相关责任人员。

2. 危机受害者对策

（1）详细了解受害者的情况，如有伤亡即刻就医并及时进行善后处理，在第一时间通知家属前来，向他们诚恳道歉。

（2）耐心、细致地听取受害者及其家属的意见，并尽量避免与之发生冲突。依据法律和有关规定，承担组织相应的责任并作出合理的赔偿。

3. 社区居民对策

（1）根据居民受损失和影响的程度，派专人登门道歉，必要时做出适当赔偿或补偿。

（2）在重要媒体上刊发组织的致歉声明，向社会公众表明组织的态度和相应的承诺。

4. 业务往来单位的对策

（1）危机发生后，及时通报或当面解释危机事件的相关情况和组织的应对措施，并诚恳致歉意。

（2）危机处理后，通报对方或登门拜访并对对方的理解和支持表示感谢。

5. 媒体对策

（1）成立专门的媒体接待机构，接待和处理媒体记者的采访，不定期地向公众、主动向记者介绍情况。需要注意的是，除非有重大事件，不要安排组织的一号人物当新闻发言人，免得没有退路，不好收扬。

（2）由媒体接待机构的专人向媒体提供经过组织核实的真实准确的信息（书面材料），包括事情的总体情况、初步原因，还要表明组织对危机事件的立场和态度（或者在相关的媒体上刊载有关声明）。如果有不便发表的消息，可以向记者说明理由，以取得记者的谅解。发布信息时，一定要尊重事实，不做猜测，适度承诺。

（3）如果发现媒体报道有误，立即带相关材料前往沟通，要求对方更正。

（4）如果组织让与危机没有直接联系的"第三方"人士来说话，则可信性效果更好。

第三方力量一般包括：对于政府而言，是学者、媒体、行业、专家、国际权威机构、外国政要；对企业而言，是政府部门、行业协会、专业机构、消费者协会、公关专家、媒体和公众。

6. 政府部门对策

（1）危机发生后，要立即向政府有关部门汇报，努力取得对方的关心和支持。

（2）处理危机过程中，随时汇报进展情况并接受政府部门协助与指导。

（3）处理危机后，向政府有关部门汇报整体情况，内容包括危机发生原因、组织的对策和详细处理经过，经验教训总结，以及今后的整改措施等。

7. 顾客对策

（1）广泛收集相关信息，查明顾客的类型和特征。

（2）印发相关材料，及时而坦诚地向顾客介绍危机的基本情况。

（3）通过各种渠道，听取并汇总顾客对危机事件处理的想法。

（4）适时向顾客公众公布事情处理经过和组织今后的相关承诺。

参考文献

[1] 李道平. 公共关系学[M]. 北京:经济科学出版社,2014.

[2] 熊源伟. 公共关系学[M]. 合肥:安徽人民出版社,2003.

[3] 居延安. 公共关系学[M]. 上海:复旦大学出版社,2004.

[4] 周安华,苗晋平. 公共关系:理论实务与技巧[M]. 北京:中国人民大学出版社,2007.

[5] 陶应虎,顾晓燕,等. 公共关系原理与实务[M]. 北京:清华大学出版社,2006.

[6] 胡百精. 危机传播管理[M]. 北京:中国人民大学出版社,2009.

[7] 金正昆. 社交礼仪概论[M]. 北京:北京大学出版社,2006.

[8] 弗雷德·P. 西泰尔. 公共关系实务[M]. 北京:清华大学出版社,2008.

[9] 张岩松. 公共关系案例精选精析[M]. 北京:经济管理出版社,2000.

[10] 孟繁荣. 公关策划[M]. 北京:经济管理出版社,2011.

[11] 李光斗. 事件营销[M]. 北京:清华大学出版社,2012.

[12] 玛格丽特·苏利文. 政府的媒体公关与新闻发布[M]. 北京:清华大学出版社,2005.

[13] 姚惠忠. 公共关系理论与实务[M]. 北京:北京大学出版社,2004.

[14] 李希光等. 发言人教程[M]. 北京:清华大学出版社,2007.

[15] 郭庆光. 传播学教程[M]. 北京:中国人民大学出版社,1999.

[16] 诺曼 R 奥古斯丁. 危机管理[M]. 北京:中国人民大学出版社,2001.

[17] 吴爱民. 商业公共关系实例[M]. 天津:天津科技翻译出版公司,1990.

[18] 张梅贞. 网络公关[M]. 武汉:武汉大学出版社,2014.

[19] 熊超群,潘其俊. 公关策划实务[M]. 广州:广东经济出版社,2003.

[20] 林汉川. 公关策划学[M]. 上海:复旦大学出版社,1994.

[21] 张百章,何伟翔. 公共关系原理与实务[M]. 大连:东北财经大学出版社,2002.

[22] 郭惠民. 中国优秀公关案例选评[M]. 上海:复旦大学出版社,2001.

[23] 曾琳智. 新编公关案例教程[M]. 上海:复旦大学出版社,2006.

[24] 奎军. 公关经典100[M]. 广州:广州出版社,1998.

[25] 李文龙,穆虹. 广告实战案例[M]. 北京:中国人民大学出版社,2006.

[26] 边一民. 公共关系案例评析[M]. 杭州:浙江大学出版社,2003.

[27] 胡建辉,邓淑娜. 新编公关实例[M]. 成都:西南师范大学出版社,2001.

[28] 方世南. 公共关系案例分析[M]. 北京:中国商业出版社,1999.

[29] 何春晖. 中外公关案例宝典[M]. 杭州:浙江大学出版社,2006.

[30] 吕维霞. 案说公共关系[M]. 北京:对外经贸大学出版社,2002.

[31] 何修猛. 公关实务教程[M]. 上海:复旦大学出版社,2006.

[32] 冯丙奇. 媒体关系:策略与操作[M]. 北京:清华大学出版社,2012.

[33] (英)詹姆斯·博格. 说服[M]. 北京:中国市场出版社,2009.

[34] 关世杰. 跨文化交流[M]. 北京:北京大学出版社,2007.

附录　中国公关员国家职业标准

一、职业概况

1.1 职业名称：公关员

1.2 职业定义：从事组织机构信息传播、关系协调与形象管理事务的调研、策划、实施和评估以及咨询服务的从业人员。

1.3 职业等级：本职业共设五个等级，分别为初级公关员（国家职业资格五级）、中级公关员（国家职业资格四级）、高级公关员（国家职业资格三级）、公关师（国家职业资格二级）和高级公关师（国家职业资格一级）。

1.4 职业环境：室内。

1.5 职业能力特征：具有一定的分析、推理、判断、表达、交流和运算能力，学习能力强，形体知觉好。

1.6 基本文化程度：高中毕业（或同等学力）。

1.7 培训要求

1.7.1 培训期限：全日制职业学校教育，根据其培养目标和教学计划确定。

晋级培训期限：初级公关员不少于 120 标准学时；中级公关员不少于 100 标准学时；高级公关员不少于 80 标准学时；公关师不少于 60 标准学时；高级公关师不少于 40 标准学时。

1.7.2 培训教师

培训公关员的教师应具有本职业公关师职业资格证书三年以上或相关专业中级及以上专业技术职务任职资格；培训公关师的教师应具有本职业

高级公关师职业资格证书或相关专业高级专业技术职务任职资格；培训高级公关师的教师应具有本职业高级公关师职业资格证书三年以上或相关专业高级专业技术职务任职资格。

1.7.3 培训场地设备：标准教室和会议室。

1.8 鉴定要求

1.8.1 适用对象：准备从事本职业工作的人员，以及正在从事本职业工作的专业人员。

1.8.2 申报条件

——初级公关员（具备下列条件之一者）：

（1）经本职业初级公关员正规培训达规定标准学时数，并取得合格证书。

（2）连续从事本职业或相关职业（新闻、广告、营销、管理、秘书）2年以上。

（3）取得经劳动保障行政部门审核认定的，中等以上职业学校公共关系或相关专业（新闻、广告、营销、管理、秘书）毕业证书。

——中级公关员（具备下列条件之一者）：

（1）取得本职业初级公关员职业资格证书后，连续从事本职业或相关工作（新闻、广告、营销、管理、秘书）2年以上，经本职业中级公关员正规培训达规定标准学时数，并取得合格证书。

（2）取得本职业初级公关员职业资格证书后，连续从事本职业或相关工作（新闻、广告、营销、管理、秘书）3年以上。

（3）具有公共关系专业或相关专业（新闻、广告、营销、管理、秘书）大学专科以上学历，并从事本职业工作1年以上。

——高级公关员（具备下列条件之一者）：

（1）取得本职业中级公关员职业资格证书后，连续从事本职业或相关工作（新闻、广告、营销、管理、秘书）2年以上，经本职业高级公关员正规培训达规定标准学时数，并取得合格证书。

（2）取得本职业中级公关员职业资格证书后，连续从事本职业工作 3 年以上。

（3）具有大学本科学历，并连续从事本职业或相关工作（新闻、广告、营销、管理、秘书）2 年以上。

（4）具有公共关系本科学历，并从事本职业工作 1 年以上。

——公关师（具备下列条件之一者）：

（1）取得本职业高级公关员职业资格证书后，连续从事本职业工作 4 年以上，经本职业公关师正规培训达规定标准学时数，并取得合格证书。

（2）取得本职业高级公关员职业资格证书后，连续从事本职业工作 5 年以上。

（3）具有公共关系本科学历并连续从事本职业工作 5 年以上，或具有大学本科学历并连续从事相关工作（新闻、广告、营销、管理）6 年以上。

（4）具有公共关系（方向）硕士以及 MBA、MPA 学位并从事本职业或相关工作（新闻、广告、营销、管理）1 年以上。

——高级公关师（具备下列条件之一者）：

（1）取得本职业公关师职业资格证书后，连续从事本职业工作 5 年以上，经本职业高级公关师正规培训达规定标准学时数，并取得合格证书。

（2）取得本职业公关师职业资格证书后，连续从事本职业工作 6 年以上。

（3）具有公共关系本科学历并连续从事本职业工作 10 年以上，或具有相关专业（新闻、广告、营销、管理）本科学历并连续从事本职业工作 12 年以上。

（4）具有公共关系硕士（方向）及以上学历或 MBA、MPA 学位并连续从事本职业工作 5 年以上。

（5）具有大学本科学历，职业表现突出者或担任本职业高级管理职务（总经理或总监以上职务），为职业发展和行业建设做出重大贡献的资深专业人士，须由国家职业资格工作委员会公关专业委员会两名委员推荐。

1.8.3 鉴定方式

分为理论知识（含职业道德）和技能操作考核两种方式。理论知识考试采用闭卷笔试方式，技能操作考核：公关员采用闭卷技能笔试方式；公关师、高级公关师采用现场实际操作方式。理论知识考试和技能操作。考核均采用百分制，皆达60分以上者为合格。

公关师和高级公关师还须进行专业评审，具体如下：

（1）公关师。需提交一份专业技术报告（涉及本职业的、能反映专业能力的项目建议书、研究/开发成果或论文等，并需附上由两位公共关系或相关专业副高级专业技术职务任职资格及以上职称或已获得高级公关师资格两年以上的专家意见书）；由评审委员会对其所提交的专业技术报告和现场答辩进行审核和评判。

（2）高级公关师。需提交一份专业技术报告（涉及本职业的、能反映专业能力的项目建议书、研究/开发成果或论文等，并需附上由两位公共关系或相关专业正高级专业技术职务任职资格或已获得高级公关师资格三年以上的专家意见书）；由评审委员会对所提交的专业技术报告和现场答辩进行审核和评判。

1.8.4 考评人员与考生配比

公关员考试（考核）均按每20名考生配一名考评员。

公关师和高级公关师考评人员与考生配比：理论知识考试考评人员与考生人员配比为1：10；技能考核为1：5；专业评审需同时不少于3名评审委员会委员。

1.8.5 鉴定时间

公关员各等级的理论知识考试（包括职业道德考试）时间为90分钟。公关员各等级技能考核时间为120分钟。

公关师理论知识考核（包括职业道德考试）时间为90分钟，技能操作考试时间为90分钟，专业评审时间为30分钟。

高级公关师理论考试（包括职业道德考试）时间为90分钟，技能操作考试时间为 60 分钟；专业评审时间为 60 分钟。

1.8.6 鉴定场地设备：标准教室和会议室。

二、基本要求

2.1 职业道德

2.1.1 职业道德基本知识

2.1.2 职业守则

(1) 奉公守法，遵守公德；

(2) 敬业爱岗，忠于职责；

(3) 坚持原则，处事公正；

(4) 求真务实，高效勤奋；

(5) 顾全大局，严守机密；

(6) 维护信誉，诚实有信；

(7) 服务公众，贡献社会；

(8) 精研业务，锐意创新。

2.2 基础知识

2.2.1 公共关系基础理论

(1) 公共关系的含义。

(2) 公共关系的要素。

(3) 公共关系的职能。

(4) 公共关系的工作程序及其原则。

2.2.2 公共关系的发展简史

(1) 中国公共关系的发展简史和现状。

(2) 国际公共关系发展史。

2.2.3 公共关系职业道德规范

(1) 公共关系职业道德规范的形成过程。

(2) 公共关系职业道德规范的内容和基本要求。

2.2.4 相关法律、法规知识

(1) 合同法的相关知识。

(2) 反不正当竞争法的相关知识。

(3) 消费者权益保护法的相关知识。

(4) 涉外经济法的相关知识。

(5) 广告法的相关知识。

(6) 知识产权法的相关知识。

(7) 著作权法的相关知识。

(8) 劳动法的相关知识。

(9) 国家有关新闻出版、信息传播等方面的法规。

三、工作要求

3.1 初级公关员

职业功能	工作内容	能力要求	相关知识
沟通协调	接待联络	能按礼仪规范进行接待活动；能答复电话问询；能起草贺信、贺电、请柬	日常礼仪的基本内容和要求；接待来访的程序和基本要求；社交礼仪文书的类型和文体
	演讲介绍	能准备组织演讲材料；能简述组织基本情况	演讲的类型和功能；演讲的基本要求
	公众关系处理	能处理简单问询；能进行事务性联系	公众关系协调原则；公众关系协调的一般方法

续表

职业功能	工作内容	能力要求	相关知识
信息传播	媒介联络	能准备媒介联络资料；能收集、整理、制作新闻剪报	与媒介交往的原则和方法；新闻剪报的基本要求
	新闻发布	能准备有关新闻资料；能联络新闻发布会场事宜	新闻发布的程序；与新闻发布有关的礼仪要求
调查评估	方案准备	能准备调查和评估所需资料；能承担调查的联络工作	调查的目的和意义；调查的基本程序
	方案实施	能进行一般性文献调查；能进行问卷的发放与收集	文献调查法的步骤与技巧
	数据统计	能对调查数据进行简单的统计和整理	数据统计的简单方法
活动管理	策划准备	能准备策划所需资料；能安排策划会议	专题活动的类型、特点；专题活动策划的一般程序
	活动实施	能联络活动现场；能绘制活动场地布置图；能使用投影仪、幻灯机、照相机和摄像机	会场布置的基本知识；印刷品的一般制作过程；投影仪、幻灯机等设备知识

3.2 中级公关员

职业功能	工作内容	能力要求	相关知识
沟通协调	接待联络	能按礼仪规范进行中外接待；能撰写社交公关文书	中外礼仪的基本内容和要求；社交文书的类型和写作要求

续表

职业功能	工作内容	能力要求	相关知识
沟通协调	演讲介绍	能介绍组织的历史和现状；能组织小型演讲活动	演讲的基本技巧；演讲活动的程序
	公众关系处理	能处理日常公众问询；能与主要公众进行信息沟通；能安排领导与公众进行沟通	公众关系协调的主要方法和基本要求
信息传播	媒介联络	能进行媒体联络；能安排记者采访；能追踪监测采访结果	记者职业特点；新闻传播的基本程序；新闻追踪和监测的基本要求
	新闻发布	能检查发布资料的准备情况；能接待现场媒体采访活动	新闻发布的性质、特点
	宣传稿编写	能撰写新闻通讯稿；能编写组织内部刊物；能编写组织对外宣传册	新闻稿的类型和撰写要求；新闻编写的基本要求；公众的特点和心理需求
调查评估	方案准备	能提供与调查相关的背景资料；能起草小型调查方案	小型调查的基本程序；调查方案的写作要求
	方案设计	能设计小型观察调查提纲；能设计小型访谈提纲；能设计媒介文献调查方案	调查方法的类型与特点；调查方法的运用及其原则；调查问卷文案写作知识
	方案实施	能用观察法进行调查；能用访谈法进行调查；能进行各种媒介的文献调查	观察调查法的步骤与技巧；访谈调查法的步骤与技巧
	统计分析	能对调查数据进行统计分析；能编制调查评估图表	常用的数据统计的方法；调查评估分析的原则和方法

续表

职业功能	工作内容	能力要求	相关知识
专题活动	活动策划	能制定简单策划方案； 能编制行动方案和时间表	专题活动目标和主题的确定； 策划构思的方法
专题活动	活动实施	能按要求执行活动方案； 能收集活动物品市场信息	音像宣传品制作的有关知识； 活动物品的市场信息
危机处理	舆论监测	能监测媒体负面报道； 能监测公众关系中的消极信息	危机管理的基本概念； 危机处理的程序和技巧
危机处理	危机传播	能应对日常公众投诉； 能准备危机传播材料	危机传播管理的原则； 危机处理中的新闻发布要点

3.3 高级公关员

职业功能	工作内容	能力要求	相关知识
沟通协调	接待联络	能制订接待计划； 能负责业务谈判接待工作	接待程序、特点和基本要求； 谈判知识和技巧
沟通协调	演讲介绍	能介绍组织政策和远景情况； 能组织演讲活动，充当主持人	演讲类型、功能和基本要求； 主持人的功能和基本要求
沟通协调	公众关系处理	能制订外部公众沟通计划； 能制订内部公众沟通计划	公众关系沟通的原则和策略； 公众关系沟通的主要方法和基本技巧

续表

职业功能	工作内容	能力要求	相关知识
信息传播	媒介联络	能规划媒介数据库的建设； 能安排记者采访组织或代表组织接受记者采访； 能制订简单媒介传播计划	信息传播的基本原则； 中国媒介特点； 媒介传播组合及传播技巧
	新闻发布	能制订新闻发布计划； 能组织新闻发布活动	新闻发言人制度的内容和要求
	宣传稿编写	能编写各种新闻稿件； 能起草组织内部刊物及音像资料的编写方案	内部沟通的原理和方法； 内部通讯的设计原则
调查评估	方案准备	能洽谈和承接调查项目； 能撰写调查项目方案； 能撰写评估项目方案	调查项目的要求和技巧； 各种调查的基本程序； 评估的原理及其应用
	方案设计	能设计观察调查方案； 能设计各种调查问卷； 能设计实验调查方案	各种调查方法的取舍原则； 各种调查方法的原则及技巧
	方案实施	能执行调查方案的实施工作； 能执行评估方案的实施工作	实施调查的知识与技巧； 实施评估的知识与技巧
	报告编写	能对调查数据进行分析； 能撰写小型调查报告； 能撰写小型评估报告	数据统计类型、方法与技巧； 调查报告的类型和写作技巧； 评估报告的类型、写作技巧
活动管理	活动策划	能组织小型活动的策划工作； 能起草简单的策划建议书； 能对活动效果进行基本预测	主题构思的技巧； 策划创意的技巧； 大型活动相关的政策法规
	活动实施	能对中型活动进行管理； 能制定具体的行动方案； 能编制活动预算； 能对中型活动进行现场监控	可行性研究的方法； 专题活动的流程管理； 预算的基本常识和技巧

续表

职业功能	工作内容	能力要求	相关知识
危机处理	舆论监测	能对媒介负面报道进行分析； 能提出危机处理意见	危机的处理程序； 危机预警的基本原则
	危机处理	能根据危机管理计划进行危机处理工作； 能根据危机管理计划进行危机传播管理	危机管理工作要点； 危机期间媒介关系的协调与沟通
公关咨询	一般性咨询	能处理日常工作中的咨询工作	公关咨询的工作原理； 咨询业务的一般工作流程
	咨询建议	能起草日常服务公关建议书	公关建议书的写作技巧

3.4 公关师

职业功能	工作内容	能力要求	相关知识
传播沟通	业务沟通	能制定和审定业务洽谈策略； 能进行高层次的业务谈判	业务沟通的特点和基本要求； 业务洽谈的工作流程及技巧
	公众协调	能负责制订全年公众沟通计划； 能单独承担主要公众关系（政府、行业、社区等）的协调工作； 能有效地进行客户关系管理	长期沟通规划的原则； 政府、行业、社区等重要对象的工作特点和沟通渠道； 客户关系管理的原则与方法
	公关传播	能制订并执行媒介传播计划； 能运用传播工具进行公关传播； 能撰写各种专题性新闻稿件； 能有效地进行媒介关系管理	媒介概况和新闻报道原则； 新闻传播的方式方法； 媒介沟通与投放技巧； 媒介关系管理知识

续表

职业功能	工作内容	能力要求	相关知识
创意策划	客户需求测评	能准确把握客户的市场环境并做出符合实际的判断； 能客观分析客户公关工作中需改进的环节	市场信息和数据分析的知识； 组织竞争战略的有关知识
	公关策划	能根据客户需求制定有效的公共关系战略和计划； 能起草大型公关策划建议书，并提出创意性计划和行动方案； 能进行一般性的案例研究分析	公关创意策划的基本方法； 决策过程及其理论； 创造性思维的有关知识； 客户所属行业的市场状况； 案例研究的原则和方法
策略管理	公关调查	能运用各种调查研究方法与工具发现一个组织面临的各种公关问题	市场调查的一般知识、方法和步骤； 定性与定量的分析方法； 调查工作涉及的有关法规
	媒介管理	能规划媒介关系工作框架； 能建立并维护媒介数据库； 能开展积极的、形式多样的媒介关系活动	媒介关系的工作内容； 媒介关系的工作技巧； 媒介数据库的有关知识
	市场传播	能运用发布、巡展、论坛、培训等传播工具进行市场传播； 能实施全年市场传播计划和行动方案； 能帮助组织规划市场传播战略和策略	产品发布、巡展、研讨、论坛、培训等工作的程序、内容和技巧； 市场营销的知识和工作原理； 整合营销传播的基本理论和技术原理
	企业传播	能利用媒介传播、事件策划、品牌战略等工具进行形象传播； 能实施全年形象传播计划和行动方案； 能帮助组织规划品牌战略	媒介传播、事件策划、品牌战略的工作原理和工作技巧； 组织战略、组织文化、组织运作与管理的基本内容

续表

职业功能	工作内容	能力要求	相关知识
策略管理	公共管理	能制订政府关系工作计划； 能建立与政府、行业、社区之间良好的工作渠道； 善于并保持经常性的沟通	政府关系、社区关系的工作原理和工作技巧； 最新政策动向和产业动向； 组织赞助的程序和应用
策略管理	公关评估	能结合组织的目标，对公关工作的中、长期效果进行评估； 能从公关活动的效果出发，鉴别日常公关工作的薄弱环节	组织管理与绩效评估的有关知识、方法和工具； 数理统计与分析的基本知识
策略管理	网络公关	能运用互联网技术，加强与各类公众的交流与沟通； 能及时更新组织网站上的内容资料，构建网上的沟通平台	网页设计的有关知识； 网络营销的有关知识
项目管理	项目确认	能有效地进行项目沟通； 能快速对公关需求进行鉴别； 能进行商业合同谈判	市场环境的有关知识； 高级商务谈判的策略与手段； 跨文化传播的有关知识
项目管理	项目竞标	能客观分析客户工作中存在的薄弱环节； 能有效进行项目沟通； 能把握项目竞标的各种变化	公关市场预测的基本知识； 客户关系管理知识； 项目竞标的工作内容和工作流程
项目管理	项目执行	能独立承担项目小组的管理工作，并进行全案跟踪和监控； 能进行现场的有效管理和监控，并灵活处理各种变化	流程管理的原则与方法； 目标管理知识； 时间管理知识； 财务管理知识

续表

职业功能	工作内容	能力要求	相关知识
项目管理	项目评估	能有效统筹项目实施的有序性与完整性； 能在项目结束后与客户保持积极的沟通并总结实施经验	项目管理的核心原则； 项目评估方法与手段
危机管理	计划制定	能制定危机管理计划； 能协调危机中相关方面的关系	危机管理计划的撰写要求
危机管理	危机处理	能及时处理危机事件； 能主持危机管理计划的实施； 能监控危机事件信息传播	危机管理的工作程序和技巧； 危机传播中的新闻发布要点
危机管理	危机传播	能起草危机管理预警方案； 能承担危机传播管理工作	危机管理预警方案的要点； 危机传播管理工作内容
管理咨询	公关公司管理	能开展公司的业务管理； 能对公司业务、财务、人力资源、客户服务等进行有效的管理	企业管理的主要内容； 企业财务、税法、劳动法、合同法等有关的法律知识； 人力资源管理知识
管理咨询	公关部门管理	能协调公关部门的各项工作； 能对公关部门业务、人力资源和组织战略决策进行管理； 能为组织管理层提出公共关系的策略建议； 能协调公关部门与其他部门以及外部公关公司的合作	服务营销与品牌管理知识； 组织形象识别系统（CIS）知识

续表

职业功能	工作内容	能力要求	相关知识
管理咨询	专业咨询	能对组织公共关系的状态进行策略分析； 能对组织的公关战略提出建设性建议和成熟的实施方案； 能对组织的中长期公关计划提出指导性的策略建议	管理咨询的原则、程序和方法的专门知识
培训指导	培训指导	能对中级专业人员进行培训； 能对非专业人员进行日常培训； 能编写专业培训讲义； 能对公关员进行业务指导	培训的有关知识； 案例教学法

3.5 高级公关师

职业功能	工作内容	能力要求	相关知识
传播管理	舆论监测	能及时掌握公众舆论动向，并指导组织建立相应的资料库； 能对组织与各主要公众间的关系状态进行整体定位	舆论调查的有关知识； 舆论分析的原理和技巧； 公共关系状态定位研究
	传播沟通	能审定全年公关传播计划，指导公关传播计划的执行； 能制定中长期公关传播战略和规划	长期传播计划的基本内容及其特点； 公共关系战略与规划
	关系协调	能监控与各主要公众关系，维持良好的沟通渠道； 能指导客户关系管理	公众关系的沟通原则和策略； 主要公众对象的特征和工作环境

续表

职业功能	工作内容	能力要求	相关知识
策划研究	创意策划	能主持大型公关活动策划；能对公关建议书提出专家意见；能审定大型公关活动方案；能评判公关活动效果	大型活动的有关政策法规；创新思维的工作原理；策划的基本理论和原则；创新管理的基本知识
	公关研究	能综合进行公众舆论研究与分析，并提出科学建议；能独立进行公关案例研究；能主持开发公关工作工具	舆论及传播研究的有关知识；案例研究与分析；各种研究手段的有关知识；专业发展趋势
危机管理	预案策划	能审定危机管理预警方案；能主持或审定危机管理计划	主持或审定危机管理计划的要点
	预防与规避	能主持危机管理工作；能提供危机管理建议；能独立提供危机管理顾问服务	公关咨询工作原理和流程；各种应急技巧训练知识
	危机管理培训	能进行危机管理训练；能根据情况的变化对危机管理预案进行不断更新	专业培训的基本要领；培训工具的有关知识
网络公关	网络舆论调研与评估	能运用现代传播技术把握组织与公众的关系状态；能对互联网不同公众反应进行整理，建立数据库并及时更新	现代通讯科技的有关知识；网络传播的形式、特点和功能等方面的有关知识
	网络工具使用	能使用网络工具，建立组织与公众的互动平台；能规划并审定网络公关计划	与网络传播有关的法律与法规

续表

职业功能	工作内容	能力要求	相关知识
网络公关	网络监测与维护	能监测网上公众的反应；能采取多种互联网沟通手段，保持与公众间日常的积极互动	网络监测的有关知识；网络设计与网络安全方面的有关知识
组织管理	公关公司管理	能独立承担专业公司的运营；能对公司业务、财务、人力资源、客户服务等进行有效监督；能开拓公司新业务和新客户；能规划公司企业文化建设	企业战略、管理等有关知识；营销、质量管理等有关知识；企业使命和社会责任的有关知识
组织管理	公关部门管理	能主持公共关系部门工作；能对公关部门的业务、人力资源和公关战略进行有效的监督	卓越公共关系标准；项目预算知识
战略咨询	环境监测	能组织和指导对组织的各类公众进行分门别类的分析，并分别建立相应的资料库；能负责对组织与各主要公众间的关系状态进行整体定位与把握	消费者权益保护法和组织社团法规等方面的法律知识；相关行业的有关知识
战略咨询	问题诊断	根据组织目标，能指导对组织公关整体运作效果进行评估；能对影响组织环境的因素进行分析和研究	管理决策的有关知识
战略咨询	战略建议	能负责对组织与各主要公众间的关系进行调整和改善提出建设性建议；能指导撰写并审定组织与公众间关系的咨询报告和建议案	战略管理的有关知识；组织文化建设的有关知识

续表

职业功能	工作内容	能力要求	相关知识
战略咨询	趋势预测	能从组织环境的视角把握组织的公关特征； 能提出组织公关运作应注意的主要问题清单； 能对组织的中长期公关计划提出指导性的策略建议	战略公关和国际公共关系知识
培训指导	培训指导	能对高级专业人员进行培训； 能对组织领导人进行高级培训； 能编写专业课件； 能对公关师进行业务指导和专业指导	培训方案的编制方法； 专业课件开发的有关知识； 公关职业的前沿知识； 专业指导的有关知识